2021年度
中国旅游产业影响力
典型案例集

中国旅游报社 编

China's Tourism Industry
Influence Typical Cases 2021

沙 ♡ 海
HEART OF SAND SEA

中国旅游出版社

宁夏——星星的故乡

盐城

一个让人打开心扉的地方

丹顶鹤湿地生态旅游区　　中华麋鹿园　　条子泥（勺嘴鹬）

盐城是长三角中心区城市，江苏沿海中心枢纽城市。全市土地面积 1.7 万平方公里，海岸线长 582 公里，总人口 671 万，是江苏省土地面积大、海岸线长的地级市。

从黄海岸边出发，一起享受"东方湿地、鹤鹿故乡"自然和生活的和谐美。

盐城拥有丰富独特的海洋、湿地、森林三大生态系统，绿色湿地生态、白色海盐文化、红色铁军文化和蓝色海港风光构成的"四色"文化旅游名片独具魅力。

盐城拥有世界级品质湿地生态旅游资源。黄（渤）海候鸟栖息地成功被列入《世界遗产名录》，是江苏唯一、中国第 14 个世界自然遗产。仙风道骨的丹顶鹤、威武雄壮的麋鹿、呆萌可爱的勺嘴鹬是极受大家喜爱的"吉祥三宝"。东部沿海 683 万亩海涂湿地，是太平洋西岸亚洲极大、极完好的滩涂湿地。盐城国家珍禽自然保护区和大丰麋鹿国家自然保护区，是联合国人与自然生物圈网络成员，被列入《世界重要湿地名录》。条子泥景区是领略世遗风貌的绝佳地点。中部大洋湾等城市湿地风景宜人。西部大纵湖、九龙口、马家荡、金沙湖等湖荡湿地风光秀美。以中国海盐博物馆、水街等为代表的海盐文化，以新四军纪念馆、新四军重建军部旧址等为代表的红色文化，以盐城国家一类开放口岸——大丰港、海上风电和弶港、黄沙港等海滨渔港为核心的蓝色海港旅游资源丰富而独特。

2100 多年悠久历史造就了盐城一大批人杰和名胜。有建安七子之一的陈琳、南宋丞相陆秀夫、《水浒传》作者施耐庵，当代"中国二乔"胡乔木、乔冠华。还有"先天下之忧而忧"的范仲淹主持修筑的范公堤，唐代永宁禅寺、枯枝牡丹园、西溪古镇、黄河故道、中华水浒园等。作为全国著名"淮剧之乡""杂技之乡""烟花之乡"，拥有淮剧、杂技、董永传说、东台发绣、大丰瓷刻五项国家非物质文化遗产和盐城老虎鞋、麦秆画、剪纸、阜宁面塑、射阳农民画等一大批省市级非物质文化遗产。盐城八大碗、东台鱼汤面、建湖藕粉圆、滨海香肠、盐城鸡蛋饼、大闸蟹、醉螺、阜宁大糕等美食小吃闻名遐迩，而何首乌、麻虾酱、菊花茶、大米、陈皮酒、面塑等土特产驰名中外。

全市现有国家自然保护区 2 个、国家 A 级以上旅游景区 60 家，其中国家 5A 级旅游景区 1 家、国家 4A 级旅游景区 20 家，星级旅游饭店 22 家，旅行社 156 家。盐城交通便捷，拥有盐城南洋国际机场、大丰港 2 个国家一类口岸。开通了盐徐、盐青高铁，盐城与周边城市均有高速公路相连。

盐城空气清新，生态独特，环境优美，"世遗湿地探秘之旅""湖荡湿地观光之旅""盐渎文化研学之旅""生态康养休闲之旅""夜魔方悦盐城之旅""生态三鲜美食之旅"诚邀您一起打开心扉，畅游盐城！

官方微博　　官方抖音号　　官方微信

前言

2021 年 11 月，中国旅游报社启动"2021 年度中国旅游产业影响力案例"征集活动，本着"公开、公平、公正、专业"的原则，在全国范围进行案例征集。最终，根据相关指标和评价体系并结合网络投票、专业评价，遴选出"2021 年度中国旅游产业影响力案例"。

为更好地集中宣传典型案例、面向全国全行业分享经验、示范带动各地旅游业高质量发展，中国旅游报社与中国旅游出版社联袂组织出版《2021 年度中国旅游产业影响力典型案例集》（以下简称"《案例集》"）。

《案例集》以"优中选优、专业专注、自愿自主"为原则，从入选案例中遴选出部分颇具代表性的典型案例，对其具体做法、创新经验、借鉴意义进行深入总结分析，并邀请权威专家对其点评，同时，对相关旅游产品线路进行介绍，力图实现从实践到理论的升华、由推介到营销的转化。

旅游业是受新冠肺炎疫情冲击最大的行业之一，然而，旅游人是坚韧的，他们踔厉奋发、勇毅前行，踏出一条条创新开拓、转型提升的探索之路。我们相信并期待《案例集》能够进一步启发和激发业界的创新力和凝聚力，不断探索出更多更好的工作方法和发展路径，形成全行业共克时艰、共谋发展的生动局面，助推文化和旅游深度融合、高质量发展。

《案例集》编辑出版过程中，得到了各地文化和旅游行政部门、有关企事业单位以及各级领导、专家学者的大力支持和协助，在此表示衷心感谢。由于编者水平有限，难免存在不足和疏漏之处，期盼得到各位读者的批评指正。

本书编辑部

2022 年 11 月 1 日

目录
CONTENTS

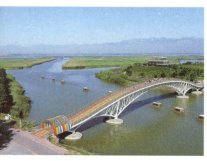

2021年度

中国文旅消费创新案例

中国文旅消费创新案例充分利用拉动地方经济的文旅消费政策、措施或活动有效激发消费活力，通过聚焦文旅消费热点和新业态，全面打造文旅消费新场景、新模式，文旅消费促进效果明显，在行业内具有创新引领性，获得市场的广泛关注和认可。

湖北西坝不夜城

新场景扮亮三峡夜经济

西坝不夜城，位于湖北省宜昌市，毗邻万里长江第一坝——葛洲坝水利枢纽工程。

烟火人间，活力西坝。该项目是宜昌城市发展投资集团有限公司为建设夜间文旅消费聚集区，精心规划的重点项目之一。也是集团主动响应"为青年筑城"战略，推动宜昌建设"山水辉映、蓝绿交织、人城相融"的长江大保护典范城市而投资打造的一站式潮流夜经济综合体。

长江不夜岛·西坝不夜城

基本情况

西坝不夜城占地面积 7.31 万平方米，建筑面积 2.35 万平方米。园区由 15 栋单体建筑组成，以创意集装箱为建筑造型，以滨江风、现代风、青年风和网红风为特色风格。

打造新场景，倡导新消费，引领新潮流。2021 年 7 月，西坝不夜城正式开街，成为长江三峡新的网红打卡地。园区整体布局了特色美食、文化娱乐、运动健身等业态，既可满足年轻人休闲娱乐活动，也可满足家庭亲子互动的需求。

首届"英雄联盟手游城市英雄争霸赛"广汽传祺宜昌交旅赛道总决赛在西坝不夜城电竞文化中心举办

在这座美丽的江心岛上，汇聚了众多宜昌"老字号"特色美食，引进了本地知名娱乐酒吧，配套建设了卡丁车、平衡车场地及篮球、足球、羽毛球、游泳池等各类运动场馆，导入了"电竞＋"全产业链、文创体验馆、智能影像馆、电玩中心、沉浸式剧本娱乐等新业态。

目前，西坝不夜城紧紧围绕夜宴、夜景、夜娱、夜宿、夜购、夜演等主题形态，以节惠民，以展兴城，以赛兴市，着力优化文旅产品供给，塑造"三峡美食节""西坝之夜音乐节"等消费品牌，擦亮"全国文明城市""中国美食之都"等金字招牌。

经验做法

由于历史原因，西坝岛的整体开发速度相对滞后。园区附近没有大型居民区，以"砖房"式老旧小区为主，更没有成熟的商业街区。周边区域的整体消费能力有限，对商家的吸引力不足。

打造长江不夜岛，繁荣三峡夜经济。如何让西坝从被遗忘的角落变成商业热土，如何让"网红"持续"长红"，宜昌城发集团旗下的宜昌交旅文化公司创新招商运营方式，着力破壁垒、解难题、布业态，以破冰之勇助力长江不夜岛强势崛起。

1. 破除招商壁垒，创造招商奇迹

以诚招商、以诚待商，以此增强招商综合竞争力。这是西坝不夜城创新商业运营的一个重要法宝。

西坝不夜城成立服务专班，对意向商户进行全方位的服务。市场监管局、公安等部门工作人员上门服务，在招商办定期定点办公。从签订合同到缴纳相关费用，从办理营业执照到完成备案登记服务……每位商户都可在半小时内顺利完成入驻流程。

对已落户的商户，西坝不夜城成立商家联盟。定期组织商家培训，从消防安全到市场营销，为商家搭建学习平台。定期召开专题推进会，收集商家在生产经营中遇到的问题，形成条目式清单，及时为商家排忧解难。

面对突如其来的新冠肺炎疫情，西坝不夜城践行国企担当，积极履行社会责任，不打折扣、不搞变通，全面落实租金减免政策。目前，已减免租金上百万元，帮助园区商户有效缓解了疫情期间的经营压力。

正是这些贴心举措，让众多商家从最初的举棋不定，最终放手放胆地入驻。从开业到现在，西坝不夜城的入驻率始终保持在90％左右。

2. 破解流量难题，激活无源之水

面临疫情冲击和行业淡季，很多商圈门可罗雀。没有人流量支撑的商业综合体，就如无源之水，无本之木。西坝不夜城自建设以来，就得到了宜昌市委市政府和宜昌城发集团

宜昌"老字号"特色美食

"盛世菊韵　璀璨峡江"宜昌市第 36 届菊花展落地西坝不夜城

党委的高度重视。

2021 年，在集团和相关部门大力支持下，成功将宜昌市每年一届的菊花展争取至西坝不夜城园区内举办。从此，开创了"白天 + 夜间""赏花 + 休闲"的观展新模式。

花与夜，菊与岛……无数个巧妙搭配与融合，让前来观展的市民们惊奇不已。一个月左右的时间，西坝不夜城累计接待游客人数约 30 万人次，商家营业收入突破 1000 万元。

西坝不夜城秉承"政府搭台、企业唱戏、共享资源、共谋发展"的理念，先后举办"楚宴天下"楚菜消费巡展进宜昌暨三峡厨艺汇、宜昌市元宵节焰火晚会及无人机表演活动、五一电厨艺美食节，还引入湖北省十六运会群众体育类三人篮球赛、宜昌"330"三峡国际人才日、宜荆荆恩小篮球联赛等活动，着力为园区商家引流。

此外，西坝不夜城还通过开展丰富多彩的活动来拉动园区消费，有节办节、无节创节，以节惠民、以展兴城。发放消费券，举办美食展、灯光展、气模展、电竞动漫展……同步开展啤酒音乐节、特色市集、汽车促销等主题活动，积极创新消费场景，吸引市民前来打卡消费。

3. 破冰传统业态，打造潮玩胜地

在开业初期，园区餐饮业态占比 70% 左右，很多人来西坝不夜城吃一餐饭之后，不能留在这里继续消费，消费转化率较低。加上新冠肺炎疫情带来的影响，成为部分餐饮商家心里的隐忧和痛楚。一部分实力较弱、竞争力不强的传统商家，也开始淡出大家的视野。

为了让消费市场活起来、火起来，业态的重新调整与优化，已经势在必行。经过多次

实地考察、广泛研讨后，西坝不夜城决定自主引入电竞电玩、沉浸式剧本娱乐、精致露营、泳池水汇等一批广受年轻人喜爱的风口项目。

现在，到西坝不夜城品尝美食之后，游客可以去电玩中心开心地打游戏，可以去泷麟沉浸馆体验当地最潮的实景剧本娱乐，可以带上老人和孩子去泳池水汇，可以与闺蜜一起在草坪露营地拍一下午照片，和好朋友一起去酒吧释放自我……

众多的消费新体验，获得了不少市民的追捧与认可。破立之间，西坝不夜城逐步实现了由单纯依靠餐饮过渡到文体商旅的全覆盖，进而迈向"食住行游购娱"的全转变。

创新启示

1. 打造核心吸引力，是生存之基

2021 年 7 月 24 日，西坝不夜城邀请了黑豹、鹿先森等知名乐队作为演出嘉宾空降开业现场；2022 年，痛仰乐队、九宝乐队、打扰一下乐团等十余支乐队，都在西坝不夜城留下了精彩的演出。

除了这些大型的音乐节，西坝不夜城还常态化开展民谣之夜、草地音乐会、啤酒音乐节等小型演出，在消费旺季做到夜夜有演出，淡季做到周周有活动。

多个"原创音乐基地"落户园区，无数场 Live 演出在这里开展。经过一年的运营，已然形成了"谈音乐、听音乐、看音乐、玩音乐"的浓郁文化氛围。

"西坝之夜音乐节"已深入人心，成为西坝不夜城的重要品牌活动。"音乐"二字，也逐渐成为园区的核心竞争力，持续吸引市民前来打卡，助力宜昌打造年轻人向往的"爱乐之城""活力之城"。

2. 锁定青年客户群，是制胜之策

西坝不夜城的活力与使命，主要锚定在"不夜"二字上。而夜生活的消费主力，毫无疑问是追求自由与梦想、充满活力与激情的"Z 世代"。

一个综合体对年轻人是否有吸引力，时尚、前沿、活力、社交都是必不可少的关键词。这些正是西坝不夜城在建设长江不夜岛中，布局消费业态的重点。

什么业态能满足年轻人的消费需求，什么项目能吸引更多年轻人集聚，西坝不夜城就引入什么。一个充满着青春和活力的地方，一定能迸发出强劲的消费力。

3. 创建消费新场景，是活力之源

新需求，带来新消费；新审美，需要新场景。

西坝不夜城以建设夜间文旅消费集聚区为牵引，聚焦年轻人的消费喜好，举办游戏动

2021 年 7 月 24 日西坝不夜城正式开街

漫人物巡游、电竞赛事、后备箱市集等各类新奇特的活动，有力拉动了园区消费。

更重要的是，园区围绕夜宴、夜景、夜娱、夜宿、夜购、夜演等主题形态，大力引入电竞电玩、原创音乐坊、房车基地、星空露营、沉浸式剧本娱乐等商业新模式。打造诸如大唐不倒翁小姐姐、文创体验馆、手绘涂鸦墙等，增设互动式、体验式、沉浸式的消费新场景。

同时，西坝不夜城着力丰富食、住、行、游、购、娱等消费要素，在供给端提供更多选择，让广大消费者为之神往。

专家点评

宜昌城发集团把"打造新场景、倡导新消费、引领新潮流"作为目标，以"烟火人间，活力西坝"引领宜昌文旅新业态。湖北西坝不夜城依托区位条件，深入挖掘客源市场、丰富产品体系、创新产品功能，除提供传统的特色美食、文化娱乐、运动健身、休闲活动外，还融入了"电竞＋"全产业链、文创体验馆、智能影像馆、电玩中心、沉浸式剧本娱乐等新业态。

几年来在开发建设运营中宜昌城发集团积累了丰富的经验，勇于创新，加速业态转型升级，面向"Z世代"的年轻人，利用各种时尚元素，激发消费潜力。所有年轻人正在热追的消费项目尽在不夜城，为全国发展文旅夜经济树立了标杆，是长江三峡的一颗璀璨且充满活力的夜明珠。

——潘肖澎（中国旅游景区协会规划专业委员会秘书长）

宁夏回族自治区贺兰山葡萄酒文旅融合擦亮宁夏紫色名片

宁夏深入学习贯彻习近平总书记在宁夏考察调研讲话精神,以建设国家级葡萄及葡萄酒产业开放发展综合试验区为载体,先后出台《宁夏回族自治区贺兰山东麓葡萄酒产区保护条例》《关于促进贺兰山东麓葡萄产业及文化长廊发展的意见》《中国(宁夏)贺兰山东麓葡萄产业及文化长廊发展总体规划》等一系列政策文件,为葡萄酒产区发展提供了政策支撑和法律保障。《宁夏文化旅游产业高质量发展实施方案》明确提出,为推动宁夏回族自治区文化旅游产业高质量发展,需打好酒庄休闲牌。推进"葡萄酒 + 文旅"融合发展,推动酒庄文化体验、休闲度假产品开发,将酿酒葡萄种植、田间管理、采摘、葡萄酒酿造、品鉴、产品定制、推广营销等融入文化旅游产品建设和宣传营销全过程,走出了一条葡萄酒文旅融合高质量发展的新路子。

举办了一系列国内外有影响的活动。连续在贺兰山东麓志辉源石酒庄举办了三届《星空朗读》,探索"传媒 + 文旅 + 葡萄酒"融合,打造宁夏文旅 IP 的又一次新探索。2021年 9 月份,先后举办首届中国(宁夏)国际葡萄酒文化旅游博览会、第二届中法葡萄酒文化论坛、中国(宁夏)国际葡萄酒文化旅游节等 20 多项活动,以文化为媒,向世界展示中国葡萄酒文化魅力、产业实力和发展活力,向世界展示出宁夏旅游的"紫色名片"。

培育出一批葡萄酒文旅融合高质量产业集群。以贺兰山东麓志辉源石酒庄、西鸽酒庄、张裕摩塞尔十五世酒庄为代表的集旅游、葡萄酒鉴赏、葡萄酒文化宣传于一身的酒庄脱颖而出。贺兰山东麓产区内现有 101 家已建成的酒庄中,有 4A 级旅游酒庄 2 家,3A 级旅游酒庄 6 家,4 家酒庄被列入自治区文化产业示范基地。产区有 20 家酒庄已具备提供团队餐饮、住宿接待的服务能力,另有 30 余家酒庄已具备开发参观、品鉴、住宿、餐饮等旅游活动的潜力。酒庄年接待游客人数超过 100 万人次,每年为生态移民提供 12 万个就业岗位,综合产值超过 260 亿元;漫葡小镇是宁夏打造的葡萄酒文旅融合高质量发展项目,是推动贺兰山东麓葡萄酒 + 旅游特色全域旅游模式,与康养产业等服务业、现代特色农业高质量融合发展成功实践。贺兰山东麓葡萄酒文化旅游长廊已经成为一条带动宁夏经济发展的黄金廊道。

现在,宁夏加大葡萄酒文旅深度融合发展,为宁夏打造西北旅游目的地、中转站和国际旅游目的地积蓄强劲动能。

内蒙古自治区黄河几字弯生态文化旅游季

为充分展示内蒙古自治区黄河文化的独特魅力，打造"黄河几字弯"生态文化旅游品牌，内蒙古自治区党委宣传部、文化和旅游厅于 6 月 20 日在鄂尔多斯市准格尔黄河峡谷旅游区启动 2021 年内蒙古黄河几字弯生态文化旅游季。

本次旅游季以"突出生态保护和高质量发展"为主线，围绕"拥抱几字弯，感悟黄河魂"的主题，依托内蒙古自治区呼和浩特市、包头市、乌兰察布市、鄂尔多斯市、巴彦淖尔市、乌海市和阿拉善盟沿黄 7 个盟市举办丰富多彩的活动，推出内蒙古黄河几字弯生态旅游季系列活动，并推出更多的生态文化旅游产品和服务。包括黄河几字弯生态保护高质量发展论坛、生态旅游季系列活动等，向海内外游客充分展示内蒙古自治区黄河文化的独特魅力，持续不断打造"黄河几字弯"生态旅游品牌。"2021 内蒙古黄河几字弯生态旅游季"从 2021 年 6 月 20 日开始，10 月 15 日结束，活动时间 4 个月。

黄河从青藏高原奔流而下，出兰州一路北上，在内蒙古与横亘东西的阴山相遇，如弓一般拉出一个全长 830 公里的几字弯。黄河九曲，这一最大的几字弯，物华天宝、人文昌盛。内蒙古是长城与黄河握手的地方，是自然生态和人文景观完美融合之地。

此次活动聚焦沿黄 7 个盟市的历史文化和地区特色，按照"走精选路线、赏风景民俗、住乡村民宿、品民间美食、听民歌民谣、讲故事传说、过品质生活、颂中华一家亲"八个方面定位，举办不同主题、不同类型的系列活动，全面实施内蒙古黄河几字弯生态文化旅游季活动。

内蒙古黄河几字弯

吉林省长春市创新"文旅＋商贸"发展模式

自 2016 年被确定为首批国家文化消费试点城市以来，长春市注重从文化供给侧和需求侧两端发力，围绕"形成若干行之有效、可持续和可复制推广的促进文化消费模式"的核心目标，统筹对全市各行业各领域市场资源进行"从项目点到行业线再到区域面"的有效整合，实施了文化艺术进店堂、文惠券、文惠卡、文化艺术培训、文化消费活动事后补贴、"双十佳"评选等创新举措，构建了"一条主线始终全程引领、十大创新举措深度拉动、十大板块畅享精彩活动、成员单位密切协同联动"的工作体系，开创了领域分类引导、区域广泛覆盖、全民深度参与的文化消费新格局，形成了途径举措得力、载体机制有效的以文化艺术进店堂为主要特色的文化消费新模式，推出了一整套促进文化消费的政策体系、工作机制和具体举措。部分试点创新做法实物在深圳文博会全国文化消费试点城市成果展览中进行展出，形成了《长春市国家文化消费试点城市工作专项课题理论研究成果报告》6 大系列研究成果。2020 年 12 月 25 日，长春市成为第一批 15 个国家文化和旅游消费示范城市，实现了由试点城市到示范城市新的飞跃。

为此，长春市紧紧抓住文旅融合有利契机，顺应文化和旅游消费提质转型升级新趋势，创新挖掘城市特色文旅资源，打造一批体验式、沉浸式文旅消费休闲新品精品。在品牌塑造上，打造以长春消夏艺术节、长春冰雪节、市民读书节等长春文旅节庆品牌，构建了长春文旅品牌活动矩阵，避暑、冰雪旅游稳居全国第一阵营，连续荣膺"避暑旅游十佳城市""冰雪旅游十强市"称号；在产品建设上，打造了长影周末音乐会、戏剧星期六、爵士音乐节等活动品牌，进一步提升城市文化品位；在消费提质上，创新"文旅＋商贸"发展模式，打造了文化旅游特色消费示范街区、长春夜间好去处、长春乡旅好去处、国家文化和旅游消费夜间集聚区、旅游休闲街区等体验品牌项目。通过以高品质的文旅产品和创新性的提供方式，构成全年连续不断的文化和旅游消费热点，有效增强了人民群众的获得感、幸福感。

"水韵江苏·有你会更美"文旅消费推广季

"水韵江苏·有你会更美"文旅消费推广季是江苏省文旅融合之后创新旅游推广方式的首次探索与尝试。推广季期间,创新举办系列消费促进活动,提高了文旅消费对经济发展的贡献度。在全国率先开展省级夜间文化和旅游消费集聚区建设,全省涌现出诸如"夜之金陵""姑苏八点半"等夜经济品牌。截至 2021 年年底,"水韵江苏·有你会更美"文旅消费推广季第一季,带动曝光 7.61 亿人次。

"水韵江苏·有你会更美"文旅消费推广季第二季期间,全省共推出 87 项惠民活动,发放超亿元文旅消费券。活动集聚了高人气,带旺了文旅消费热度。据中国银联提供的刷卡及扫码消费数据显示,2021 年 1—9 月全省文旅消费总额达 2326 亿元,占到全国总额的 9.83%,位居全国第一。

为进一步推广江苏 13 个地市的优质文旅资源,提高"水韵江苏"的品牌影响力,举办了"水韵江苏·文艺之旅"主题活动,其中"文学家心中的'水韵江苏'"活动,邀请全国文学名家采风创作散文随笔;"书画家笔下的'水韵江苏'"邀请省内外知名书画家创作精彩画作;"摄影家眼中的'水韵江苏'"集结各路摄影高手用镜头记录新时代的壮美画卷;"水韵江苏·研学之旅"鼓励青少年用"写拍画讲"等方式描摹"水韵江苏"。

庆祝建党百年,挖掘江苏红色文化基因,策划推出"红色旅游"主题活动;通过"网红打卡"和"苏心产品创新大赛"向消费者推出江苏文旅新产品。江苏省文化和旅游厅和携程集团联合发布上线全国首个省级旅游目的地聚合平台"江苏星球号",平台聚合江苏省 13 个设区市的文旅相关产品。江苏省文化和旅游厅筛选 13 位在网络上拥有超高人气的"侠客",组成侠客采风团,带领全网游客云游"水韵江苏"。

通过聚焦文旅业态产品创新,搭建文旅消费活动平台,使江苏整体旅游市场恢复程度持续走在全国前列。

江西"百县百日"文旅消费季系列活动

　　江西为全力促进 2021 年四季度文化和旅游消费，切实提升文旅产业对经济发展的贡献度。江西省文化和旅游厅自 2021 年 10 月 1 日起启动江西"百县百日"文旅消费季系列活动，活动以"游赣鄱百日·享百县风采"为主题，以政府引导、市场主导、惠民利民为原则，以实现江西省同期联动、线上线下联动、行业跨界联动为思路，以丰富消费活动内容、创新消费活动形式、推出消费惠民措施、加强区域联动协作为主要任务，共设置五项主体活动和三项配套活动，江西省 100 个县（区、市）也同步开展千余项促消费配套活动。

　　消费季启动以来，江西文旅消费市场持续稳步回升，文旅消费新业态新模式不断涌现，有力促进了消费回补、释放了江西文旅经济发展活力。在江西省各县（市、区）、各部门和市场各方的共同努力下，截至 11 月 18 日，江西省累计举办 9504 场线上线下活动，发动 46007 家企业参与，累计引导企业让利金额 53.89 亿元。

　　为全面促进江西省文旅消费，构建"资源共享、融合共赢"的江西文旅消费促进机制，江西省文化和旅游厅联合百度地图发布《江西文旅消费地图》。该地图利用大数据技术，对全省文化和旅游目的地、消费场景进行动态捕捉，精准定位打造"全域、全时、全龄"文旅消费生态，构建"种草—下单—消费"闭环式的消费模式，打破消费场景限制，满足游客个性化需求；并且引导江西省旅游集团、江西文演集团、中国银联江西分公司、江西机场集团、蚂蚁集团、携程、同程、百度地图等 150 家文旅及"文旅 +"企业共同成立江西文旅消费促进联盟，并联合江西省文化和旅游消费场所推出超 5.248 亿元大礼包；开展文旅直播带货大赛，在淘宝、抖音、快手、携程四大直播平台进行为期 3 个月的"直播 PK赛"和"全民直播季"直播活动，充分挖掘丰富文旅资源优势，多维度寻求消费回补、释放江西文旅消费潜力。在此期间，江西省首批省级夜间文旅消费集聚区首秀成绩喜人，14家首批省级夜间文旅消费集聚区开展了近百场夜经济活动，总人流突破千万人次。各县（市、区）结合实际，深挖夜间消费潜力，拓展夜消费主题，注重"夜食、夜购、夜展、夜秀、夜节、夜宿"等多元业态结合，打造与城市文化匹配的夜消费场景，多措并举提升业态品位，做旺夜间消费市场，形成常态化促进夜间文旅消费新模式。

重庆市渝中区文化旅游消费系列活动

重庆市渝中区依托重庆国际消费中心城市建设的契机和"母城"历史人文资源，于2020 年 12 月成功创建全国首批"文化和旅游消费示范城市"，并于 2021 年 4 月被文化和旅游部正式授牌。该区着力打造"主客共享"的都市文旅消费高地，通过升级文旅消费体系，代言重庆形象，以多元化的消费体验，全面呈现"行千里，致广大"的精神内涵。

位于长江和嘉陵江交汇的渝中区，是重庆市"母城"和中心城区。一方面，充分挖掘重庆历史文脉，用好重庆"母城"名片；另一方面，用好独特的山水都市基底，打好"8D魔幻都市"名片。

全力打造西部文旅消费目的地。将文化旅游业确定为全区六大重点产业之一，先后出台《渝中区推动文化旅游业高质量发展实施方案》等政策，推动文旅产业快速发展。依托成渝地区双城经济圈、巴蜀文化旅游走廊建设，联动打造成渝精品旅游线路和文化旅游品牌，推动"长嘉汇"大景区创建 5A 级景区，推动大公馆旧址等文物建筑活化利用。全力打造"较场口—解放碑—洪崖洞"夜间文旅消费带，成功打造解放碑—洪崖洞街区、贰厂文创街区等两个国家夜间文化和旅游消费集聚区，推出"全球不眠夜"文化旅游消费品牌活动，承办夜重庆·潮尚生活节、首届山水重庆夜景文化节等夜间文旅活动。

全力推动文商旅城融合发展。以解放碑步行街、龙湖时代天街两大百亿级商圈为引擎，引领提升全区文旅消费水平。积极承接国际消费中心城市峰会、全国夜经济高峰论坛等全球化节会，持续办好重庆渝中文旅惠民消费季活动，2021 年发放消费券 400 万元。聚焦"区域首店、行业首牌、品牌首秀、新品首发"四首经济，举办迦达国际时装秀、重庆小姐大赛等一批精品活动。

全力提升游客文旅消费体验。推进中新互联互通项目建设，加快建设朝天门中新合作示范区，推进成渝地区市场主体登记注册"互联互通互认"。构建全域旅游监测智慧平台，推动"两江游"游客集散中心建设等。创新设立旅游警察、旅游工商分局、旅游巡回法庭、旅游纠纷人民调解委员会等，推动文旅消费体验提升。

四川省成都市创新场景供给模式 释放文旅消费潜力

　　2021年，成都市围绕建设世界文化名城和国际消费中心城市战略，积极应对新冠肺炎疫情冲击，以发展夜间经济、周末经济、数字经济为突破口，在"三间"（夜间、乡间、网间）、"三区"（景区、园区、街区）、"三创"（创意、创新、创建）上挖潜力，文旅消费活力有效激发，文旅经济高质量发展，首批国家文化和旅游消费示范城市引领力进一步彰显。前三季度实现文创产业增加值1500多亿元，同比增长达28%；实现旅游总收入2400多亿元，同比增长达36%。主要做法有：一是激发夜间经济活力，率先出台《关于发展全市夜间经济促进消费升级的实施意见》，培育"夜游、夜读、夜秀、夜展、夜食、夜宿"新业态。加快天府锦城"八街九坊十景"建设，建成天府艺术公园、成都自然博物馆等文化地标，打造"夜游锦江""沸腾小镇"等夜间生活美学打卡地，推出夜间视听剧苑等10类100个夜间经济示范点。大慈坊、音乐坊获评首批"国家夜间文旅消费集聚区"。二是挖掘假日经济潜能，率先出台《成都市发展周末文化旅游经济促进国际消费中心城市建设实施方案》，丰富都市"微度假"、非遗体验游、乡村生态游等假日休闲游多元业态，推出《努力餐》《伎乐·24》等优秀原创作品；打造《万国觉醒》《姜子牙》等现象级文创IP；培育望江坊、"今时今日是安仁"等12类200余个周末消费新场景（活动），发布100余条周末精品旅游线路，实行周末消费7条优惠措施，举办各类周末展演活动1000余场次。三是培育数字经济新动能，推动高新技术在文旅消费领域的应用，推出"达芬奇IN成都全球光影展""环球魔力剧本杀"等沉浸式消费场景；壮大"云看展""云直播""云演出"等线上消费新业态，携手腾讯推出《YOU成都—天府成都生活美学地图》，引导秀动、斗鱼平台联合创办直播综艺等。四是优化文旅消费环境，提升场所设施承载力，建成文创园区面积800余万平方米、文创街区178条、文创空间1000余个；提高文旅消费便捷性，打造城乡便民文商消费网点3400余个，推行区域交通公交化和城市旅游观光巴士、景区直通车服务，实现全市重点旅游景区"点对点"直达；推进消费服务智能化，建成"掌游成都"App和成都文旅大数据中心，实现全市4G网络全覆盖、5G网络城市建成区和消费集聚区功能性覆盖；增大政策措施惠民性，发行"金熊猫卡"，实行426个"五馆"免费开放，开发全国首个文化惠民消费线上支付平台——"文创成都"App。

"食在青海" 美食文化引流创新文旅消费模式

近年来，借着美食节的这股东风，全国各地的游客来到青海，创出了"食在青海"特色旅游发展品牌，西宁以极大的热情谱写了感知青海、记住青海、爱上青海的美食新篇章。

通过多年的努力，西宁市各区相继打造了"新千""唐道""力盟""万达""水井巷""天地巷子""莫家街"等 20 余条深受游客喜爱的美食街区，这 20 余条美食街区不仅拥有代表青海的独特美食，还是具有高品质旅游街道服务功能的购物街区。通过历年的美食节，对推动西宁市乃至青海省旅游餐饮业的供给侧结构性改革和新旧动能转换，引导和促进全省旅游特色小吃提质升级，依托现有的特色小吃资源变美食文化优势为经济优势，实现高质量发展具有深远的现实意义。

"因为一道美食，记住一个地方，爱上一座城市"，西宁的美食文化吸引了众多游客来西宁"打卡"，为西宁旅游经济注入了新的活力。从美食品尝、品味、评选拓展到地方品牌、区域形象打造，传承和发展历史传统、地域文化，让更多的外地人记住"大美青海"、形成"青海印象"、留下"西宁记忆"。

2018 年首届美食节，以展示、展销、百家宴、论坛、线上线下活动、美食小吃品鉴等形式，全面展示了青海地方特色小吃和美食文化。

2019 年，高位推动，以"忘不了的青海美食，不一样的西宁味道"为主题的第二届美食节，通过设立 1 个主会场、5 个分会场，开展了现场技艺展示、美食评比、美食品尝、网络评选、文创产品展销等丰富多彩、特色鲜明的系列活动，全方位、多角度展示青海美食文化独有的魅力，有效激发了市民共居、共事的城市活力，为众多游客留下了美好记忆。

2020 年，以"品味河湟文化·畅游幸福西宁"为主题的西宁河湟文化旅游艺术节·第三届青海地方特色小吃展暨西宁美食节，在后疫情时代为全面复苏和提振文化旅游行业信心、推动西宁经济向好发展作出了贡献。

2021 年，西宁文化旅游产业以河湟文化为桥，以特色美食为媒，在西宁最美的季节，持续推出西宁河湟文化旅游艺术节，将继续为全市人民和八方游客打造一个别样的"狂欢节"，让每个人心中"世界那么大，我想去看看"的梦想不再遥远。

直播现场

新疆维吾尔自治区"贺局长说伊犁"短视频助力本土旅游消费

　　伊犁州文化和旅游局党组成员、副局长贺娇龙，通过短视频和直播等新媒体运营方式推广伊犁本土文化旅游资源和特色农副产品，巩固脱贫攻坚成果，助力乡村振兴，极大程度上带动了本土旅游消费产业发展。

　　她始终保持着一颗为民的初心，用自己的担当和激情燃烧起文旅兴农这把产业之火，以互联网为突破口，通过"贺局长说伊犁"抖音账号推广伊犁州蜂产业、马产业、种植业、薰衣草产业、畜牧业五大特色优势产业的特色农副产品。以直播带货方式促进企业转型升级，引导农副产品加工企业重心下沉，把更多的就业机会和增值收益留在农村、留给农民，促进了乡村特色产业发展，增加了绿色优质农产品供给，满足了城乡居民生活多样化需求。

　　自2020年5月20日以来，累计开展直播助农活动200余次，带动农副产品销售突破1亿元，为伊犁州农副产品提供了优质销售渠道，有效解决了相关生产企业转型升级和农产品滞销难题，促进了农牧民增收。同时，直接带动企业生产环节就业953人，物流快递环节就业327人，间接带动8000余户农牧民增收致富。

2021年度

中国旅游休闲街区创新发展案例

中国旅游休闲街区创新发展案例街区具有鲜明的文化主题和地域特色，具备旅游休闲、文化体验和公共服务等功能。街区能够很好地满足游客和本地居民游览、休闲等需求，空间范围明确、访客接待量稳定、管理运营机构统一有效，创新发展示范效应显著。

宁夏回族自治区银川市西夏区怀远旅游休闲街区

聚焦夜经济　推动文旅融合

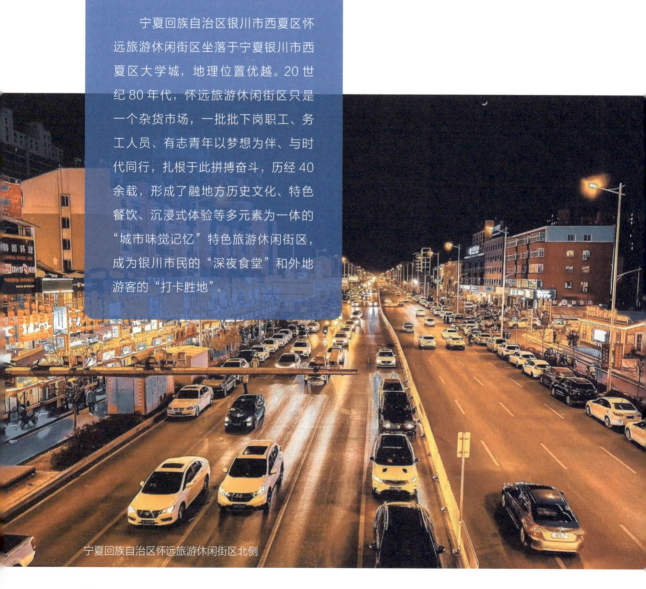

宁夏回族自治区银川市西夏区怀远旅游休闲街区坐落于宁夏银川市西夏区大学城,地理位置优越。20世纪80年代,怀远旅游休闲街区只是一个杂货市场,一批批下岗职工、务工人员、有志青年以梦想为伴、与时代同行,扎根于此拼搏奋斗,历经40余载,形成了融地方历史文化、特色餐饮、沉浸式体验等多元素为一体的"城市味觉记忆"特色旅游休闲街区,成为银川市民的"深夜食堂"和外地游客的"打卡胜地"。

宁夏回族自治区怀远旅游休闲街区北侧

宁夏银川西夏区怀远旅游休闲街区

基本情况

怀远旅游休闲街区坐落于宁夏银川市西夏区怀远路与文萃街交叉口，西至怀远西路轻纺巷，东至怀远路与文萃街交叉口，北至文萃街怀远路交叉口，南至文萃街新百宁阳超市，呈"L"字形分布，总占地面积达到 53000 平方米，店铺数量 594 个，总经营面积 13000 平方米，主街长 1150 米。街区内分为文旅区、餐饮区、百货区，包含文化创意类店铺 60 个，观光景点类店铺 2 个，餐饮类店铺 262 个，购物类店铺 200 个，文化体育类店铺 20 个，休闲娱乐类店铺 50 个。怀远旅游休闲街区年接待游客量超过 800 万人次，现已形成集休闲旅游、购物体验、娱乐健身、文化活动、特色餐饮等为核心的文化旅游休闲街区，"深夜食堂""打卡胜地"已逐渐成为街区的代名词，在全国范围内有较高的知名度和美誉度。

经验做法

1. 挖掘特色文化，加强文化建设

怀远旅游休闲街区将文化充分融入街区业态中，通过非遗工坊、非遗展示、文化活动等丰富多彩的展陈和体验活动，对麻编、贺兰砚制作等非遗文化进行有效的传播、活化和传承。同时，对宁夏地域特色的文创商品创作、开发和销售，成为向国内外游客展示的重要窗口。怀远旅游休闲街区文化特色业态占比超过 55%，包含文化书店、运动中心、酒吧、

影城、陶艺馆等多种文旅融合业态，满足了游客多样化、多层次、多方面的文旅消费需求。同时开展文化演艺、街头艺术、非遗展示等活动，增强游客互动和体验性，成为独具特色的网红打卡点。

2. 整治提升环境，发展特色产业

怀远旅游休闲街区具有统一有效的管理运营机构，管理制度完善，开创性地建立了全国首个街区食品加工中心和食品快速检测中心，确保餐饮安全。街区特色鲜明突出，环境整洁卫生，秉承绿色发展理念，坚持"共建共享"，为当地社区居民和游客融合服务，成为众多游客休闲旅游和文化体验的目的地。

3. 多元业态布局，城市品质升级

怀远旅游休闲街区餐饮区品种齐全，除了有全国各地流行、时尚、美味的美食文化体验，更有展现宁夏地方特色的美食和小吃，在这里可以领略到不同餐饮文化的融合和碰撞，已成为全国特色餐饮的缩影。街区努力创新运营模式，精选文旅融合业态，非遗展示与活动丰富，创意性和艺术性业态多样化；不断提高街区品位，合理嵌入时尚元素，着力培育

宁夏银川西夏区怀远旅游休闲街区商业广场

多元夜间消费，促进消费潜力加快释放，为城市品质提升注入新活力。

4. 加强设施建设，提升服务功能

怀远旅游休闲街区设计了融合自身特色的 logo 并充分应用到标识系统和宣传营销方面，形成了风格统一、内容完备、布局合理的标识引导系统。街区综合服务中心可提供信息咨询、旅游投诉综合服务，并配备轮椅、婴儿车、急救箱、旅游宣传图册等便民服务设施。街区距银川高铁站和西夏区游客集散中心 5 公里，周边设立公交站点 2 处，运行公共交通线路、旅游专线 9 条。管理企业坚持以商户和游客为中心，通过组织技能培训、招商引资，为街区商户提供创业指导、品牌推广、营销策划、物业管理等全方位服务。

5. 创新监管体系，强化精准管理

怀远旅游休闲街区具备完善的运营与管理措施，设有咨询服务处、快递寄存服务处、消费退货维权点及治安联络点，增设消防、防盗、防暴、救护等设施设备，并定期进行员工安全培训。街区内 5G 网络、公共 Wi-Fi 全覆盖，通信条件良好，各出入口均设置了流量监控系统，与公安系统并网，为街区全面应急和治安管理提供保障。街区还开发了移动支付平台，保障游客的消费权益。

6. 提升品牌影响，助力营销宣传

怀远旅游休闲街区按照"政府搭台、企业唱戏、群众参与"的模式，有计划地将文化演出、夜间旅游、餐饮、娱乐等资源进行整合。"传承红色基因，共庆百年辉煌"红歌快闪活动、2021 年中国·银川第二届"赏石艺术"节暨红酒、美食、非遗文化旅游博览会等一系列活动的成功举办，打响了怀远观光夜市的旅游品牌，带动了区域经济向好发展。中央电视台《消费主张》、湖南卫视《天天向上》节目、央视新闻等诸多媒体进行报道。快手、抖音、小红书、马蜂窝等社交平台和博主也争相推荐，已成为游客慕名而来的地标性打卡地，先后获得多项荣誉，在全国具有较高的知名度。

创新启示

1. 深度文旅融合旅游活动升级

怀远旅游休闲街区在"文化 + 旅游""创意 + 科技"融合发展的思路下，积极推动声、光、电、多媒体影像、虚拟现实等技术的有机结合，打造秀场、快闪等表演性、参与性强的文化旅游沉浸式互动体验活动，让游客获取情感共鸣。

宁夏银川西夏区怀远旅游休闲街区文创街　　宁夏银川西夏区怀远旅游休闲街区全景

2. 丰富业态创新产品供给

怀远旅游休闲街区以城市消费新业态打造品质文旅消费产品，充分扩大商业经济，推进城市购物游，丰富城市旅游休闲业态，加大商圈文化氛围建设，为城市休闲游奠定基础。支持开展专场演出、非遗展示、趣味游艺、才艺展示等文旅活动。通过补贴支持本土知名艺术家、摄影师、非遗传承人等入驻街区，鼓励其将书、画、剪纸等艺术产品的元素和现代设计相结合，积极开发集非遗技艺、实用功能、时尚雅趣于一身的文创产品。通过网红品牌推广营销，以手作体验吸引人气，打造为集非遗工坊、特色美食等商、旅、文于一身的旅游休闲街区。

3. 紧抓特色餐饮扩大经营规模

怀远旅游休闲街区增扩现有餐饮街区规模，丰富街区夜游产品，注重打造不同消费层次，推动形成多点面覆盖、特色凸显的旅游餐饮服务体系。依托怀远旅游休闲街区的食品加工中心和食品快速检测中心，打造高品质美食，重点开发和挖掘本土特色菜系，推广特色餐饮（店）品牌，开展形式多样的主题活动，评选人气美食榜单。

宁夏银川西夏区怀远旅游休闲街区

4. 围绕品牌强化营销机制

整合旅游营销资源，拓展怀远旅游休闲街区品牌市场的营销路径，创立"内外联动，政策护航"的品牌营销机制，达成区域战略合作，增加怀远旅游休闲街区曝光度，提高品牌知名度，将旅游人次转化成为旅游收入，带动西夏区经济发展。

专家点评

依托首府银川市的区位优势，通过精心打造、创新与赋能、业态更新与优化，按照"政府搭台、企业唱戏、群众参与"的模式，力求特色文化、新型文化的全面融入，文创、非遗有机融合到街区的餐饮、购物、交通、娱乐、健身等休闲的各个业态中，成为"打卡胜地""深夜食堂"。休闲街区的发展有力地拉动了文旅夜经济的提升，同时提供了大量的就业岗位。

街区从提升环境、业态布局、创新与特色发展入手，加大配套设施投入，不断提高管理与服务水平。到目前为止，从街区体量、业态丰富程度，到文旅创新发展的各个方面，怀远旅游休闲街区在西北地区具有较强的引领作用，已成为宁夏新文旅标杆、银川对外展示新名片。

——潘肖澎（中国旅游景区协会规划专业委员会秘书长）

天津市和平区五大道

　　五大道在天津市中心城区，是一个以由南向北并列着的马场道、睦南道、大理道、常德道、重庆道这五条道路为主的一个街区的统称。是中国保留最为完整的洋楼建筑群，被誉为"万国建筑博览会"。

　　五大道是国家 4A 级旅游景区，也是天津知名的网红旅游打卡地，近年来以其独特的魅力吸引着越来越多的天津和外地游客。

　　五大道地区拥有 20 世纪二三十年代建成的具有不同国家建筑风格的花园式房屋 2000 多所，建筑面积达到 100 多万平方米。其中最具典型的 300 余幢风貌建筑中，英式建筑 89 所、意式建筑 41 所、法式建筑 6 所、德式建筑 4 所、西班牙式建筑 3 所，还有众多的文艺复兴式建筑、古典主义建筑、折中主义建筑、巴洛克式建筑、庭院式建筑以及中西合璧式建筑等，被称为"万国建筑博览苑"。

天津五大道马车铜雕塑

吉林省梅河口市东北不夜城

为全面贯彻落实吉林省夜经济示范城市建设试点部署任务，实现梅河口市旅游产业突破年目标，梅河口市文化广播电视和旅游局坚持以吉林省文化和旅游厅的决策部署为引领，以推进夜经济建设为工作重点，与国内知名文旅策划团队锦上添花文旅集团联手打造文体商旅综合项目：梅河口东北不夜城·城市舞台。

文化和旅游特色鲜明，具备旅游休闲、文化体验、公共服务等功能，能够很好地满足游客和本地居民游览、休闲等需求

梅河口东北不夜城立足东北、面向全国，以精致国潮文化为主线，汇集古风古韵、关东风情、现代文化、互动美陈、智能夜游、衍生文创、景观打卡等诸多元素 100 余处，打造具有鲜明地域特色和古风文化氛围的复合型商业步行街。街区以牌坊立信，寓意天道酬勤、商道酬信，200 盏光束全方位组合变换，象征富丽华彩、东北振兴；56 个挑高装饰灯架排布街区两侧，"梅河之帆"立于灯架之上，代表 56 个民族大团结，乘风破浪、一帆风顺；灯架上悬挂代表一个月 30 天的 30 盏灯笼结彩通明，寓意欢乐祥和、美好圆满。

街区有明确的空间范围，访客综合满意度较高，有统一有效的管理运营机构

东北不夜城·城市舞台位于梅河口市现代服务业示范区核心位置，街区全长 533 米，建筑面积 1 万平方米，周边建有文化中心、体育公园、美食城、温泉度假酒店、儿童公园等配套项目，可谓钟灵毓秀、人文荟萃。在项目定位赋能上，利用现有地理环境，围绕精致古风主题，以"一轴两区"纬度空间打造特色城市舞台。

具有良好的创新发展示范效应，在全国具有较高的知名度和品牌影响力

采用大数据采集视图精准识别游客数量，不夜城运营前 3 天游客人数突破百万人次，对比全省 4A 级以上景区五一期间游客人数，引流成绩尤为亮眼出众。特别是五一期间，东北不夜城开展特色演艺 380 场次，吸引域内外游客人数多达 133.1 万人次，占全年运营期间域内外游客的 32.6%。对比国内知名景区，超过黄山景区、长白山景区游客量，晋升为国内游客流量较高的热门街区之一。

黑龙江省哈尔滨市中央大街步行街区

作为全国第一条商业步行街、国家 4A 级旅游景区、"亚洲第一街"，中央大街是来哈尔滨旅游观光者必到之地，近年来，中央大街先后获得了"中国人居环境范例奖"、全国百城万店无假货示范街和"中国历史文化名街"等荣誉称号。

中央大街日平均客流量约为 30 万人次，最高日客流量达到 140 万人次，年客流量超过 1 亿人次。全长 1450 米的中央大街主街及 25 条辅街共有商户 1300 余家，夜间消费人数及消费规模较大，营业商户高达 800 余家，涉及服饰、食品、餐饮、旅游纪念品等诸多丰富业态。中央大街区域内文化和旅游业态聚集，产业和服务供给丰富，其中文化类商户 500 余家，夜间文化及旅游消费类 350 余家。

近年来，中央大街不断围绕打造"中国欧陆风情街"这一目标，对百年老街业态进行提档升级，接国际国内知名品牌企业、创新业态企业，推进雀巢旗下 La Pasticceria 意式甜品体验店、可口可乐主题馆、莱特兄弟飞行体验馆等一系列品牌旗舰店、区域首店、科技概念体验店、文创概念展馆等大项目招商落地。打造的哈尔滨国际旅游文化服务中心，也将成为游客市民沉浸式消费体验的新去处。

随着旅游品牌影响力的扩大，中央大街还不断建立和完善旅游服务功能，通过建立多功能的游客服务中心、街景区导示系统，增设景观，完善停车配套等满足市民游客多样化的服务需求。随着多方面加持，中央大街夜间经济活动日益活跃，中央大街客流人流日益由"走来走去"向"坐下来，玩起来"转变，诸多消费场所夜间客流和营收均高于白天，中央大街"夜经济"呈现出良好发展前景。

哈尔滨中央大街步行街区

江苏省东台市天仙缘景区·草市街美食街区

东台市天仙缘景区·草市街美食街区，总占地面积约 11619 平方米，商业建筑面积约 4714 平方米，是由江苏名吃名店、域外名吃名店和场景工坊传统技艺等构成。草市街于 2021 年 1 月 1 日正式对外营业，截至 11 月底，草市街营业收入合计约 1700 万元，接待游客人数约 180 万人次。开街不到一年，草市街先后荣获盐城市"特色夜市街区"、盐城市"先进基层党组织"等荣誉。目前草市街已成为天仙缘景区美食打卡胜地，以及东台市对外开放的窗口、第三产业非遗聚集基地，成为东台发展速度最快、产业层次最高、集约程度最大的经济板块，成为盐城市最具活力和潜力的旅游景点之一。

S 区 C 位大牌聚集： 草市街美食街区，位于天仙缘景区核心位置，各个旅游景点互相辉映，互相配合，提供游客吃喝玩乐住行一站式体验。草市街现有店铺合计 70 家，包括老字号 3 家，米其林星级餐厅 2 家，荣获非物质文化遗产的店铺 5 家，地理标志性产品 10 家，省级名小吃 3 家，还汇聚了全国上百种市井小吃。从古到今，从家乡味到异乡情，一条街，就足够让你品尝"人间百味"。

网红打卡　食客天堂： 草市街的西安樊记腊汁肉夹馍、春发芽羊肉泡馍、童少爷冰粉铺、市井火锅、卤汁凉粉、羊肉烩面、绍兴臭豆腐、上海生煎、无锡小笼包、道口烧鸡和盱眙龙虾等，简直就是"干饭人"的天堂。草市街美食街区建设有舞乐广场、望塔、声动喷泉、龙游花灯等网红打卡建筑，吸引游客纷纷打卡拍照留念。

非遗文化　匠造美好： 草市街入驻商家：民间糖艺（里下河糖塑）被评为"盐城市级非物质文化遗产"；唐氏酥糖（唐氏酥糖制作技艺）被评为"东台市级非物质文化遗产"；黄小俑（中华老字号樊记腊汁肉夹馍制作技艺）被评为"陕西省非物质文化遗产"等。草市街开街至今，深受游客喜爱，已成为周边社区人群消费首选之地。

草市街美食街区日常管理： 天仙缘景区美食街区——草市街是东台市西溪旅游文化景区投资发展有限公司投入重资打造的重点项目之一，作为天仙缘景区的一部分，草市街是由西溪景区管委会统一负责管理，设有放心消费创建工作管理机构，有健全的运行、管理和社会监督机制。

福建省三明市泰宁县尚书街旅游休闲街区

　　福建省三明市泰宁县尚书街旅游休闲街区于 2021 年 11 月被福建省文化和旅游厅评为
"省级旅游休闲街区"，街区位于国家 5A 级旅游景区——泰宁旅游风景名胜区（尚书第游
览区）核心区，是全国重点文物保护单位尚书第古建筑群、省级重点文化产业园丹霞文化
产业园、国家全域旅游示范区、省级历史文化街区（尚书街、红军街）、省级现代服务业集
聚示范区的重要组成部分。按照国家级旅游休闲街区标准打造，具有明确的空间范围、统
一的管理运营机构、厚重的人文底蕴、丰富的文旅业态和稳定的旅游接待量。近三年未出
现重大旅游安全事故、重大负面舆情。

福建泰宁县尚书街省级旅游休闲街区

湖南省长沙市天心区五一商圈

长沙市天心区五一商圈作为长沙夜间经济发展的前沿阵地，2021 年成功申报为首批国家级夜间文旅消费集聚区。商圈获得了众多荣誉，多次被各级媒体报道，吸引了众多国家领导人、知名人士及海内外游客来访。

文化突出

商圈涵盖天心阁、贾谊故居、四正社旧址等文保单位和历史遗迹；太平街、坡子街等千年老街；火宫殿、乾益升粮栈等老字号商铺；长沙简牍博物馆、古玩城等人文景点；以及"超级文和友""茶颜悦色"等全国闻名的文化类商业。商圈依托文化底蕴同步开展烟花秀、无人机灯光秀、创意营销等特色文旅活动，推动夜经济走向多元化。

业态丰富

商圈内拥有商业街 20 多条、商业网点 2 万多个，品牌 1100 余个，商业综合体占全市 2/3 以上，营业面积达到约 0.67 平方公里。其中文化特色类商户数量为 1.3 万余家，营业面积约 0.43 平方公里，文化类商户数量占比为 65%。目前商圈业态丰富多样，创意文化特色突出，文和友、茶颜悦色、墨茉点心局等新消费头部品牌聚集于此，深受国内外游客的喜爱。

公共服务完善

商圈内成立了湖南省首家夜间经济服务中心，提供信息咨询、医疗救援等服务，及时处理夜间经济消费相关问题。截至 2021 年年底已累计化解纠纷 740 余起，提供帮助 290 余次。

商圈内包含 30 多条公交线路、拥有 2 条地铁，共享出行设备投放超 3 万余辆，区域内及周边停车位 1.5 万个。

通过进一步完善商圈内 5G 等公共通信设施建设，加强商圈内环境卫生治理和公共基础设施配套，全面提升服务水平。

重庆市永川区松溉古镇街区

　　重庆市永川区松溉古镇街区，因境内松子山、溉水而得名松溉，是永川古县衙所在地，历史上曾两度置县。2008 年松溉古镇入选第四批中国历史文化名镇，2013 年创建国家 3A 级旅游景区，相继被评为重庆市十大魅力城镇、重庆十大最美古镇、重庆最具人文价值小城镇，有"一品古镇，十里老街，百年风云，千载文脉，万里长江"之美誉。松溉历史上是商贾云集之地。水路有上、中、下三个码头，陆路有繁荣的马帮，松溉当年人口逾 5 万人，商号林立、市场繁荣，有"白日千人拱手，入夜万盏明灯"的辉煌。2019 年永川区成立松溉古镇文化旅游开发领导小组，结合松溉古镇保护规划总体思路，主要对松溉古镇核心街区开展了保护与提升工作，包括"两线六点"。"两线"即"上码头—临江街—正街"和"邵家坝子—坳上—大阳沟"两条游线，"六点"即古镇入口、神仙口、玉皇观、天后宫、跃进门、松子山 6 个重要节点。通过文化植入、产业导入，提升性重构了陈少南故居、马帮议事厅、红色教育基地、新运纺纱厂、油坊、铁匠铺等一批文保景点，适当点缀了灯饰工程，统筹实施了风貌提升和功能改造。目前，街区内有明清时代四合院、碉楼、吊脚楼、古县衙、皇帝御批祠堂——罗家祠堂、夫子坟、陈公堰等一批历史文化遗迹。赛龙舟、龙灯、腰鼓、钱枪等民俗表演别具特色。古镇传统美食，以声名远播的"长江松溉鱼"和"九大碗"最为出名，还有誉满川江的松溉盐白菜，别具一格的松溉"炒米糖"，纯粮酿造的健康醋等。未来，松溉古镇将围绕文化资源在地化、公共资源功能化、创意策划前沿化的基础思路，布局可持续化并具备自身造血能力的旅游业态。规划以轻消费为主的临江街、创新非遗为主的非遗街巷、以时尚文化与传统文化结合的正街。三大街区、三种不同定位。在业态设计上，引导本地品牌进行创新产品设计、引入具有全国影响力的品牌增加消费吸引力；原有品牌进行改造升级、新品牌注重创新体验……通过赶一次最洋气的特色集市，看一场最有趣的江畔演出，品永川秀芽、尝网红美食、住精品民宿，打造重庆周末休闲游目的地。

甘肃省临夏市八坊十三巷旅游休闲街区

  八坊十三巷是国家 4A 级旅游景区，位于甘肃临夏回族自治州首府临夏市。临夏古称河州，知道河州的人，还会知道临夏市内的回民又称"八坊人"。"八坊"和"河州"同时成了临夏的别称，而八坊十三巷便是河州民族风情的古街区。从唐朝至今，围绕着八座清真寺形成了八个教坊、十三条街巷，故称为"八坊十三巷"。它融合了回族砖雕、汉族木刻、藏族彩绘，融民族特色、休闲旅游、绿色生态、人文科教为一体，呈现出穆斯林的生活画卷，是河州民族民俗文化名片，民族建筑艺术"大观园"。历史文化底蕴深厚。

  甘肃省临夏市，位于黄土高原和青藏高原的交会地带，历史上是沟通中原与青藏以及西域政治、经济、文化的重要纽带。作为古河州城历史街区的八坊十三巷，是八座"坊"和十三条"巷"的统称，是典型的老城区和少数民族聚居区，历史可以追溯到唐代，历经千年，是丝绸之路各民族大融合、大交流的重要见证。文化旅游特色鲜明。街区总面积约410000 平方米，全域为步行街，形成了古街巷长廊、80 号民俗馆、64 号手工艺馆、盖碗茶广场、红水河、书巷、童趣巷、八坊味道街等特色街巷。古典建筑群相对集中、民族文化风情浓郁，街区建筑融合了回族砖雕、汉族木刻、藏族彩绘等建筑特色，堪称西北民族文化建筑的博览园和民族团结融合的"大观园"。街区内北寺龙影壁、大旮巷 80 号院，被确定为省级文物保护单位，26 座古民居被确定为市级文物保护单位。街区通过博物馆、展览馆、文化表演、街头展示、业态活现等方式全面展示临夏花儿、蛋雕、泥塑、雕刻葫芦等非物质文化遗产 60 多项，带给游客体验式、融入式、沉浸式文旅新体验。旅游服务体系完善。街区全域设置了具有街区文化特色的标识系统、全方位的街区导览、360 度 VR 全景导视；街区卫生间 12 处，厕位共计 160 余个且管理规范；全街区实现 Wi-Fi 网络全覆盖。综合服务中心，安排专人值守，为游客提供旅游咨询接待、讲解、处理投诉等服务；街区合理制定游客容量，设置警务室、医疗室等服务机构，安装监控摄像头 130 余个，切实保障游客游览安全。定期进行访客满意度调查，现场调查问卷和网络评论好评率均在90% 以上。

乌鲁木齐大巴扎旅游休闲街区

新疆维吾尔自治区乌鲁木齐市大巴扎旅游休闲街区

    乌鲁木齐大巴扎旅游休闲街区是乌鲁木齐的地标性建筑，由国家 4A 级旅游景区国际大巴扎和大巴扎步行街组成，素有"新疆之窗""中亚之窗""世界之窗"的美誉，是融旅游、餐饮、歌舞、文化、民族商贸和建筑景观等特色为一体的首批国家级文化产业示范基地、是新疆旅游业产品的汇集地和展示中心，街区以新疆民族特色文化作为街区的文化内涵，兼顾国内外旅游者和本地居民需求的国家级旅游休闲街区，是"新疆文化旅游金名片、人文旅游新地标"。2021 年荣获自治区级旅游休闲街区和第一批国家级夜间文化和旅游消费聚集区。

    近年来，乌鲁木齐市天山区坚持高位推动，通过不断整合、优化大巴扎商业业态布局，注重打造鲜明的文化主题和地域特色，使之成为具备旅游休闲、文化体验和旅游服务功能的特色街区。

2021年度

中国智慧旅游创新案例

中国智慧旅游创新案例能够运用新一代信息网络技术和装备，实现旅游管理、旅游服务、旅游营销、旅游体验的智能体系化，在推动智慧旅游发展的实践过程中行业示范引领效应显著。

新疆智慧旅游一期建设项目

实现新疆旅游市场"看得见、呼得通、连得上、管得住"

"互联网＋旅游"理念的兴起，以"一机游"为代表的智慧旅游应用在国内逐步盛行。以新基建为技术引领，以提升旅游治理能力的现代化水平，提升游客线上体验需求为建设目标，从而进一步提升新疆旅游业的智慧管理、智慧营销、智慧服务水平。由新疆维吾尔自治区文化和旅游厅打造的新疆智慧旅游一期建设项目应运而生，并取得一些积极成果。

一部手机游新疆平台于 2020 年 4 月正式上线发布

基本情况

新疆智慧旅游一期建设项目于 2018 年新疆维吾尔自治区旅游产业发展大会启动立项，采用"建运一体"的模式，投资金额为 1880 万元。于 2019 年 12 月启动，历经两年的建设和运营，2021 年 10 月竣工。

经验做法

1. 打造新疆智慧旅游大数据中心基石

新疆智慧旅游大数据中心是智慧旅游项目的大脑，通过建立统一的数据标准，全面整合自治区、地州市、县市区三级文化和旅游部门基础数据、文化和旅游资源数据及运营商数据、OTA 数据、搜索引擎、公众出行数据、用户端应用数据，对本地民众、外地游客的文化活动、文化关注热点及出行线路、旅游关注度、旅游消费行为以及文化及旅游资源开发利用情况等进行全方位、多维度的精准分析，为公众文化精神需求、日常文旅产业运行监管、文旅资源合理配置、文化传播推广、文旅消费引导、宣传营销策略制定以及安全应急指挥调度提供精准的数据支撑。

"游新疆"官方预约平台，只需三步即可完成门票预约和购买

新疆智慧旅游管理平台景区视频监控系统，便于实时监管景区运行情况

大数据中心会聚全疆基础涉旅数据，日处理数据量已达5500万条，为管理决策提供有力的数据支撑。大数据中心还预留了标准化数据接口，可以满足与文化和旅游部、新疆各部门间的数据共享交换需求。

2. 实现大屏到小屏的转变，使旅游管理更加便捷化智慧化

新疆智慧旅游管理平台建设完成了旅游产业监测系统、舆情管理系统等10个功能模块，同时逐步接入120家全疆4A级以上景区监控数据800余路。持续接入门禁票务、停车场数据、S级滑雪场监控，为新疆旅游特别是节假日景区管理调度等提供数据支撑和技术保障，让"看得见、呼得通、连得上、管得住"成为现实，改变了传统旅游监管和治理的模式，提升了新疆旅游治理体系的现代化、信息化。同时针对管理平台主要功能开发上线移动端掌上管平台，实现了随时随地通过手机查阅监控，获得实时旅游数据。

3. 完成"一机游"向"一码游"的升级，使旅游营销和服务更加便民化、精准化

2020年4月底，新疆维吾尔自治区上线发布了"游新疆"App、公众号、小程序服务平台，面向游客提供官方旅游服务。平台亮点功能主要包括5A级景区慢直播、手绘地图、语音导览、智能行程定制等内容，平台注册会员50万余人，累计服务游客人数超6000万人次。2022年6月，在疫情的影响下，经过对旅游服务平台的深入思考，结合内地先进省份的发展模式，自治区积极寻求突破，在游客使用最为便捷的小程序端进行了全新升级，并在2022年自治区旅游发展大会上进行发布，小程序无须下载，即开即用，用完即走，

"游新疆" App 页面展示

同时基于定位系统，为游客提供所需所想，小程序将进一步结合先进技术应用，将元宇宙、数字孪生、5G慢直播、XR（混合现实）等最新应用成果进行嵌入并向游客提供体验服务，真正实现"一部手机游新疆"。

创新启示

1. 涉旅数据强有力的对接保障，凸显智慧建设的新疆特色

在整改项目建设过程中，新疆维吾尔自治区旅游产业发展领导小组办公室作为全疆旅游业的指权威指导部门，时刻领导并助力新疆智慧旅游建设项目。项目数据中心接入本着互联互通、高效、绿色、精准的标准，仅仅一个月就接入了公安、政法、交通、气象、环保、运营商、艺龙等涉旅数据，实现了智慧旅游大数据的互联互通，达到了数据接入的同期国内领先，创造了赋有新疆特色的数据接入速度和效果，为旅游管理部门决策提供更精准有效的数据支撑。

按照旅发办的要求，通过政府常务会议审批，联合17家厅局印发了《关于深化"互联网＋旅游"推动旅游业高质量发展的实施方案》，把"互联网＋旅游"工作作为自治区

新疆文旅服务官方总入口在各景点的宣传立牌

一项重点工作进行落实，旅游治理体系的现代化、信息化，推动自治区旅游业高质量发展。

2. 实现"限量，预约，错峰"

在疫情防控常态化下，按照"无预约，不旅游"要求，大力推进全疆 A 级景区预约工作。全区 500 余家 A 级景区全部开启预约功能。为游客提供优质的在线预约服务，提供一站式智慧文旅服务和旅游在线服务总入口的目标定位，预约数据同步上传至文化和旅游部综合监测与应急指挥平台，新疆旅游景区现代化治理水平得到有效提升。

3. 多平台联合运营，共同发力

用网友和游客喜闻乐见的方式打造一批接地气的文旅融合推广传播活动，建立以内容建设为根本、先进技术为支撑、创新管理为保障的全媒体文旅传播体系，助力旅游业高质量发展。继续推进"新疆是个好地方"平台和"游新疆"平台联合运营。推出旅游微综艺《出发吧，新疆！》，举办打卡新疆系列活动以及慢直播系列活动，启动"新疆是个好地方"——百县万部微视频征集展播活动，全网传播量达 30 亿次。

4. 营销服务运营彰显文旅融合

该项目按照智慧旅游内容设计和建设，在机构改革之后、在基础数据资源装载上将文化类场馆要素数据装载并应用。内容运营和活动上，推出了"非遗过大年，天山南北贺新春"等文旅融合内容。2021 年 10 月，以"新疆是个好地方——对口援疆 19 省市非物质文化遗产展"为范例，平台直播间和访谈间成为整个非遗展一道亮丽的风景线，2021 年 12 月，在自治区冬博会中推出 5G 直播，取得良好的融合发展效果。通过多渠道、多形式的表现手法，突出特点和优势打造品牌，推动文旅融合高质量发展。

> **专家点评**
>
> 新疆是我国智慧化旅游起步较晚的地区，同时由于新疆地域广阔、气候无常，各种情况复杂多变，也是智慧化旅游需求最为迫切的地区。为此，新疆于 2018 年启动了智慧化旅游一期建设，仅用了不到 2000 万元，不到两年的时间，就初步建成了智慧化旅游体系。该体系打通公安、政法、交通、气象、环保、运营商、艺龙等涉旅数据联通，基于定位系统，通过"游新疆"App、公众号、小程序服务平台，实现无须下载、"即开即用，用完即走"方便快捷全方位的旅游信息服务。新疆智慧化旅游起步虽晚，却用最少的经费，在最短的时间，实现了为旅游者提供最为便捷的全方位服务，也为迎接新疆旅游新时代的到来奠定了坚实的基础。
>
> ——戴学锋（中国社会科学院研究员、财经战略研究院旅游与休闲研究室主任、文化和旅游部"十四五"规划专家委员会委员）

一部手机游甘肃

一部手机游甘肃

甘肃省文化和旅游厅按照"一中心三体系三朵云"（即大数据中心，智慧旅游服务体系、管理体系、营销体系和智慧旅游支撑云、功能云、内容云）的总体架构，全力打造"一部手机游甘肃"综合服务平台，通过互联网、移动支付、区块链、物联网、大数据、云计算、人工智能等技术手段，为游客提供"食、住、行、游、购、娱"方面数字化、智能化、便捷化服务。"一部手机游甘肃"综合服务平台以全省4A级以上景区智能导游导览系统为核心，用户通过手机识别二维码、搜索小程序或网址链接即可进入。平台主要为游客提供信息查询、门票预订、电子导航、全景体验、语音导览、商品订购、政务服务、咨询投诉等服务，为景区提供信息发布、产品营销、资源管理、数据分析、投诉处理等服务，为文旅管理部门提供资源整合、整体营销、数据分析、在线监管、投诉处理等服务。"一部手机游甘肃"平台以智慧景区、旅行社、酒店、民宿等业态建设为抓手，实时将业态数据接入甘肃文旅大数据中心，建立单向、双向、可控、有序、安全的信息集成共享交换平台，通过数据的融通、共享，为入甘游客提供了更精准的信息服务。

一部手机游河北

案例背景

按照中共河北省委、河北省政府《关于进一步加快全省旅游产业高质量发展的意见》（冀发〔2018〕48 号）、《推进全省文化和旅游信息化工作实施意见》的工作要求，为推进河北省文化和旅游智慧化建设持续健康发展，河北省文化和旅游厅按照"省市统筹、同步推进"的建设思路，以服务游客为出发点和落脚点，深入推动文化和旅游领域供给侧结构性改革，着力建设培育"一部手机游河北"（乐游冀）生态系统，切实增强广大人民群众获得感和幸福感。

案例创新性

功能创新，提供便捷、智能的一站式游玩服务；内容创新，凸显特色文化艺术资源展示新体验；技术创新，让河北文旅插上"科技"的翅膀。

案例实施效果

"一部手机游河北"已列入 2021 年河北省政府重点工作任务，也是河北省文旅信息化工作的一个重要突破点。自 2021 年 3 月 30 日正式上线至年底，已提供 2000 多万人次的智慧化、便捷化服务，会员注册量近 40 万人，日活用户量达 15 万人以上，注册与访问用户上升趋势良好，正在逐渐成为河北省文旅信息查询和服务获取的首选平台，是河北省智慧文旅发展的典型代表。

河北秦皇岛山海关老龙头长城

一机游白山

　　白山市文化广播电视和旅游局紧跟吉林省文旅系统优质提升脚步，聚焦"一主六双"发展战略，纵深推动白山市文化和旅游领域市场主体推广和供给侧结构性改革工作，以严格的政治态度和高精准工作要求，催生"一机游白山"小程序和多渠道宣传推广高质量发展新动能。

　　一是纵深研发"一机游白山"微信小程序。增添"旅游白山"的基础服务信息和应用功能，实现客户对白山旅游"食、住、行、游、购、娱"的快速查询与导引。新浪吉林累计阅读量 217.38 万；@ 文旅吉林官方微博累计阅读量 95.11 万；"旅游白山"官方微信公众平台发布文章 461 篇，累计浏览人数 10 万 +，浏览量 12 万 +。

　　二是加强新媒体的宣传力度。在"旅游白山"微信公众号和抖音号等自媒体平台上陆续推出了"乐游白山""白山之夏""自游白山""秋天的童话"等不同主题的文旅产品咨询、文旅线路攻略、文旅资源介绍等推文。公众号现有用户 8828 人，2021 年发布原创作品 175 篇，阅读量 61945 次，点赞量 746 个，转发量 6396 次。

　　三是以多种类渠道呼应小程序，扩大群众知晓面。依托"旅游白山"微信公众号和抖音号宣传平台，面向市场呈扇形推广，逐步形成由点连线、由线成面的后续力量。"旅游白山"官方抖音号现有粉丝 90023 人，发布原创作品 233 篇，点赞量 9.1 万个。

江苏省健康码景区预约前置审核多码合一

政策推动行业模式转型

国家发改委、文化和旅游部等十部委印发《关于深化"互联网＋旅游"推动旅游业高质量发展的意见》，坚定不移建设网络强国、数字中国，持续深化"互联网＋旅游"，推广门票预约制度，落实实名制登记，加强游客防护。文化和旅游部印发了《旅游景区恢复开放疫情防控措施指南》提出"做好游客流量关口前置管控"。

疫情反复防控态势严峻

不期而至的疫情改变了旅游业发展的外部环境，不时按下的暂停键打乱了旅游业原本快速行进的脚步。本次疫情自 2021 年 10 月 17 日起快速波及 21 个省份，其中病例轨迹涉及 10 个省、市、自治区内的景区，对于区域旅游业冲击巨大，随时可能按下暂停键。

预约校验健康码的意义

防疫关口前移。通过门票预约前置校验健康码、订后游前健康状态跟踪，设置线上两道过滤线形成防疫屏障，前置拦截黄码、红码游客，降低中高危风险人群流动风险，实现疫情防控关口前移，强化旅游业预防手段，推动"四早"落实。

三码同屏便民利民。立足便民要求，建设健康码入口／行程卡入口／门票预约码同屏展示能力，避免游客入园核验健康码时反复扫码、反复切换出示，优化游客入园体验，提高入园效率，降低因现场查验周期过长产生的聚集、拥堵风险。

浙江省"浙里好玩"服务应用系统

浙里好玩是国内首个集合旅游咨询、电商、公共服务等相关功能于一身的区域性文旅综合服务系统。系统共包括 1 个中枢、3 个平台、8 个中心，N 个多跨应用场景。其中，1个中枢指浙里好玩数字中枢；3 个平台为面向游客的"游客服务平台"，面向企业的"企业赋能平台"，面向省市县政府单位的"省市县管理平台"；8 个中心——内容中心、产品中心、服务中心、企业中心、产品中心、支付中心、用户中心、分发中心覆盖全面；N 个多跨应用场景，根据游客所需的痛点难点，依托数字中枢的数据，开发跨部门协同的应用场景。2021 年以来，浙江省委、省政府大力推进数字化改革，"提升'浙里好玩'公共服务系统"成为浙江省数字化改革社会系统 12 个重点项目之一，也是文化和旅游系统数字化改革的工作重点。系统目前完成了 2.0 版本的迭代升级，在原有以旅游服务为主的基础上，增加了文博场馆免费预约、文艺演出展览预订、文旅日历、假日旅游预警等多项内容。截至 2021 年 5 月 31 日，"浙里好玩"系统共包含：POI（兴趣资源点）26098 个，资讯、攻略、线路文章 3497 篇，玩法分享 2387 篇，达人 120 余位。全省已入驻景区 719 家，酒店、民宿 18350 家。平台服务人数超 4000 万次。

集电商销售和公共服务于一身

一直以来，浙里好玩将公共服务作为系统建设的重中之重。疫情过后，浙里好玩先后开展了"519 中国旅游日"浙江旅游亿元红包助推产业复苏活动、"京杭对话诗画浙江文旅周（杭州日）暨浙江（北京）旅游交易会"线上同步发布活动、从 2020 年 9 月持续到 11 月的"浙江旅游消费季"活动等，接入景区、酒店超 600 家，上架产品超 5000 款，"浙江旅游消费券"总计发放价值超 3000 万元，活动曝光量超过 1 亿次。

集常态产品和非标产品于一身

浙里好玩在建设之初就明确了"不同于飞猪、携程等 OTA，打造本土化文旅公共服务系统"的目标，尤其注重对于文化和旅游企业商家"非标准化产品开发设计"的引导。例如，在"浙里好玩"夏日童玩节活动中，30 余条暑期浙江特色亲子游线路上线，吸引了近1500 名游客报名参与，500 多名小朋友在非遗传承人、美术老师等的指导下，用旅途中的自然万物制作完成了各类手工艺品。

河南省景区服务质量监测平台

政策驱动旅游服务高质量发展。国办 41 号文《国务院办公厅关于进一步激发文化和旅游消费潜和的意见》中明确提出 2022 年，国有 5A 级景区全面实行门票预约制度。旅游服务高质量发展推进：文化和旅游部等十部委《关于深化"互联网 + 旅游"推动旅游业高质量发展的意见》提出：支持各地建立旅游营销科学评价机制，提升旅游营销成效。文化和旅游部《文化和旅游部关于加强旅游服务质量监管　提升旅游服务质量的指导意见》提出：加强旅游服务质量监管、提升旅游服务质量是推进旅游业供给侧结构性改革的主要载体，是旅游业现代治理体系和治理能力建设的重要内容，是促进旅游消费升级、满足人民群众多层次旅游消费需求的有效举措，是推动旅游业高质量发展的重要抓手。文化和旅游部关于《"十四五"文化和旅游市场发展规划》通知指出，建立以游客为中心的旅游服务质量评价体系。开发建设旅游服务质量评价系统，制定完善评价模型、指标、流程和标准。推广和拓展评价体系应用场景。到 2025 年，系统完备、科学规范、运行有效、覆盖旅游市场服务全流程的服务质量评价体系初步建成。

技术赋能助力景区服务质量提升。2021 年 3 月，河南省文化和旅游厅开展"学党史提品质全省 A 级旅游景区'2021 质量提升年'行动"，希望通过全面、深入质量检查，全面提升 A 级景区服务质量。为了进一步巩固工作效果，改进工作方式，联合美团开发景区服务质量监测平台。完善了旅游服务质量评估标准和监控手段，弥补了问卷调查、神秘客拜访、专家打分等传统手段的不足。创建了融管理与服务的互联网 + 监管的新模式。

基于美团 77 亿真实用户评价，将用户在消费行为、LBS（基于位置的服务）空间维度以及供给为中心的产业大数据中的评价内容、敏感词设置，运用大数据、云计算、知识图谱等技术，开发形成用于河南省旅游地业服务质量监测平台。通过实时游客评价进行服务质量监测、口碑监测及预警、跨区域横向对比、管理后台、分析报告，利用多维功能模块提升地方服务质量，建立服务质量评估体系。将系统与河南智慧旅游开放平台打通，并建设河南省文化和旅游厅专属管理后台，相关服务质量分析报告、解决方案以及预警系统可根据需求定向分发。

中国旅游景区欢乐指数（THI）评价体系

　　中国旅游景区欢乐指数（Tourist attractions Happiness Index，THI）（以下简称"欢乐指数"）是国内首创的数字化动态监测旅游景区管理品质的评价体系，于 2020 年 4 月首次发布。"欢乐指数"致力于打造成为客观、公正、科学的具有社会影响力和行业指导性的旅游指数体系，持续通过月报、年报和专报等形式跟踪、监测、分析国内旅游景区运行情况和管理品质，向社会各界提供高品质的系列研究成果。目前，"欢乐指数"已成为中国旅游景区管理品质晴雨表。"欢乐指数"在智慧旅游管理服务方面有三个创新：一是突破了单纯从专家评审、抽样调查评价景区管理品质的传统做法，采用大数据客观、系统地反映景区管理品质；二是突破了自上而下的评价体系，采用从游客体验角度客观评价景区；三是研发了算法模型，把抽象的情绪、感受、体验，变成直观、可视、可测量的数据信息。"欢乐指数"应用大数据和人工智能技术为广大旅游企业提供了旅游管理和营销的数字化解决方案，通过 57 个维度对中国旅游景区进行全方位、立体化监测，用语义分析技术分析游客评论，让景区管理者、经营者了解景区的定位、传递的价值以及游客的认同感等；研发算法模型测算景区的综合体验数值，代表了景区的热度和受游客欢迎的程度。《测量旅游景区欢乐指数的科学计量方法》（_Scientometric Method For Measuring Happiness Indexes of Tourist Attractions_）作为中国首个文旅指数发明已通过了国际发明专利 PCT（专利合作条约）审核，核心算法已申请国家发明专利 3 项、登记软件著作权 12 项。基于对智慧旅游数据标准的研究，已成功立项了文化和旅游部旅游行业标准制定项目《旅游服务管理系统数据库建设指南》。目前"欢乐指数"已经成熟，并投入使用在旅游管理实践的关键领域，作为我国首个旅游景区管理品质评价指数在推动智慧旅游发展的做法具有示范创新性和行业引领性，切实帮助了政府动态掌握辖区内景区管理品质水平、帮助了运营方改进景区运营管理，为行业把脉市场动向、掌握消费者偏好，为企业及时调整战略规划提供有力支撑，为游客带来更高效、优质、人性化的服务。"欢乐指数"已取得了良好的社会效应，得到了人民网、新华网、学习强国等 30 余家权威媒体的报道，并参展了 2020 年中国国际服务贸易交易会线上展厅。"欢乐指数"也受到了泰安市、厦门市等城市政府关注，成为城市旅游魅力推广的重要手段。

"云游壮美广西"文化旅游宣传推广平台

"云游壮美广西"文化旅游宣传推广平台运用 VR、AR、5G 等高新技术，通过微信小程序对广西景区景点、文化场馆、非遗项目等进行记录、传播、宣传、推广，创新广西智慧旅游营销和管理服务，建设广西"沉浸式文化旅游影片资源库"。

一是智慧旅游赋能，营销模式、管理服务和旅游体验更"智能"。平台围绕"食、住、行、游、购、娱"六要素，提供云看展、云旅游、云资讯、云直播、云评选、云导览等全方位的在线服务。通过平台，游客可以足不出户、随时在线浏览广西旅游资源，身临其境体验广西美景，了解广西非遗项目，漫游文化馆、博物馆，还可在出行前从平台获取官方游览信息，如通过 VR 视角欣赏景区、云直播了解景点实况，做足游览攻略后再进行线下体验。而景区也可结合云评选、游客旅游攻略等完善服务，形成"景区内容推荐、游客欣赏评价、景区产品迭代"的宣传推广闭环。

二是新兴技术赋能，智慧平台"云集"广西文旅资源。运用国际领先的 5G+XR 信息科技，采用"智慧平台 +VR 资源库 + 内容分发 + 应用接口"的互联网传播概念，充分运用数字资源可快速复制、网络分发以及 VR 内容全向报道和展示特性，建设广西的"沉浸式文旅影片资源库"。平台对广西景区景点、文化场馆、非遗项目等文化旅游资源进行数字化转换及开发利用。目前平台已完成对广西所有 5A 级景区的采集，并采集 A 级景区 120 个以上，博物馆、纪念馆 35 个以上，非遗项目 50 条以上，同时推动对广西特色民宿、美食信息的梳理和采集，丰富资源库的资源类目和内容，实现广西文化旅游资源数字化转换及开发利用，让广西文旅资源"云集"平台。

三是联动发展赋能，深度链接宣传平台以构建矩阵式旅游服务和推广模式。平台建设的 VR 资源库内容对各大视频平台开放。平台不仅对广西景区、博物馆、非遗项目、特色民宿、广西美食进行资源采集和线上推广，同时整合移动、联通等运营商向游客直播资源。目前大屏移动宽带电视咪咕 VR 专区播放次数 43.7 万次，小屏 VR（咪咕视频 VR 专区 + 移动云 VRApp）播放次数 95.6 万次，移动渠道的播放量总计为 140 万次。平台联动"一键游广西"及其他国内外主流 VR 内容平台，构建矩阵式旅游资源推广模式，推动信息的人群覆盖面，展示壮美广西的新形象、新风采。

一部手机游云南打造"互联网 + 旅游"示范样板

"一部手机游云南"项目由"一中心两平台"（云南旅游大数据中心、旅游综合管理平台"一部手机管旅游"、旅游综合服务平台"游云南"App）构成。

实现旅游管理的智能化："一部手机管旅游"平台遵循"政府管理服务无处不在"的目标，通过构建全域旅游投诉体系、建立涉旅诚信评价体系、全面实施游客购物"30 天无理由退货"、搭建分时预约平台、建立全省旅游市场综合监管考核平台、建立旅行社和导游管理系统等功能，实现公共服务、行业监管、综合执法的闭环运行。

实现旅游服务和游客体验的智能化："游云南"App 按照"游客旅游体验自由自在"的目标，依托大数据、云计算、人工智能、物联网、人脸识别等多项技术，围绕文旅资源展示（发布城市宣传片、城市名片、景区"慢直播"等）、旅游产品推介和预订、导览导游、智慧出行（提供高速公路 ETC 充值和实时路况、接入充电站和充电桩、在线租包车）、智慧厕所、在线购物、投诉退货线上渠道等功能，对旅游产业链的产品和服务进行有效串联和整合，全链条提供本地化精准服务。

"游云南"实景慢直播瞬间

2021年度

中国文化和旅游创意产品开发案例

中国文化和旅游创意产品开发案例均为原创产品，集主题鲜明、创意独特、品质精良、艺术呈现和视觉传达吸引度高等特点于一身，能突出展现地方文化内涵和旅游资源特色；兼具实用性强、绿色环保、经济实惠等特色，市场接受度高，具有生产可行性；市场流通效益好、适于网络传播。

宁夏回族自治区

持续擦亮"星星故乡"文旅新 IP

宁夏是镶嵌在祖国西部的一颗明珠，六盘山上、贺兰山下、黄河两岸、长城内外，孕育出特色鲜明的文化旅游资源。宁夏区域面积 6.64 万平方公里，地小物博，呈现出"盆景中国"。千百年来，宁夏"长河落日，大漠孤烟"的壮阔美景吸引着世人的目光；引黄灌溉造就了"天下黄河富宁夏"的传奇；一万年历史的贺兰山岩画是史前人类艺术的长廊；战国至明代各个时期的长城遗址汇聚，这里又被称为"中国长城博物馆"。

沙漠星空

星空旅游活动

当前，"星星故乡"已经成为宁夏文旅产业高质量发展的一张新名片，星空旅游也成为宁夏文旅高质量发展的新引擎。宁夏正逐步成为世界向往、独具特色的星空旅游目的地。

基本情况

2019 年，宁夏首次在国内提出"星星故乡"这一全新的文旅 IP，先后举办了中国（宁夏）星空旅游大会，星空旅游主题研讨会、推介会星空朗读，星空露营音乐大会，重要天文现象线上直播等系列活动。打造沙坡头星星酒店、黄河宿集观星民宿、观星品尝葡萄酒等星空旅游产品文化和旅游项目。推出了 12 条星空旅游主题线路产品深受游客喜爱。发布了贺兰山国家森林公园、六盘山红军长征景区、腾格里金沙海旅游度假区、盐池哈巴湖生态旅游区、闽宁镇磨石沟口、西吉火石寨、黄河南岸宿集、沙坡头星星酒店、贺兰星光阿黎农场、志辉源石酒庄等十大观星旅游目的地，引导景区配备观星装备，开设星空讲堂，星空旅游基础设施不断完善。

2020 年，宁夏"仰望星空"系列主题活动被文化和旅游部评为国内 16 个旅游宣传推广典型案例之一。2021 年 11 月，宁夏文旅厅打造的"做一次星星故乡的宠儿"研学游线路产品上榜 2021 年度"港澳青少年内地游学推荐产品"名单。2022 年 1 月，宁夏沙湖景区入选 2021 年度中国最美星空目的地案例。

宁夏回族自治区党委宣传部副部长、宁夏文化和旅游厅党组书记、厅长刘军表示，中国（宁夏）星空旅游大会持续擦亮"星星故乡"品牌，使"星星故乡"成为宁夏文化和旅游融合高质量发展的新名片，全域旅游创建的新亮点，促进宁夏消费新的增长点。

经 验 做 法

对于当下处于严重光污染环境之中的现代都市人来说，星空已成为一种奢侈品。

是不是每个地方都能发展星空旅游？参加中国（宁夏）星空旅游大会的北京天文馆高级工程师、首席科普专家寇文说，星空旅游作为天文特色的旅游，对环境、空气、天气都有很高的要求。宁夏，却"富有"这一资源。年均 300 天的晴好天气，低至三到四级的光污染等级，纯净的空气质量，通透的寰宇视野，是国内为数不多的绝佳观星地之一，发展星空旅游优势明显，定位"星星的故乡"非常精准，所以宁夏定位"星星故乡"非常精准，打造"星星故乡"文旅新 IP 特别有意义，宁夏正逐步成为世界向往、独具特色的星空旅游目的地。

"星星故乡"打的是生态牌，是环境牌，可以说是"绿水青山就是金山银山"理念在

"新征程　再出发千车驰骋·星途自驾美丽宁夏"启动仪式

星空朗读活动

宁夏落地的实践样板，这个独特的 IP 形象，让城市游客在喧嚣和快节奏的工作之余，能够重新回到田园、乡村，抬头仰望星空。"星星故乡"已成为宁夏文旅产业高质量发展的"六张牌"之一。

为了打造"星星故乡"文旅新 IP，宁夏先后成功举办了一系列星空文化旅游活动，快速提升了宁夏星空文化旅游的吸引力。

为了打造"星星故乡"文旅新 IP，宁夏文化和旅游厅与气象、环保等部门合作，定期发布观星指数，为星空文化旅游提供科学高质量的服务；与各大主流媒体合作，在观星营地开展重要星空事件直播，扩大宁夏星空文化旅游影响力；建设观星酒店到观星营地，为快速发展星空文化旅游创造条件，举办了 6 期星空旅游讲解员培训班，为游客提供专业高质量服务。

为了打造"星星故乡"文旅新 IP，宁夏文化和旅游厅设计发展了"星星故乡"品牌 logo。"星星故乡"品牌 logo 基于"用户"角度进行创作设计，蕴含三重品牌寓意：一是 logo 创作以六角星芒图形为主元素，寓意六方汇聚，融合为星，星星符号不仅代表着"星星故乡"，更是代表着希望，也预示着未来对宁夏文旅的美好憧憬与向往；二是 logo 整体形象以张开双臂的人来表达欢迎与拥抱，意为好客的宁夏、热情的宁夏人，张开怀抱喜迎八方来宾；三是 logo 设计中注入箭头汇聚元素来表达向心力与凝聚力，象征着宁夏各族人民是密不可分、融荣与共的共同体。整体 logo 设计简约大气，运用多种色彩表达宁夏丰富的文旅资源，同时传递年轻活力的品牌定位。

沙湖景区不断开发星空旅游产品，位于沙漠和湖水之中的观星蛋蛋屋、星玥居、星空帐篷等民宿，成为景区高质量发展的一大亮点，中国（宁夏）星空旅游大会在景区打造的观星音乐特色露天晚宴座位，每到节假日就被早早抢订。宁夏中旅看准商机连续三年直接买断沙湖景区蛋蛋屋、星玥居的运营权。

沙坡头景区 200 多间沙漠中星星酒店、黄河岸边的黄河宿集，几千元一晚的房间，即便在近年受疫情影响的情况，经常是一房难求。宁夏各大旅行社推出的观星研学旅游团，有时候得托关系才能报上名。

以"神奇宁夏、星星故乡"为主题的旅游大篷车全国十城巡演宣传推介活动，连续在广州、上海、南京、杭州、福州等重点客源城市举办了 12 场宣传推介活动，星空旅游线路产品、星空文创产品、星空体验帐篷深受喜爱，在华东地区掀起了一次"星星故乡"热潮，宁夏"星星故乡"这张旅游新名片的吸引力越来越大。事实也证明，星空旅游产品的确迎合了当前游客对旅游高品质的需求，符合人们对于诗和远方的美好期待。

创新启示

近两年，宁夏线上线下开展的游客满意调查结果显示，60% 的游客是因为体验星空旅游到宁夏的，游客对宁夏星空旅游的喜爱程度由此可见一斑。

"星星故乡"文旅新 IP 加快了旅游业与宁夏九大重点产业的融合。"星空下的葡萄酒"酒庄休闲旅游推介会、贺兰山东麓葡萄酒文化旅游融合发展论坛、葡萄酒文化旅游产业投融资大会、葡萄酒生活艺术节、西鸽诗会等 12 项活动，使文化旅游成为中国（宁夏）国际葡萄酒文化旅游博览会最大亮点。带动宁夏贺兰山东麓葡萄酒文化旅游长廊。12 家酒庄获评国家 A 级旅游景区酒庄，有 36 家酒庄具备接待旅游团队餐饮、住宿能力；30 多家酒庄具备开发观星、参观、品鉴、住宿、餐饮等旅游活动基础条件，宁夏葡萄酒庄每年吸引游客人数已经超过 120 万人次。

"星星故乡"文旅新 IP 引导宁夏高端、品质住宿业发展。观星活动发生在夜间，所以星空旅游对住宿业的带动效应较为明显。沙坡头的星星酒店、沙湖景区的野奢星空帐篷、奇趣蛋屋、地球仓、星玥居等特色民宿成为"网红"打卡地。住星星酒店、品星空晚餐、看星空演艺、听星空讲座、赏大漠星辰、悟星空之旅等系列星空旅游深度体验产品深受南方游客喜爱，成为宁夏高端、品质住宿的代表。

现在，宁夏正在深入挖掘星空旅游文化内涵，深度谋划"星星故乡"度假酒店、沙漠

"星星故乡"主题 IP 旅游衍生品设计成果发布展

房车营地等文旅项目。布密观星点，持续擦亮"星星故乡"文旅IP，不断提升"星星故乡"在国内外的知名度，延长星空旅游产业链，让星空旅游成为宁夏文旅高质量发展的新引擎，吸引更多国内外游客到宁夏感受星空旅游的魅力，给心灵放个假。

专家点评

　　位于西北的宁夏，虽然不是旅游地图中传统热点目的地，但却力求打破地域、资源、面积等方面的桎梏，充分利用波特尔黑暗天空等级高、空气稀薄且洁净、晴朗天数多等先天条件，在全域范围内发展星空旅游，首次提出"星星故乡"这一全新的文旅IP，推出 12 条星空旅游主题线路，开展各类活动。例如，举办了中国（宁夏）星空旅游大会、星空旅游主题研讨会、推介会星空朗读、星空露营音乐大会、重要天文现象线上直播等系列活动，打造沙坡头星星酒店、黄河宿集观星民宿、观星品尝葡萄酒等星空旅游产品文化和旅游项目，以及 logo 设计、旅游产品研发、全国巡演推介等措施，以差异化内容迅速圈粉，成为旅游高质量发展的"流量密码"，持续擦亮"星星故乡"IP，使之成为全域文旅产业发展的新亮点、新引擎。

　　在"星星故乡"——宁夏，使得人们"仰望星空"的期盼得以实现、低碳环保的理念得以实施、研究学习的领域得以拓宽、放飞续航的体验得以获得。

——潘肖澎（中国旅游景区协会规划专业委员会秘书长）

江苏省盐城市"黄海湿地 吉祥三宝"IP 产品

　　千年沧海桑田，黄海湿地赋予盐城精彩与绚丽。2019 年 7 月，黄（渤）海候鸟栖息地（一期）列入《世界遗产名录》，填补了我国滨海湿地类型世界自然遗产空白。世界自然遗产——盐城黄海湿地成为盐城最亮丽的城市名片、最响亮的金字招牌。盐城东部沿海滩涂湿地，是丹顶鹤最大的越冬地，勺嘴鹬等全球濒危鸟类规模最大的停歇地，麋鹿种群繁衍的首选地。"黄海湿地 吉祥三宝"IP 形象依托仙风道骨的丹顶鹤、威武雄壮的麋鹿、呆萌可爱的勺嘴鹬融时尚卡萌艺术，赋予鲜明人物特征和丰富文化内涵，创意研发产品，一经推出备受欢迎，形成热点和聚焦。

欢腾中华麋鹿园（杨国美摄）

朝晖颂

生动化传承中华文化。麋鹿，姓名呦呦，语出《诗经·小雅·鹿鸣》"呦呦鹿鸣，食野之苹。我有嘉宾，鼓瑟吹笙"；丹顶鹤，姓名鸣鸣，语出《史记·滑稽列传》"此鸟不飞则已，一飞冲天；不鸣则已，一鸣惊人"；勺嘴鹬，姓名嘟嘟，象声词，依其嘴向前突出的如勺子形象而命名。每逢传统节气和佳节，推出三宝主题海报和宣传视频等，古诗词中解读节气，讲述传统佳节习俗等。

趣味性普及科学知识。麋鹿呦呦集众生所长，自成一派，并且汲取万物灵感，实现自我超越。是个激情澎湃，友善包容的小男孩；丹顶鹤鸣鸣擅长琴棋书画、诗酒花茶，是个温顺而高雅，坚贞而执着的小女孩；勺嘴鹬嘟嘟，是人见人爱、憨态可掬的小男孩。三个小伙伴亮相各宣传载体，热情活泼得推介盐城世界自然遗产，倡导生态文明，保护动物，热爱自然，同时担任盐城形象大使，推广美景，美食……讲述盐城"好故事"，传播盐城"好形象"。

勺嘴鹬

卡通化丰富生活内容。运用线上线下融合传播形式，开展形象推广。线上依托抖音、微信、微博、视频号及视频网，网红、旅游达人、博主的个人宣传平台、朋友圈及主流网络载体开展推广；邀请文学、艺术等领域大咖及专业人士，紧贴生活创作"三宝"形象生动、短小精悍的故事、漫画等；利用各类境内外宣传载体和促销活动开展密集式、轰炸式推广。譬如三宝带你科学防疫，地震科学自救，三宝带你趣味 DIY，三宝说世遗等系列动画视频。

情怀化推出生活产品。从文化底蕴、传播热点、网民喜好等方面深度挖掘人们喜闻乐道，备受推崇的系列衍生产品，既具备文化内涵，又便捷实用，接地气。主要有"黄海湿地 吉祥三宝"微信表情包、毛绒玩偶、帆布袋、手机壳、徽章（冰箱贴）、水杯、抱枕、帽子、T恤、U盘、鼠标垫，毛巾、旅行包、书签、手机壳、口罩、写字笔、笔记本、杯垫等系列，同时亮相各指南手册，折页、书籍等文旅宣传资料，积极融入百姓生活，点滴细微之处体现"小表情"撬动"大情怀"，"小融入"引入"大内涵"。

> **专家点评**
>
> 　　盐城是中国唯一没有石头山的地级城市，这个地理特色生动形象地反映出它的滨海湿地景观。它是候鸟最幸福的天堂。作为长江三角洲城市体系的一个组成部分，盐城的自然生态优势、海滨湿地生态环境、质朴醇厚的民风民俗，恰如其分地扮演着让世人能够一展胸怀、长抒己欲、拥抱大海长滩、欣赏霞飞鹤舞的目的地角色。在国家 5A 级旅游景区密集、旅游品牌众多、市场购买力强劲、目的地形象纷纭的长三角，盐城文旅近年来着力打造湿地生态旅游产品体验和旅游形象推广，并在主要目标市场进行有效宣传，不仅为自己找到了较为准确的定位，也为身处目的地竞争弱势的景区提供了成功案例。
>
> 　　　　　　　　——吴必虎（北京大学城环学院旅游研究与规划中心主任、
>
> 　　　　　　　　文化和旅游部"十四五"规划专家委员会委员）

河北省"承德好礼"

承德好礼

项目自 2020 年 6 月启动，计划在 3~5 年内对承德城市 IP 资源进行深度研发和广泛应用开发，以 IP 特色结合旅游市场进行串联和整合，以"旅游 +"的概念吸引生产企业、经销商、景区资源等实现共同发展，撬动城市资源、增加地方税收及推广城市文化，促进承德市一二三产业的融合和多业态协同发展，丰富游客的个性化购物体验。项目以 IP 文化创新为抓手，与地方头部生产企业合作，结合地方特色物产，创新了一批新产品、升级了部分传统产品。现有合作企业 48 家，共创新或升级了 32 个系列近 1500 款产品。其中有多项具有文化内涵和观赏品位的产品在中国旅游商品大赛、中国特色旅游商品大赛中取得奖项，两项产品在河北省第一届、第三届文创大赛中获得金奖。为承德市域文旅融合、文旅赋能、产业跨界联动树立起了新标杆。项目以将"承德好礼"文创品牌打造为知名品牌为宗旨，线下建设"承德好礼"展销中心、旗舰店、加盟专卖店、店中区、智能销售专柜"五位一体"的销售体系。目前已建设并投入运营的线下店铺共 13 家，其中由旅游集团直营的共 9 家，加盟店 4 家；线上已建设"承德好礼"微商城，已入驻产品 450 款。与携程、工商银行融易购、乐游冀等多个平台沟通，正在推进产品入驻工作。在京东、天猫等第三方销售平台开设旗舰店工作正在推进中。2021 年实现销售额 780 万元，带动合作企业实现销售 5000 万元。取得了社会效益和企业效益的多方共赢。

湖北省武汉市"红色文创　八七印记"系列产品

2021 年是中国共产党成立 100 周年，为纪念建党百年，八七会议会址纪念馆紧密结合习近平总书记关于革命文物以及文创产业发展等重要讲话精神，紧密结合八七会议会址纪念馆现有的文物藏品及文物本体，开拓创新，在建党百年之际，特推出了"红色文创 八七印记——《聆听历史的声音》八七文物藏品系列明信片""红色文创　八七印记——八七书签套盒"等文创产品。红色文创　八七印记——《聆听历史的声音》八七文物藏品系列明信片，采用 300 克哑粉纯质纸制作，规格为 171mm×115mm，共 7 张。本套文创产品的创意来源取自八七会议会址纪念馆的馆藏文物，其中包括该馆国家一级、二级、三级文物以及国家重点保护文物。这些明信片依托馆藏文物和重点文物为表现内容，延伸其背后的红色革命历史，让观众能够更深入地了解八七会议及其部分八七会议代表。在创新设计的过程中，除了明信片的美观考量外，充分融合八七会议会址纪念馆的特征以及整体性。设计理念是想通过这段红色革命历史让更多人从一个全新的角度去学习红色历史，去聆听、铭记党的历史足迹。该产品于 2021 年 7 月 1 日推出，通过线下打卡活动获取，在七一活动当天受到各界观众的广泛关注。红色文创　八七印记——八七书签套盒，由书签、签字笔以及手账本组成。书签材质为金属（黄铜），书签正面雕刻有八七会议会址纪念馆馆名和图标，反面为标尺及 6 个具有特殊意义的时间：1921 年，中国共产党正式成立；1927 年，纠正党内右倾错误的八七会议召开；1935 年，纠正党内左倾错误的遵义会议召开；1978 年，改革开放，八七会议会址纪念馆正式成立对外开放；2011 年，中国共产党成立 90 周年，八七纪念馆扩建；2021 年，中国共产党成立 100 周年。签字笔为酸枝铜木笔，笔上雕刻"八七会议会址纪念馆"。手账本的封面右下角为八七纪念馆的印章图案，八七会议召开的时间"1927.8.7"。套盒内附有一张八七会议会址纪念馆的简介，内容为八七会议会址纪念馆的介绍以及八七会议在中共党史中的意义。这套产品的设计理念是为庆祝中国共产党建党 100 周年，通过几个重要的时间节点回顾中国共产党从成立到百年的红色历程。本套盒的设计初衷是希望社会各界了解党的光辉历史，通过笔和纸传承红色历史文化。本套盒于 2021 年 7 月 1 日推出。

内蒙古自治区"敕勒川悦礼"

敕勒川悦礼

近年来，呼和浩特市高度重视文化旅游产业发展，将文旅产业发展作为推进新时代经济发展的重要举措，着力打造优质文旅品牌，不断创新文旅品牌形象，深入实施品牌战略，大力推进地域特色品牌建设。目前，呼市以"敕勒川"文旅系列产品和活动为抓手，全力推广"敕勒川"文旅品牌，展现都市魅力，重点培育以"敕勒川"为核心，以鲜明地域特色为依托的文化旅游品牌"敕勒川悦礼"。目前，以"敕勒川悦礼"为主线有 50 多款系列产品，300 多款独立产品，凝聚了内蒙古历史渊源和草原都市的新时代活力，全方位展现了呼和浩特地区相互依存、互相亲近、兼收并蓄的历史文化发展脉络，多层次体现"敕勒川"文化体系蕴含的文化符号、文化认同、文化内涵。在"敕勒川悦礼"品牌的建设过程中，呼和浩特市打破传统路径依赖，坚持文化引领、产业融合、生态优先、开放合作、创新驱动，通过文旅文创产业提速提质提效，加快文旅资源向文旅产品转化，提高供给水平，以创新服务手段、营销方式，顺应文化旅游消费提质升级趋势，深化文旅项目策划和商品研发，并对形式多样、特色鲜明、富有创意、竞争力强的文化创意产品授权使用"敕勒川悦礼"统一标识。通过品牌宣传以及举办各类推荐会、展销会等文化活动，加大宣传推广力度，共同推进文旅产业发展各项工作，切实提高了呼和浩特市旅游产品的文化内涵，提升了呼和浩特市旅游品牌的知名度、美誉度和影响力。

吉林省"美丽中国·鲜到延边"旅游创意产品

　　延边朝鲜族自治州文化广播和旅游局注重引导和示范，采取搭建旅游商品开发平台，挖掘和培育质高品优的特色旅游商品，极大激发了全州旅游商品企业的创意创新热情，丰富了旅游消费市场。2019 年以来，延边朝鲜族自治州文化广播和旅游局连续举办三届"美丽中国·鲜到延边"全州旅游商品大赛，在历届国家和省级特色旅游商品大赛上，延边州奖牌总数占全省的半壁江山。2019 年首届"美丽中国·鲜到延边"全州旅游商品大赛，发掘出一批深受游客喜爱的旅游商品和旅游商品创意作品。同年 9 月组织企业参加中国特色旅游商品大赛获金奖 3 个，占全省获奖半数，同时获得银奖 2 个铜奖 3 个，获奖商品和企业得到广泛宣传和推广。2021 年 9 月在中国特色旅游大赛荣获 4 金 1 银 3 铜的佳绩，金奖数量占全省总量的 67%。三年来，全州有 600 多家企业和商品通过赛事平台，受益获利。旅游商品在旅游消费支出占比不断提升，年平均增长 10% 以上。

吉林省"美丽中国·鲜到延边"旅游创意产品

江西省新余市分宜县恩达麻艺文创产品

麻纤维作为人类使用最早的天然植物纤维，因其优良的天然属性，被誉为"纤维皇后"。麻纤维含有叮咛、嘧啶、嘌呤等元素，对金黄色葡萄球菌、白色念珠菌、大肠杆菌等都有较大程度的抑制效果，具有防腐、防菌、防霉等功能。同时也兼具吸湿性、放射性、透气性、散热性等优良的天然属性。因此用苎麻制作的麻制品具有"自然呼吸"的功能，常温下能使人体实感温度下降 3 ～ 4℃，具有"天然空调"的美称。

分宜县作为"中国夏布之乡"，特产夏布，历史悠久。自唐始，便有"岁贡白苎布十匹"的记载。而作为分宜县的麻纺产业领头羊——江西恩达麻世纪科技股份有限公司，形成了融苎麻种植、苎麻、亚麻、大麻、黄麻微生物脱胶精干麻、纯麻纺、麻混纺、色织印染、时尚面料、家居用品、夏绣工艺品及服装成衣等研发设计、生产加工、出口销售为一体的全产业链，是目前中国麻纺行业产业链最完整、科技含量最高、影响力最大的麻纺企业之一，多年来列全国麻纺行业前十强。2020 年在全国遭受新冠肺炎疫情影响的情况下，恩达公司在积极参与防疫抗疫的同时努力复工复产，资产总额达 11.1 亿元，主营业务收入 75365.36 万元，其中文创产品收入近 3000 万元，上缴税收总额 1267.3 万元，出口创汇 3234.24 万美元，利润总额 3519.73 万元。

恩达公司目前生产的麻艺文创产品主要有麻艺刺绣抱枕、麻艺记事本、麻艺收纳袋、麻艺书签、麻艺团扇、麻艺香包、麻艺折扇、麻艺桌旗等。其中麻艺抱枕有本草物语、简之格、松林意境三种款式，采用轻奢麻棉面料，简约精美刺绣，内里填充 7D 三维 PP 棉，柔软舒适、弹力更加。麻艺团扇扇面采用苎麻材料，精美刺绣，扇柄精选红榉木和竹木，精致流苏，质量细腻上乘。麻艺桌旗采用微生物脱胶技术，甄选亚麻高支纱，面料厚实挺括，具有麻纤维干爽的手感，防污耐脏且舒适亲肤，更显中式雅致大气。以上产品均以苎麻为原材料，采用国际领先水平的麻"微生物脱胶精干麻技术"成果及产业化技术，经过特殊环保防水防污工艺，可广泛适用于我们日常工作生活中的各种场景。

恩达生产的麻纺文旅创意产品，采用传统刺绣工艺，图案大多以中式景点"花鸟虫鱼"为设计元素，工艺精美，造型别致。

广东省佛山市南海区"南海有礼"系列文创产品

广东省佛山市南海区是岭南文化发源地，又称珠江文明的灯塔，是康有为、詹天佑、黄飞鸿等历史名人故里，有着丰富的传统文化、历史人文资源。据统计，目前全区共有 379 处国家、省、市、区各级不可移动文物，已建成博物馆 10 家、艺术馆（展览馆）32 家，收藏着 2.6 万多件（套）文物和产品，国家级以上文物达 1200 多件（套）。"南海区博物馆联盟"拥有 12 家文博场馆。近年来，探索文博资源活化利用和文创产品开发一直是南海区的重要课题。洛可可设计公司是一家知名的国际化整合创意公司，其倾力打造的洛客设计平台，聚集了全球 4 万余名设计师。南海区文化广电旅游体育局联合 12 家文博场馆于 2020 年 4 月启动了南海文博资源活化项目，委托洛可可设计公司将博物馆馆藏和非物质文化遗产项目等作为整个南海历史文化 IP，将博物馆网红展陈内容与南海区多样性、独特的历史文化资源形成互动链接，充分发挥洛可可优势团队文创产品设计优势，通过洛客平台面向全球设计师征集南海文博 IP 文创设计作品，形成首批具有南海文化特色的 100 多套产品打样，并在南海博物馆"南海有礼"文创空间进行展示，以推动南海区文博文创产业的发展。

为了最大限度地发掘优秀传统文化和整合资源，南海区尝试以政府搭建平台，将南海博物馆联盟的 12 个成员单位整合起来，采用统一采购方式，对南海区内文博场馆群馆藏资源进行全面整理、深度挖掘与精准提炼。推出一批融南海文化元素、南海文博场馆馆藏资源与时尚设计理念、生活美学理念为一体的、深受消费群体欢迎的文创产品，为下一步打造南海区博物馆群文化体验空间，推动南海文博 IP 资源活化，促进南海文博文创商品产业化打下坚实基础。这不同于目前国内博物馆文创产品多为单个博物馆直接委托设计公司设计定制的模式，该模式有利于整合地方资源，以统一的 IP 形象塑造地方博物馆文创品牌。

"广西有礼"文化旅游创意产品

"广西有礼"文化旅游创意产品

　　2021年"广西有礼"文化旅游创意设计大赛由广西壮族自治区文化和旅游厅、自治区科技厅、自治区农业农村厅、自治区商务厅、自治区国资委等多部门联合主办，广西文化产业集团有限公司、广西广文创意数字科技有限公司具体承办。大赛以"新创新、新发展、新格局"为主题，大赛设置"献礼建党百年诞辰"红色专题、"乡村振兴"绿色农创专题组、文化旅游创意产品组三个组别的奖项。大赛通过打造"百厂百品、百馆百品、百县百品"，聚集各方资源，搭建文创产品的产业化孵化平台，旨在为产品提供设计、宣传、销售渠道，推动广西优秀文创作品产业化。整个大赛共征集作品1660件，通过作品主题表现、文化内涵、创意艺术、产业价值4个评分要点评选出金奖3名、银奖6名、铜奖9名、优秀奖33名，共计51个获奖作品。贵港市自然博物馆指定分赛区评选出金奖1名、银奖2名、铜奖3名，优秀奖9名，共15名，并与其中13家企业及作者签订产销合作。

重庆市荣昌区"臻茴品·壶中壶"非遗文创产品

创新研发非遗文创商品。荣昌区深入挖掘以荣昌陶、荣昌夏布、荣昌折扇三大国家级非物质文化遗产为代表的内涵和价值。以"臻茴品·壶中壶"为代表，该文创产品利用荣昌陶的红白两种泥料相互糅合、挤压形成自然纹样的陶器装饰技法做成，然后由两个壶重叠而成，大壶中装小壶，从原材料制作到产品烧成要经过几十道工序，全由纯手工拉坯、粘接、打磨完成，有"外形美观""母子壶""不外溢水""壶上加壶"等特点，荣获 2021 中国特色旅游商品大赛（金奖）。同时，积极突破创新，将传统的非遗资源创造性融入现代元素，先后推出茶器、夏布包、夏布服装、折扇等一系列兼具实用性与工艺性的文创产品。用独特的非遗文化不断丰富产品类别，进一步延伸非遗产业链，提升了荣昌区非遗文创的知名度和影响力。

引进培养非遗传承人才。为积极推动非遗文创的产业化，荣昌区出台了《荣昌"人才兴陶"十一条》《荣昌区高层次人才引进培养暂行办法》《重庆荣昌高新区扶持陶瓷产业发展十六条（试行）》等政策，有效促进了工艺美术人才、艺术人才、生产人才的培养引进，为非遗产业化储备了一大批优秀的后备军。同时，荣昌还牵头举办线上交流会，让荣昌陶非遗传承人与埃塞俄比亚陶艺技师和学者进行交流；联合上海传统工艺工作站、华硕集团与夏布合作，共同推出"谷雨山川黛"夏布电脑包，促成 3000 件订单合作。

积极承办市级商品赛事。"非遗之城，陶都荣昌"，作为 2020 年和 2021 年"重庆好礼"旅游商品（文创产品）大赛的承办方，全市各区县参赛作品数量均超过 500 套 1000 件、作品范围涵盖 19 个类别。值得一提的是，荣昌区参赛企业数量逐年增加，参赛、参展企业均超过 100 家，其中 2021 "重庆好礼"旅游商品（文创产品）大赛共吸引游客人数约 13 万人次，直播带货总金额超 100 万元。

未来，荣昌将着力筑牢"特色魂"、打好"非遗牌"，秉持差异化竞争策略，找准旅游商品发展方向，积极推动"漫游"与"慢游"相融合，将适合的非遗资源开发成旅游商品，既可以作为独具特色的旅游吸引物，又可以作为保护和传承非遗的重要手段，让众多非遗产品"变身"旅游商品，焕发出新的活力，切实增强荣昌文旅知名度和美誉度。

2021年度

中国旅游影响力营销案例

中国旅游影响力营销案例以市场效果为导向，以创新方式实现旅游营销方式迭代，大力提升消费者旅游体验感知的幅度、深度，增强其对旅游目的地的兴奋点，对于拓展旅游业发展边界、扩大目的地美誉度和影响力的示范意义显著。

千车万人驾游黑龙江大型自驾游系列活动

深挖自驾游发展动能

黑龙江拥有北国绝美的自然风光，包括五大连池、镜泊湖等著名景点，是国内自驾游热门目的地。夏季可消夏纳凉，秋季可欣赏黑龙江最美五花山色，冬春季可以欣赏最美的北国冰雪风光。

红光村

千车万人驾游黑龙江

截至 2020 年年底，黑龙江全省公路线路总里程达 16.8 万公里，全省共建成房车营地 26 家、在建 12 家、拟建 12 家，黑龙江自驾游产业体系初步形成，拥有发展自驾游的良好基础。在此基础上，黑龙江省文化和旅游厅打造的"千车万人驾游黑龙江大型自驾游系列活动"取得了积极成果。

基本情况

2021 年，为深入贯彻落实习近平总书记视察黑龙江省重要讲话、重要指示，推动黑龙江省旅游高质量发展，打造中国自驾和户外运动旅游目的地、中国最佳全域自驾旅游目的地的目标要求。黑龙江省文化和旅游厅与全球领先的一站式旅行平台携程集团携手，打造"千车万人驾游黑龙江大型自驾游系列活动"，使其成为建设旅游强省的重要突破口。

通过深耕省内，挖掘黑龙江省各地市旅游资源特点，开展系列自驾活动。在自驾中，探访黑龙江 13 个地市独特人文、历史、民俗风情，品味各地市独特的龙江美味及欣赏壮丽的北国风光。

面向全国，依托黑龙江山地户外、冰雪等旅游资源，迎合娱乐、社交等多元消费需求，联合携程线上线下打造宣传产品，如短视频、直播、自驾游电子护照、微综艺片等，面向全国自驾游游客精准推广，为他们提供了自驾龙江一站式的玩法攻略及解决方案，引领消费升级新趋势，推动黑龙江全域旅游高质量发展。

活动解析

1. 大数据支撑

（1）基于公众媒体平台数据及携程大数据平台分析，得出：

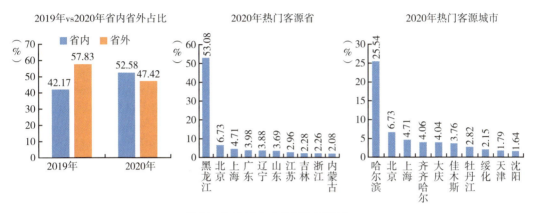

黑龙江省 2020 年在线旅游客源结构

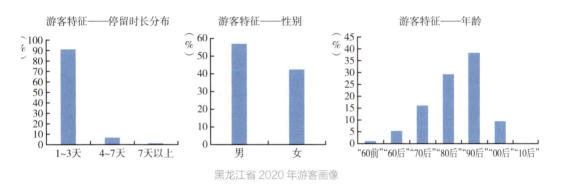

黑龙江省 2020 年游客画像

（2）对目标受众的简要分析

黑龙江旅游的核心客群为"80后"和"90后"，他们是社会群体中最具活力、充满个性的一个群体。音乐、社交等潮流元素是快速吸引他们注意力的有效手段。

从携程大数据中显示，在防疫常态化背景下，黑龙江省外游客占比缩减，深度挖掘省内消费潜力，进一步拉动周边及长线游成为关键。黑龙江省文化和旅游厅借助互联网传播，针对重点客源地进行市场激活和创新营销，吸引更多的游客来到黑龙江进行旅游体验。

2. 品牌定位

黑龙江自驾游核心理念：度假、自由、放松。

黑龙江生态和文化旅游资源丰富，交通设施相对完备、自驾游环境优良，有发展自驾游的良好基础。随着社会发展，黑龙江自驾游产业体系积极探索创新。在后疫情时代，倡导人们通过自驾给心灵放个假，在旅途中放松自我，在绝美的自然风光及丰富的人文体验中，找寻自我。

3. 品牌整合策略

2021年，黑龙江省文化和旅游厅从定位、营销、推广、创新等诸多方面进行尝试与探索，积极打造个性化的自驾品牌及活动。

品牌IP化：发布全新IP——"龙江驾期"叫响龙江自驾游品牌

截至2020年年底，黑龙江全省公路线路总里程达16.8万公里，全省共建成房车营地26家、在建12家、拟建12家，黑龙江自驾游产业体系初步形成。2021年，为提升龙江自驾游产业，黑龙江省文化和旅游厅发布全新策划的黑龙江省自驾游IP品牌——"龙江驾期"，通过发布全新的品牌logo及"驾车游龙江、给心灵放个假"的品牌理念，打造自驾品牌传播聚焦点，不断抢占用户心智。在全新的品牌IP下，全年开展系列线上线下活动，持续打响品牌声量。

线下产品全域化："千车万人驾游黑龙江"大型自驾游系列活动走进黑龙江多地市

在"龙江驾期"IP下，由黑龙江省文化和旅游厅联合携程集团主办，黑龙江省自驾游与露营协会与禾唐文旅联合承办的"千车万人驾游黑龙江"大型自驾游系列活动在2022年4—10月陆续开展。活动以启动仪式正式开启了以哈尔滨为中心的周边游序幕。活动期

自驾营地

间，组织全省各地市举办大型自驾游活动，邀请省内各地市车友走进牡丹江、走进鹤岗，举办黑龙江省第五届自驾露营大会，通过系列自驾游活动让更多的人重新了解黑龙江各地市丰富的旅游资源，做到"周周有活动，月月有亮点"，以节兴市全面提升游客体验。

同时，线上推出"黑龙江自驾游护照"，在微信小程序"自驾龙江网"上为游客提供自驾游优惠和服务，囊括"食、住、行、游、购、娱"等各个方面，为自驾爱好者提供便捷服务，优化自驾出行体验。该项活动，共计吸引 850 辆 2500 名车友参与系列活动。

宣传推广品质化、年轻化：两档微综艺＋直播，强势种草黑龙江夏秋自驾精品品质线路

围绕"龙江驾期"IP，联合携程集团通过定制两档综艺节目、巅峰直播带货、夏季热门大促等手段，邀请多领域大咖共同花式种草黑龙江自驾线路，展示黑龙江夏秋避暑、冬春冰雪的旅游资源，为黑龙江聚集声量及流量。

"95 后"脱宅旅行微综艺《心动旅行》邀请网红大咖带领着 6 位"95 后"少年首站来到黑龙江，行程中自驾打卡"哈伊池"各式趣味玩法。《边走边唱》则携手音乐大咖来到世界音乐之都哈尔滨。吸引更多人从哈尔滨开启自驾，从玩转城市到探寻周边，促进全域旅游的发展。

其次，邀请携程副总裁担任携程好货情报局大咖，为网友详尽介绍自驾哈伊池的玩法攻略和爆款好货，带来近百万的销售转化。

4. 传播效果

爆款频出，总体传播覆盖量超过 6 亿

2021 年，"龙江驾期"在宣传策略上做了诸多的创新。传播形式的大众化、年轻化加上内容的深化和开拓，让"龙江驾期"多频次地出现在青年人的手机里、话题中。

活动现场

微博话题＃千车万人驾游龙江＃阅读量达 2089 万次。

两档综艺《心动旅行》《边走边唱》播放量共计达 8200 万＋，话题阅读量达 5.6 亿＋。携程 BOSS 直播观看人数达 1394 万＋，直接为黑龙江旅游产品带来近百万的销售转化。

话题阅读量

品牌传播亮点

1. 线上旅游配套服务，为游客提供自驾无忧的舒心体验

2020 年，防疫常态化背景下，自驾游、私家团、小众游更为游客接受。除了系列地市自驾活动外，黑龙江省文化和旅游厅创新推出"黑龙江自驾游护照"，在微信小程序"自驾龙江网"上为游客提供自驾游优惠和服务，囊括"食、住、行、游、购、娱"等各个方面，为自驾爱好者提供便捷服务，优化自驾出行体验。为游客出行提供安心的保障，进一步刺激自驾游爱好者的出行欲望。

2. 旅游 +X，为黑龙江旅游提供无尽潮流玩法

过去简单的图片 + 文字的模式已无法适应新生群体的需求。运用数字化的转型，发挥"旅游 +X"的潜力，以多样化的内容生态加上年轻化的语言形式是取得年轻群体关注的关键。2021 年黑龙江省文化和旅游厅首次联合携程集团，定制两款旅行微综艺。分别以旅游 + 社交、旅游 + 音乐的形式，花样种草黑龙江自驾旅，为未来的黑龙江自驾旅游提供无限的美好想象。

专家点评

　　作为中国目的地体系中独具一格的以东北林区生态为资源环境特色和在冰雪景观基础上形成的冰天雪地也是金山银山的实践基地，黑龙江的旅游发展自有其独特路径。其中一个很突出的产品与体验便是沿大、小兴安岭，张广才岭等风景道展开的自驾游。黑龙江省文化和旅游厅与携程集团联合推出的千车万人驾游黑龙江大型系列活动，适应新一代近距离市场需求，围绕"龙江驾期"IP 的打造和涉及线下多个地级市景区的活动组织，不仅为已有实际自驾游客源市场的消费者提供多样化场景与服务，而且在潜在自驾游市场需求者之中实现了"种草"。

　　　　　　　　——吴必虎（北京大学城环学院旅游研究与规划中心主任、
　　　　　　　　　　　文化和旅游部"十四五"规划专家委员会委员）

江西省嘉游赣文旅电子护照系列宣传活动

打造省级旅游新 IP

近两年，江西省文化和旅游厅在整合一系列资源的基础上推出的"嘉游赣文旅电子护照"，一进入市场就颇受游客好评。其通过线上线下相结合：线上宣传包括传统媒体与新媒体、话题、短视频、微博、系列海报、H5、线上展览等多形式立体化的宣传，线下开展省、市联合举办的"红土情深嘉游赣"系列地推巡展活动，省、市两级力出一孔，扩大宣传影响力，打造出了省级旅游新 IP。

云游江西 App

基本情况

为实现游客"次次游江西、回回有优惠"的目标，2021年3月17日，江西省文化和旅游厅在"江西风景独好"全新服务子品牌——"嘉游赣"的基础上，整合"学子卡""英雄卡""友邻卡"等用户权益卡，推出了"嘉游赣文旅电子护照"，旨在打造一个集优惠资源、产品推广、游览预约、门票购买、主题活动、游客体验点评等功能于一身的省级旅游新IP、新势力。同时，全年宣传推广营销活动围绕"嘉游赣"主题开展。

明月山打卡图

主要内容

1.汇聚独有优惠权益，持续刺激游客出行意愿

"嘉游赣文旅电子护照"逐步整合了江西省各地市的优质涉旅资源，向注册会员用户提供一系列独有的优惠产品和权益，例如：①底价购买全省21家重点景区门票；②定期推出省内重点景区及网红线路的爆款套餐，0.99元享武功山、丫山千元权益等；③可在江西省内超过1000家合作餐饮商户享受7.5~8.8折的餐饮消费优惠；④可在江西省内320家影院享受全时段观影优惠；⑤每月推出滴滴打车和同程旅游提供的5~100元不等的打车和乘机专享抵扣券等。后续仍将不断整合资源，陆续推出新的优惠产品和服务，刺激游客出行意愿。

上"云游江西"小程序领护照

嘉游赣海外网红传播活动　　"不负春光嘉游赣"启动仪式暨"嘉游赣文旅护照"上线仪式现场

2.打造用户社交积分体系，促进旅行服务品质提升

"嘉游赣文旅电子护照"是国内同类型省级官方平台中第一个也是唯一一个推出用户社交与积分体系的平台。为了让游客有参与感、有反馈意见和发布感想的渠道，也为了主管单位和涉旅企业可以获取第一手的游客心声，"嘉游赣文旅电子护照"推出了游客社区功能。所有来赣游客在注册护照会员后，可以随时随地发表、记录在赣旅游心情，也可主动发布或参与旅行有关的话题讨论。针对旅途中遇到的问题，也可在社区中提出投诉和建议。同时，平台的积分体系也会根据规则统一记录会员积分，为那些活跃用户或对江西旅游以及平台发展有积极贡献的会员准备了精美的礼品与勋章，让广大游客成为江西文旅的推荐官，成为江西文旅提升改进的建议者，加深游客与平台之间的黏性。

3.不断推出爆款活动，提升江西旅游全网热度

为了不断提升游客对江西旅游的热情，提高江西旅游在各大新媒体或平台的话题热度，

全国学子嘉游赣免票游江西

"不负春光嘉游赣"—抖音达人江西赏花奇遇之旅

依托"嘉游赣文旅电子护照"及"嘉游赣"主题推出了一系列高品质爆款活动。例如，"全国学子嘉游赣免票游江西"活动，全国大中小及研究生在注册嘉游赣文旅电子护照后即可免费获得该权益，经平台预约后到江西省 4A 级以上收费景区扫码核销后，便可享受免大门票政策。该活动在年轻人群中饱受好评，已经正式成为江西省的标志性文旅活动。再比如，为了吸引外省游客入赣，依托"嘉游赣文旅电子护照"又推出了"嘉游赣有好礼"活动，所有省外游客（以身份证号码为准）注册"嘉游赣文旅电子护照"后，前往江西省 4A 级以上收费景区扫码核销后，即可在护照中选取景德镇精美瓷器一份，由活动承办单位免费快递送达。一系列爆款活动的策划和推出，极大程度地提升了游客来赣旅游的热情和相关话题的讨论。

4. 全媒体宣传，营造江西旅游新势力

为了进一步提升"嘉游赣文旅电子护照"在全国范围的影响力，实现引客入赣、赣景出圈的目标，江西省文化和旅游厅采用全矩阵、多元化的方式对"嘉游赣文旅电子护照"进行宣传推广。例如，2021 年 3 月，江西省文化和旅游厅在抖音上搭建的"不负春光嘉游赣"话题播放量突破了 16 亿次；2021 年 4 月以来，江西省文化和旅游厅与各区市政府联合，陆续在上海、广州、福州、杭州、南京、厦门、西安、宁波等重点客源市场组织开展了 30 多场"红土情深·嘉游赣"系列文旅推介活动。同时，还联合省内 21 家重点景区在周边省份重点高校、国内重要城市的核心广场、大型社区开展了一系列路演活动，为当地群众带去众多景区门票／套票、江西特产及文创礼品，现场氛围浓郁。有趣的文创、美味的特产，沉浸式、体验式的参观游玩，引得观众纷纷拍照打卡，称赞连连；2021 年 7 月以

嘉游赣系列推介会　　　　　　　　　　　　　　嘉游赣系列推介会

来，江西省文化和旅游厅联合美团开展了"美好生活嘉游赣"、联合小红书开展的"标记生活嘉游赣"、联合携程开展的"携手同行嘉游赣"等网红达人直播、打卡、踩线等新媒体平台联名活动，相关话题阅读数和浏览量超过 2.5 亿次，极大提升了"嘉游赣文旅电子护照"在全网的影响力与讨论热度。

主要成效

1. 会员用户呈几何级数增长

"嘉游赣文旅电子护照"上线 10 个月，注册会员用户数就已突破 375 万户，月活会员超 100 万人，护照内产品及服务使用次数超 80 万次，逐步成长为江西旅游的新 IP、新势力。

2. 社会关注度持续提升，品牌影响力不断扩大

2021 年 4 月以来，《人民日报》、央视新闻、《中国旅游报》、《香港商报》、《江西日报》、央江西广播电视台、大江网、江西文旅发布、江西风景独好、抖音、小红书、快手等各类媒体平台均进行了专题报道，各平台用户浏览量均超过 3000 万次。在省外重点城市、省内主要景区举办的各类线下宣传与主题活动也取得了良好的社会反响，参与活动的线下游客络绎不绝，尤其是省外的地推和路演活动，基本场场爆满。平台用户发布的游记、话题等内容已经超过 50 万条，收到各类群众和游客的后台留言与建议超过 3 万次，其中一位游客的留言写道："如果早点有全国学子嘉游赣免票游江西活动，或许那年清贫的我就能带

"五一"假日旅游宣传策划会

与美团、江西航空合作

她一起去武功山了。"一定程度上反映了活动的价值以及在年轻人心中的关注度和影响力。组织并招募各类品牌联合传播与体验官群组超30个，总计5000余人。

3. 系列活动反响热烈

"全国学子嘉游赣免票游江西"活动吸引了全国270余万名学生关注，超过90万名学生前往江西各大4A级以上景区进行了实地打卡；"不负冰雪嘉游赣·明月山过大年"活动，春节7天时间共计有2万余名护照会员前往明月山体验冬季冰雪活动；"不负春光嘉游赣·寻味丫山""深航邀您嘉游赣""温暖过年嘉游赣""红土情深嘉游赣"等一系列主题活动在线浏览量超1000万次，实际带来超100万名游客的真实参与，"嘉游赣"以及"嘉游赣文旅电子护照"一度成为2021年江西旅游的网络热词。

专家点评

　　江西省文化和旅游厅推出的"风景这边独好"子品牌"嘉游赣"文旅电子护照系列活动，可以说在三个层面进行了创新和探索。首先，它对江西旅游总体形象基础上作出了细分尝试。"风景这边独好"与"桂林山水甲天下"一样，都是强调观光旅游的特色和竞争力，但随着我国旅游需求和产品体验转型升级，观光旅游之外的新产品层出不穷，各地都面临品牌方面的细分；其二，电子护照具有大数据留痕功能，可以根据消费者的偏好和评估，及时获得相关信息以便更好地进行管理改进；平台集合多类服务资源和供应商产品，便于电子护照用户在需要的时候灵活掌握使用。

　　　　　　　　　　　　　　　——吴必虎（北京大学城环学院旅游研究与规划中心主任、
　　　　　　　　　　　　　　　　　　文化和旅游部"十四五"规划专家委员会委员）

"京畿福地·乐享河北"旅游品牌推广系列活动

近年来，河北加大"京畿福地·乐享河北"等旅游品牌推广系列活动，着力提高文旅品牌知名度和影响力，2021 年，河北省重点推出八大主题旅游线路、十五大旅游目的地，深度挖掘宣传一批独具"河北特色"的网红打卡地，叫响"京畿福地·乐享河北"旅游品牌。举办"河北邀约——全国百家旅行机构游河北暨全国旅行商大会"，深化"爱家乡、游河北、发现身边的美"、"周末游河北"、长城之约、冬游河北、河北游礼等系列品牌营销活动，都在业界引发热烈反响，作为加快河北建设旅游强省的形象主题日益深入人心。

"十三五"时期，河北省文化和旅游实现了跨越发展，全省文旅项目总投资突破 5000 亿元，同比"十二五"时期增长 215%，文化产业、旅游产业增加值占 GDP 的比重超过 7%，成为拉动全省经济增长和转型升级的重要引擎。文化事业发展迈上新台阶，文化产业竞争力明显增强，旅游业质量效益全面跃升，创新搭建旅发大会平台，服务大局的作用充分彰显。

2021 年，河北全省文旅系统抢抓新时代发展机遇，全面开启文化强省和旅游强省建设新征程，确保"十四五"发展开好局、起好步。重点抓好十个方面工作：一是着力强化建设文旅强省的使命担当；二是着力围绕中心服务大局做好重点工作；三是着力推动艺术创作出精品、出人才；四是着力加强文化遗产保护传承利用；五是着力提升公共服务质量和效能；六是着力增强文化产业整体竞争力；七是着力加快旅游业高质量发展；八是着力维护好安全有序的市场环境；九是着力提高文旅品牌知名度和影响力；十是着力推进全面从严治党向纵深发展。

2021 年，全省文旅系统面对新冠肺炎疫情对文旅行业造成的严重冲击，攻坚克难、拼搏竞进，全力抓好疫情防控和文旅产业恢复振兴，多项工作走在全国前列，进一步叫响了"京畿福地·乐享河北"旅游品牌。

内蒙古自治区"赤峰文旅万里行"全国文旅宣传推广活动

赤峰市文化和旅游局主办的"寻古八千年 览胜九万里"——赤峰文旅万里行全国宣传推广活动,从 2021 年 5 月 19 日开始持续推广 180 天。由"赤峰市文化旅游推广大使"带领车队,一个省一个省地走,驱车 25000 多公里,途经 160 多个城市,无遗漏、全覆盖地走遍中国大陆的 31 个省区市,举办了 36 场赤峰文旅推介会、招商会、座谈会,上千家媒体报道,海内外受众数以亿计。

团队从酷暑走到严寒,途经海拔 5620 米的廓琼岗日冰川、在珠峰大本营留下记录,途经西藏 318 国道时遭遇 5 次塌方,车队受阻小镇 5 天,沿途在数省多次举办捐赠慈善活动。2021 年 5 月以来中国大陆有 30 个省发生了大大小小的疫情,他们战疫情,冒严寒,顶酷暑,战胜地质灾害,避免交通风险,风餐露宿,一路坎坷。在中国率先走出了一条文旅营销的新道路,扬起了一面城市宣传的新旗帜。目前活动已获评"大世界基尼斯之最"(中国之最)——"持续时间最长的文旅宣传推广活动——赤峰文旅万里行"。

活动期间,万里行团队联合各地政府部门、各省市区的内蒙古商会及赤峰商会共同举办推介会、对接会和招商会。在长春、沈阳、唐山、南京等 20 多个城市进行了"赤峰文旅产品展览会"等活动,对赤峰在"食住行游购娱"等多方面的要素优势进行了广泛宣传。其间还举办了"手机遇上赤峰摄影大赛发布仪式""赤峰文化旅游推广大使聘任仪式""赤峰旅游推介人聘任仪式""赤峰武汉飞机直航信息发布仪式""赤峰太原飞机直航信息发布仪式""万里行服装慈善捐赠仪式"等活动,宣传推广亮点不断,持续推动跨区域文化旅游合作。

万里行活动受到了各地政府部门和赤峰老乡的大力支持,在长春、沈阳、天津、南京、上海、杭州、太原、呼和浩特等 9 个城市的推介会上与当地文旅部门及旅行社等现场签订了区域合作协议和互送客源协议,进一步开拓了赤峰旅游在全国的客源市场,有效提升了赤峰市文化旅游宣传推介的宽度和深度。

此次全国宣传推广活动是以现场互动和线上直播相结合的方式推介赤峰的旅游资源、产品和线路。活动现场出席媒体约 200 家,现场直播 11 场,远程媒体报道 800 条,海外英文媒体报道 80 家,全国各地电视媒体报道 10 次、媒体受众人数上亿人次。

吉林省"初心如磐"主题系列推广活动

为庆祝中国共产党成立 100 周年，深入贯彻落实习近平总书记"用好红色资源、传承红色基因"重要指示精神，全面展示吉林省红色旅游的发展成果，推动红色旅游高质量发展，吉林省文化和旅游厅革命文物处组织开展"初心如磐"主题系列推广活动。

组织开展"初心如磐 使命在肩"——吉林省红色旅游推广活动暨红色旅游万人行活动，启动红色旅游专列，千余人参观百余处红色旅游地，激发了全民参与红色旅游的热潮，并在此前加强红色旅游资源梳理工作，梳理、设计出 30 条红色旅游精品线路、100 家旅游地（旧址），实现从旅游资源向旅游产品的合理转化，丰富优质产品供给。

开展"百名红色讲解员讲百年党史"宣讲活动，邀请了全国金牌讲解员、全国"百名红色讲解员讲百年党史"宣讲讲解员入库成员、杨靖宇将军的后人等组建宣讲团，历时半年，走进机关、学校、部队、广场进行了 4 场宣讲活动，通过在线直播、互动宣传等渠道，辐射带动 20 万人接受红色教育，推动党史学习教育走深走实。

开展"初心如磐 河山留证"——吉林革命旧址百课开讲活动，以短视频的形式录制了 100 堂党史课，让党史教育生动起来。是吉林省革命文物保护利用"创造性转化，创新性发展"的破圈之作，也是吉林文旅人"讲好中国故事"、以文旅资源赋能和推动党史学习教育走深走实的创新之举。

开展"初心如磐 血脉传承"——全省红色讲解员培训和选拔活动，发挥各级爱国主义教育示范基地和红色旅游经典景区的教育功能，进一步加强讲解员队伍建设，提升讲好红色故事的能力，推出一批感染人、教育人的红色故事，激励和引导广大干部群众更好地弘扬革命精神、传承红色基因，赓续红色血脉，凝聚起奋勇前进的强大精神力量。

安徽自驾游大会

安徽自驾游大会自 2014 年至 2021 年，已成功举办 8 年，累计千余家自驾游渠道商、服务商和新闻媒体参与，影响力覆盖除台湾外全国 33 个省、市、自治区，已成为全国各地自驾游机构每年翘首以盼的行业盛会。

2014 年首届安徽自驾游大会便推出了自驾游风景道概念，已经成功推出了"皖南川藏线""大别山风景道""皖浙一号公路"等数十条精品线路，用沿途的风景串起一众景区、景点，改变了道路的单纯交通功能属性，践行了"最美的风景在路上"理念。

安徽自驾游大会历年的明星线路如皖南川藏线、大别山风景道、皖浙 1 号公路、黄山 218，一经推出就爆红网络，市场反响热烈，自驾游客络绎不绝，极大带动了沿途周边相关产业发展。2014 年推出皖南川藏线，其后 3 年时间，沿途新增农家乐、民宿等经营主体 400 多家。2017 推出黄山 218 风景道后，年新增游客近 30 万人，沿途酒店年入住率上升 22 个百分点。

安徽自驾游大会每年主推一条自驾游风景道，并对以往线路产品进行迭代更新，通过市场检验，不断优胜劣汰、优化完善，目前已形成了皖南川藏线、黄山 218、皖浙 1 号公路、皖江风景道、慢游 205、环巢湖风景道、大别山风景道、江淮分水岭风景道等为代表的安徽精品自驾线路产品体系。安徽已经成为长三角乃至全国自驾游客喜爱的重要目的地和打卡地。

安徽自驾游大会自举办以来，始终把安全防控措施放在第一位，成立安全保障小组。在自驾采风踩线行程中全程配备领航车、活动保障车、医疗救护车确保安全，2021 年更是委托专业机构提前进行活动风险评估，严守安全底线，确保无重大安全事故和负面舆情发生。

"老家河南" 新媒体矩阵传播营销

近年来，河南省文化和旅游厅以新媒体矩阵宣传为引领，坚持创新创意，聚力传统文化时尚表达，坚持"活动带动、矩阵传播、品牌重塑、流量转化"四大工程，不断推动新媒体合作、文旅文创融合发展。河南文旅频频出圈，景区和乡村纷纷成为网红，文旅产业从资源时代进入品牌时代。

与新媒体合作创新打造亮点活动。按照"一核带一带，三山带五区""五朵金花四季开"的立体营销格局，持续加大与快手、新华社、携程、哔哩哔哩、小红书、腾讯等新媒体的合作力度。策划举办第三届全球文旅创作者大会、"豫见快手·嗨在伏牛山""2021，大别山再出发""太行山上，我为祖国喝彩"等十多项宣传推介活动，叫响"老家河南"品牌。"唐宫夜宴""洛神水赋""龙门金刚"火爆全网，传统节日"奇妙游"系列强势出圈，"河南博物院""清明上河园"等成为热门打卡地。

构建新媒体矩阵全面开展矩阵传播。按照"内织一张网，外部全矩阵"原则，推动主力军全面挺进主战场。立足官网、微信、客户端平台，依托新华网、人民网、《河南日报》等主流媒体公号，整合抖音、快手、小红书等新媒体平台，联动脸书、推特等境外新媒体账号，建成"一键分发、多种生成、同频共振"的新媒体矩阵。2021 年，"老家河南"立足矩阵平台发起超 120 个热点话题，引发数百亿人次浏览、评论，各平台多点开花成果喜人。

立足移动端持续焕新品牌形象。立足移动端传播，"老家河南"制订了品牌建设行动计划，着力打造老家河南、天下黄河、华夏古都、中国功夫四大国际性品牌，培育推出大河文明、寻根拜祖、仰韶文化等 10 条精品旅游线路；按照穿点成线、串珠成链方式，整合推介只有河南·戏剧幻城、银基国际旅游度假区等优质文旅产品和旅游目的地。文旅宣传焕发新动力，"老家河南"品牌更加有底气。

面向"Z 世代"成功实现"流量"转化。只有河南自 2021 年开城 4 个月，已接待游客人数 45 万人次，数据显示，省外游客占比 1/3 以上。老君山景区出台短视频奖励政策，邀请网红来景区采风，带动上亿粉丝关注，产生裂变，吸引众多年轻游客前来打卡。

和王鸥一起遇见"心"的广西

2021 年 11 月 1 日，广西文化和旅游厅新媒体平台正式发布《遇见"心"的广西》文化旅游宣传片，并在全网推出"和王鸥一起遇见心的广西"话题 IP，展现不一样的壮美广西。

王鸥倾情出演，全新视角展现壮美广西

《遇见"心"的广西》讲述土生土长的广西姑娘王鸥作为远方游子重回故乡，一路探寻家乡风土人情，从中汲取力量找回初心的故事。宣传片充分展现了广西秀甲天下的山水风光、丰富多彩的少数民族风情、神秘多姿的边关风貌、古老灿烂的文化历史、浪漫迷人的滨海风韵和独具优势的长寿养生资源。

宣传片火爆"出圈"，"刷屏"不断

宣传片一经发布即"刷屏"微信朋友圈，微博话题＃和王鸥一起遇见心的广西＃12 小时内进入全国热搜榜，广西各地的政务微博、各大主流媒体以及 20 多个省（区、市）的新浪官博参与了话题互动。许多网友看了直呼"广西堪称人间仙境""把广西的旅行计划安排上"，对壮美广西充满了向往之情。截至 11 月 11 日，《遇见"心"的广西》文旅宣传片在广西文化和旅游厅各官方平台累计播放量已达 2000 万次，＃和王鸥一起遇见心的广西＃及相关微博话题阅读量达 2 亿次。

名人效应"赋能"，为广西文旅助力

近年来，广西文化和旅游厅通过邀请影视明星、社会名人等担任广西文化旅游形象大使和推广大使，将名人效应转化为文化旅游推广的"能量"，让广西文化旅游品牌形象更加深入人心。王鸥自担任广西文化旅游形象大使以来，不断通过各类活动及社交媒体平台宣传家乡美食、美景和文化。宣传片拍摄期间，王鸥与摄制组一起赴广西各地进行实景拍摄，广西文化和旅游厅各新媒体平台结合热点，以"打卡广西文化旅游形象大使王鸥同款拍摄地"为切入点，梳理整合各地文化旅游资源，推出原创文章和花絮视频。宣传片发布后，王鸥第一时间评论转发，邀请大家来到家乡广西。

海南健康游欢乐购——我和春天的约"惠"

2021 年是中国共产党成立一百周年，是"十四五"开局之年，也是海南全面深化改革开放、加快自由贸易港建设的关键之年。为进一步推动海南自贸港建设，缓解因疫情对春节旅游旺季带来的不利影响，海南省旅游和文化广电体育厅推出"海南健康游欢乐购——我和春天的约'惠'"系列活动。

阳光海南是海南旅游的核心吸引力，将暖阳和康养紧密结合，突出阳光与健康，既体现了海南的地域特色，又符合新时代游客的需求，有效推介了海南的康养旅游。活动推出滨海＋康养、运动＋康养、温泉＋康养、森林＋康养、中医药轻医疗＋康养五大主题，并配之以线路，是海南旅游的亮点，也是全国旅游宣传的典范。

在产品设计方面，打造多条以"牛人专线"品牌为主的高质量产品矩阵。针对目标客群进行不同主题的产品设计，在原有基础产品体系上，进一步深挖、整合目的地资源，建设并形成"海洋""购物""康养""美食""亲子"五大主题的产品矩阵，让客人深度体验海南"食住行游购娱"的旅游资源。

在优惠活动方面，上线十大优惠主题促销活动："牛牛征集令"，本命年专项补贴；"暖阳碧海，颐享健康"康养旅居产品补贴；"High 购免税，惠享欢乐"赠免税店抵扣券；"孝心笑出行，子女帮预订"专属孝心大礼包；"特惠自驾，畅享旅途"自驾游限时优惠；"忘返旅途，乐享美食"美食节优惠；"心似海鸥，俯瞰大海"春季海南直播间抢券；"采摘欢乐果"优惠支付活动等。通过以上促销活动，海南旅游热度持续上升，游客出游热情高涨，为游客带来高性价比的海南之旅。

在品牌推广方面，举办海南新品线上发布会，引爆热门话题，开启直播引流。举办海南"健康游 欢乐购"新品线上发布会，推介优惠季线路产品，吸引游客参与。通过发布＃海南必吃必玩星榜单＃热门话题投票，转发抽奖、精彩内容评选等深度互动，引发社交裂变，提升品牌认知度。创新打造途牛旅游网第一个旅游目的地专属直播抖音号——"跟着途牛去海南"，依托粉丝资源和社群优势，每周开展长达 42 小时的专场直播，引流转化进一步提升海南品牌形象。

重庆市万盛区《下班了，冲鸭》微综艺

为进一步展示万盛旅游形象，提升万盛旅游知名度，万盛文化旅游局创新宣传营销方式，通过拍摄《下班了，冲鸭！》微综艺，从不同角度展示万盛旅游产品及旅游资源，同时通过户外大屏、中国旅游新闻网、视频平台、微博、视频号、抖音等线上线下平台，多渠道、齐发力，加大对微综艺的曝光力度，成效明显。万盛首部微综艺经 32 天推广，全平台播放共计 5631.23 万次，覆盖线上 9745.15 万次曝光，线下 1307.56 万次曝光。在高频次的宣传推广下，从线下到线上，从个人到平台，从广泛覆盖到精准匹配，有效配合提升万盛全域旅游城市品牌曝光力度。

内容营销 + 旅游产品升级，深化全域旅游资源整合落地

本次视频宣传以"微综艺"为创新点，把万盛的旅游资源进行整合梳理，精心挑选特色景点、丰富升级产品，规划打造出"风物万盛""小隐渝南""青春大爆炸"三条周末轻度假线路，有机串联起奥陶纪、鱼子岗、九锅箐、板辽金沙滩等十余个万盛热门景区景点。以嘉宾的第一视角，真切感受万盛的山水人文美景，通过共情营销，走进不同人的心中，提升市民网友对万盛旅游的向往。

推广形式创新，深受广大网友喜爱

为确保宣传推广效果，本次宣传片利用年轻人喜爱的短视频平台进行推广，在新浪微博、微信公众号、微信视频号、抖音号、微信朋友圈等平台进行线上发布，并邀请自媒体达人进行转发，通过地域定向、人群定向、日常行为爱好定向等能力，以"广、准、专"三个特点，将三集微综艺传播给众多市民网友，共发布稿件 622 条，其中文字稿件 42 条、视频稿件 580 条。

线上线下齐宣传，扩大视频曝光量

线上除了平台、达人宣传，还通过投放朋友圈广告增加微综艺曝光量 439.51 万次，精准覆盖受众人群。线上推广的同时，通过在重庆市主城区核心商圈及高铁、机场等高流量人群点位进行户外 LED 大屏宣传，覆盖重庆 8 主城区 8 个点位，总覆盖人数共计 1307.56 万人次，效果喜人。

2021年度

中国旅游影响力节庆活动案例

中国旅游影响力节庆活动案例主题鲜明，在内容形式、组织运作、营销传播等方面具有创新性，公众参与度高，行业影响力大，社会效益优良。活动能充分展示当地文化和旅游形象，示范引领效应突出。

中国（宁夏）星空旅游大会

一场盛会展现出极致星空浪漫

宁夏作为西北地区重要生态安全屏障，年均晴好天气近 300 天，低至三到四级的光污染等级，交通便利通达性好……几乎一年四季可以观星。贺兰山下，六盘山上，黄河两岸，长城内外，沙漠瀚海，葡萄长廊，稻花香里，处处皆可观星。

中国（宁夏）星空旅游大会现场

星空月夜，醉美沙湖

2021 年举办的中国（宁夏）星空旅游大会，通过星空夜话、星空旅游论坛、星空朗读、星空夜跑、星空音乐节等系列活动，吸引国内知名专家、国内外知名品牌商聚集"塞上江南、神奇宁夏"，持续擦亮"星星故乡"品牌，成为宁夏文化和旅游融合高质量发展的新名片、全域旅游创建的新亮点，促进宁夏消费新的增长点。

基本情况

宁夏几乎一年四季可以观星，贺兰山下、六盘山上、黄河两岸、长城内外、沙漠瀚海、葡萄长廊、稻花香里，处处皆可观星。为了进一步提升宁夏旅游的知名度和美誉度，2021年，以"星空月下·最美宁夏"为主题的中国（宁夏）星空旅游大会在宁夏中卫沙坡头旅游景区成功举办。

来自全国各地旅游行业主管部门负责人、专家学者、旅游行业企业代表，在"星星故乡"围绕发展星空旅游，探索新兴业态。

星空旅游大会引发宁夏星空旅游热

经验做法

　　大会发布国内首份《中国星空旅游发展报告》，详细分析星空旅游发展的社会价值、产业价值、创新价值、环保价值、营销价值，确立星空旅游发展"四个路径"；发布了《星空旅游推广计划》和《中国（宁夏）星空旅游自律倡议》，倡导遵守站位自觉、科学自觉、安全自觉、环保自觉、服务自觉和创新自觉，进一步创新中国文旅产业，共促行业发展；进行了宁夏星空旅游目的地推介，发布星空旅游目的地推广计划；中国旅游报社联合沙坡头、沙湖等星空旅游目的地与飞猪、仰望星空、美团、驴妈妈等 OTA 和机构平台，就星空旅游目的地推广合作事宜进行签约。

　　9 月 16 日，中国（宁夏）星空旅游大会"新征程、再出发、千车驰骋·星途自驾美丽宁夏"系列活动启动仪式在宁夏沙湖旅游景区正式启动。来自江浙沪、珠三角、京津冀以及周边省市的百强自驾车俱乐部、网红达人、自驾游达人齐聚塞上，从贺兰山下美丽沙湖出发，沿黄河两岸、长城内外、沙漠瀚海、葡萄长廊到六盘山上，在天高云淡的蓝天下，

星空音乐会

在豪放苍茫的景象中,在满天繁星的夜幕下,在一脚油门踩到底的沙漠中冲浪,一路领略和体验"塞上江南·神奇宁夏"的独特魅力。

9 月 19 日,中国(宁夏)星空旅游大会·星空音乐会在沙湖旅游景区拉开帷幕。

在沙湖景区蛋蛋屋中心区举办的宁夏星空旅游市场供需沙龙上,来自国内星空旅游专家学者、旅游业企业代表围绕宁夏如何做大做强星空旅游,丰富文化旅游线路产品,打造宁夏的"星星故乡"文旅 IP,引领宁夏文旅融合高质量发展畅所欲言,出谋划策。沙湖旅游景区的最新旅游线路产品推介引起参加活动的旅行商的关注。

随着经典民乐响起,《大话西游》电影中的紫霞仙子和至尊宝"空降"沙湖,在明月繁星下,随着优美民乐千古传情。《春江花月夜》《高山流水》《缤纷塞上》《国色天香》……一曲曲中国传统经典音乐萦绕沙湖夜空,人们举起葡萄美酒,尽享星空乐夜,醉美沙湖。中国旅游报社为宁夏沙湖旅游景区颁发了"中国旅游报社湿地观星基地"牌匾。

熊熊篝火燃起,绚丽烟花夜空争艳,一个个精彩活动不断将中国(宁夏)星空旅游大会推向高潮。

9月28日，中国（宁夏）星空旅游大会以"星星故乡 星耀宁夏"为主题的《星空朗读》第三季走进"星星的故乡"。来自全国各地的知名主持人、演员以及网络达人们齐聚宁夏贺兰山东麓的志辉源石酒庄，在璀璨的星空下，开启了一场"诗和远方"的约会。《星空朗读》第三季在银川贺兰山、中卫沙坡头两地的《星空朗读》活动，时间更长，内容更丰富，影响范围更广。活动现场，宁夏电视台天气预报节目主持人柴媛带来《宁夏观星气候适宜度评估报告》。这是国内首个观星气候适宜度评估报告，是宁夏气象服务中心基于1981年到2020年宁夏全区云量、能见度、光污染、人体舒适度、大气视宁度等影响观星的气象要素，评估分析影响观星的气象条件后，编制而成的一份揭秘"星星故乡"的科学依据；知名旅行up"大熊和球球""爸爸的旅行日记"，知名编剧@编剧雷神，商业KOL（关键意见领袖）@商业小纸条、@名郑言顺等被授予"宁夏星推官"称号，他们通过网络直播等方式，让广大网友在线上同步感受宁夏文化旅游、葡萄酒、枸杞等九大产业的魅力，助力宁夏打造"星星的故乡"品牌。

创新启示

聚集星空旅游焦点。在2021年中国（宁夏）星空旅游大会上，北京第二外国语学院教授、文化和旅游部"十四五"规划专家委员会委员厉新建，著名作家、北京作家协会副主席毕淑敏，北京天文馆高级工程师、首席科普专家寇文，北京大学城市与环境学院旅游研究与规划中心主任、教授吴必虎，星联CSVA联合发起人蒋晨明等国内知名专家学者，围绕什么是星空旅游、星空旅游发展空间有多大、星空旅游主要群体是什么等发展星空旅游热点问题各抒己见，探索引领星空旅游发展。

取得显著成效。大会发布了国内首份《中国星空旅游发展报告》《星空旅游推广计划》《中国（宁夏）星空旅游自律倡议》，中国旅游报社、沙坡头、沙湖等星空旅游目的地与飞猪、仰望星空、美团、驴妈妈等OTA和机构平台，就星空旅游目的地推广合作事宜进行签约。

影响带动作用大。宁夏抢抓机遇，推出贺兰山国家森林公园、盐池哈巴湖生态旅游区、沙坡头星星酒志辉源石酒庄等十大观星旅游目的地，推出了12条观星旅游线路，带动沙坡头星星酒店、黄河宿集、沙湖蛋蛋屋等一批观星民宿脱颖而出，吸引了宝马新车发布会、梵克雅宝国际高级珠宝展、兰博基尼车友会等一批国际知名品牌来到宁夏。

中国（宁夏）星空旅游大会发布《中国星空旅游发展报告》

专家点评

中国（宁夏）星空旅游大会的召开，助推了星空旅游的发展，为夜经济带来新的多元化发展模式。

大会内容丰富、活动新颖、主题突出，通过星空夜话、星空旅游论坛、星空朗读、星空夜跑、星空音乐节等系列形式，彰显了宁夏"星星故乡"品牌，与会者实地体会到了"星空月下、最美宁夏"这一文旅主题特色。

大会发布了《中国星空旅游发展报告》《星空旅游推广计划》和《中国（宁夏）星空旅游自律倡议》等，通过对社会与产业价值的全面分析，高占位、全覆盖，从科学与环保的角度诠释了发展星空旅游的必要性、重要性和远大前景。宁夏回族自治区文化和旅游厅利用大会的召开，借助传媒和OTA平台，对宁夏的文旅资源进行了全面的推广，对宁夏星空旅游目的地进行了有效的推介。

"新征程、再出发、千车驰骋·星途自驾美丽宁夏"系列活动的举办，把大会引入高潮，使与会者真正体会到"满天星空"与"豪放苍茫"景象交相辉映。《星空朗读》更是汇集了知名主持人、演员以及网络达人们一起，文旅融合、谱写华章。

中国（宁夏）星空旅游大会，业内大咖到场多、公众人气指数高、社会影响传播广。大会的举办引领了星空旅游的发展，促进了文旅产业绿色发展、环保发展和创新发展。

——潘肖澎（中国旅游景区协会规划专业委员会秘书长）

河北省"一带一路"·长城国际民间文化艺术节

河北是"一带一路"在环渤海地区的重要交会点。近年来，河北省委、省政府带领全省人民砥砺前行，开放的大门越开越大，开放的脚步越走越坚定，河北与世界的距离正越来越近。

目前，河北省与"一带一路"沿线 64 个国家和地区建立往来合作关系，"一带一路"沿线国家已经成为河北省重要的外贸新兴市场。"十三五"时期，河北全省对"一带一路"沿线国家备案（核准）对外投资企业 180 家，中方对外投资额 110 亿美元，河北省优势企业"走出去"步伐不断加快。一方面，畅通贸易渠道，深耕亚洲、欧洲市场，拓展非洲、拉美区域，扩大与周边国家贸易规模。另一方面，促进对外投资，深化国际产能和第三方市场合作，积极参与"一带一路"基础设施领域建设，全面提升对外投资合作质量效益。

2021 年 9 月，"一带一路"·长城国际民间文化艺术节、第三届中国—中东欧国家（沧州）中小企业合作论坛分别在河北省廊坊市、秦皇岛市和沧州市成功举办。中国—中东欧国家友好城市对接会上，沧州市与波黑巴尼亚卢卡市等 5 个城市结为友好城市，至此，河北省与中东欧国家已正式建立 5 对省级友好城市、11 对市级友好城市。"一带一路"·长城国际民间文化艺术节汇集了来自中国、俄罗斯、白俄罗斯等十余国的艺术家、艺术机构和他们的经典艺术作品及"一带一路"沿线 5 个国家、18 个国内省份和京津冀三地非遗传统手工技艺，演出与展览精彩纷呈，有力推动共建"一带一路"国家之间多层次、多领域、多渠道的人文交流。11 月 5 日，2021 年河北"一带一路"国际科技合作项目推介会线上举行，优选"一带一路"沿线国际优质创新技术成果进行路演，搭建起技术、资本、人才、服务等要素跨国双向流动的桥梁。

地理上虽是"远亲"，心灵上却是"近邻"。近年来，河北省积极参与共建"一带一路"，经贸合作日益频繁，互联互通水平不断提升，人文交流进一步丰富，"一带一路"建设走深走实、行稳致远。

"精彩夜吉林"消夏演出季

2020 年，吉林省文化和旅游厅推出"精彩夜吉林"这一集精品剧目展演、非遗项目展示、旅游形象宣传等于一身的文旅融合项目。两年来，"精彩夜吉林"活动规模不断扩大、内容不断丰富、影响力不断增强，已经成为深得人民群众喜爱、拉动吉林夜经济、展示文旅新形象的品牌项目。

2020 年精彩夜吉林，28 家文艺院团参加演出，献上 20 台线下、11 台线上精彩剧目。80 个非遗代表性项目、500 余种产品线上线下展售，同时还推出了吉林风光图片展和抗疫主题美术摄影展。2021 精彩夜吉林演出季现场累计接待观众人数超过 15 万人次，30 余家媒体报道，相关稿件 400 余篇，累计浏览量超千万；央视频、华人头条、中国吉林网、悠游吉林等 14 个平台参与线上直播，累计观看人数超 800 万人次。其中华人头条向 70 多个国家和地区进行了推送。精彩夜吉林品牌活动的举办极大地满足了疫情期间人们愈加高涨的精神文化需求，向国内外观众展现了吉林新精彩。

形式多样，喜闻乐见，一个多彩的夜吉林

长春文庙是长春市区内最古老的文化遗迹之一，吉林省重点文物保护单位，国家 4A 级旅游景区。在长春文庙广场精彩夜吉林活动现场，原汁原味的豫剧、昆曲，令人沉醉的京剧、吉剧、黄梅戏，展现精湛技艺的呼麦、马头琴，喜庆热烈的二人转……美味可口的老字号美食，精美独特的非遗产品，非遗传承人分享的制作工艺，传统工艺项目的互动体验……一场场高品位、高质量的文旅消夏大餐，让吉林人民"乐享 22℃的夏天"。

变革求新，"云"端观演，一个时尚的夜吉林

在吉林文旅历年来举办的大型展演展示活动中，全程融入线上直播并开展网络展播是精彩夜吉林的首创之举。通过院团负责人在线分享台前幕后花絮，评讲演出亮点看点，每一场演出都成为可看、可学、可品的文艺课堂。"云"剧场引进优秀剧目网络展播，跨越时间和空间的局限，探索出一条为民便民惠民的吉林文旅服务新模式。

江苏省大运河文化旅游博览会

　　第三届大运河运博会于 2021 年 9 月 22 日至 25 日在苏州举办。本届运博会立足大运河全域，突出"融合·创新·共享"主题，围绕常态化疫情防控下加快文旅市场复苏、促进文旅高质量发展，设计举办了行运夜姑苏、开幕仪式、主题演出、展览展示、主题论坛、互动联动 6 大板块 19 项活动。六大主题展览展示面积达 6.1 万平方米，吸引国内 61 个城市、31 个国家驻华机构，共 1100 余家单位 4000 多人参展参会。累计超 13.6 万人次走进现场，线上受众超 2.7 亿人次。截至 2021 年 10 月，共有 50 多家中央、省级、海外华人媒体发布运博会相关稿件 800 余篇，线上全流程直播观看人数超 3000 万人次。

　　各新媒体平台的运博会关联话题火爆，其中水韵江苏官方微信平台运博会相关内容总点击量近百万次。抖音话题"＃抖音短视频大赛、＃抖说运河家乡美"累计点击量超 3.6 亿次。水韵江苏十三侠客发布运博会微博、旅拍累计阅读量超 8000 万人次。新浪微博的相关话题阅读量超 2400 万次；户外广告及开机画面总曝光量达 1.3 亿人次。

　　此次运博会的特色亮点主要体现在五个方面。一是立足运河全域。实现了参展城市更多、参与项目更丰富、参展业态更多元。二是搭建融合平台，助力产业转型升级。三是聚焦市场主体，着眼提振文旅企业信心，加快推动文旅市场复苏。四是体现国际元素，增进文化交流互鉴。五是联动馆内馆外，线下线上协同发力。

　　在疫情防控常态化背景下，本届运博会将疫情防控措施贯穿到运博会全过程各环节，确保运博会"安全、精彩、圆满"举办。大运河文化旅游博览会的成功举办，进一步加强了"水韵江苏"文旅品牌推广和精准营销，吸引了更多人到江苏感受美的风光、美的人文、美的味道、美的生活，收获美的发现。

安徽·郎溪樱花文旅嘉年华

3 月 20 日至 27 日，2021 安徽·郎溪樱花文旅嘉年华活动在安徽省郎溪县新和旅游度假区开幕。此次活动旨在通过开展樱花主题摄影展、专题研讨会、企业摄影家创作采风等活动，进一步提升郎溪县的知名度、美誉度和影响力，吸引更多游客到郎溪县观光旅游、赏花摄影、休闲度假，推动郎溪县文化和旅游产业发展迈上新台阶。

中日樱花摄影作品妆点新和千亩樱花林

"如'樱'随行——樱花摄影展"共展出摄影作品 150 幅，在新和千亩樱花林中渐次铺开，与樱花景观交相辉映。摄影展中不仅有写实的、画意的樱花摄影作品，还可以看到中国和日本 10 座以樱花闻名的城市樱花景观，以及"一地"（上海白茅岭农场）"六县"（广德、郎溪、溧阳、宜兴、长兴、安吉）在践行"绿水青山就是金山银山"理念中的生态旅游、特色产业的亮点。通过本次樱花文旅嘉年华活动让郎溪独特的千亩樱花、万亩茶园成为其标志性的、独一无二的地理景观；通过艺术家的精心设计，打通艺术与生活、与自然的界限，让艺术在郎溪随处可见。

专家学者为郎溪县乡村旅游发展建言献策

3 月 20 日，"'两山'理念实践创新示范与郎溪'三美'模式探索——乡村振兴"主题研讨会在安徽省郎溪县举办。来自文化和旅游研究机构、专业院校的专家学者及企业代表结合郎溪县旅游业发展实际开展交流，从乡村旅游、全域旅游、乡村振兴等角度提出了建议。专家一致认为，郎溪县践行"两山"理念，探索创建美丽公路、发展美丽经济、振兴美丽乡村的"三美"模式，具有重要意义，值得进一步推广。

乡村旅游是城市依托型旅游，郎溪县地处皖、苏、浙三省交界处，区位优越，具有发展乡村旅游的优势。专家建议，郎溪县要丰富乡村旅游空间形态，打造乡村俱乐部、乡村创客、乡村民宿、乡村田园综合体等多业态；延长乡村旅游产业链，在发展观光旅游的基础上，推动休闲度假、研学旅游等发展；要发展庄园经济，依托万亩茶园，建设乡村度假酒店、乡村旅游度假区等新业态，吸引游客深度体验。

江西省井冈山中国红色旅游博览会

2021 年 10 月 27 日，2021 中国红色旅游博览会在井冈山开幕，共同追寻永不磨灭、历久弥新的红色记忆，感悟不忘初心、砥砺奋进的万千豪迈，携手开启新时代红色旅游产业高质量发展的崭新征程。江西省委副书记、代省长叶建春，湖南省副省长谢卫江出席开幕式并致辞。

本次中国红色旅游博览会主题为"万山红遍 重上井冈"，除井冈山主会场外，还在吉安市城区以及南昌、赣州、萍乡设了 4 个分会场。赣湘两省携手举办开幕式、主题展、文艺晚会、高峰论坛四大主体活动和十个系列活动，并首次设立了"网上红博会"云展馆，全方位地展示中国红色旅游推广联盟 29 个省（市、区）成员单位、湘赣边红色文化旅游共同体 24 县在拓展区域合作、共同推进红色旅游发展方面的新创造、新成果、新亮点。

本次红博会在借鉴历届办会成功经验的基础上，围绕推进新时代红色旅游高质量发展，着力打造"四个红博"：

一是圣地红博，把主会场从城市搬到红色圣地，践行"红色旅游再出发"历史使命；二是云上红博，打造"永不落幕的红博会"，更好传承红色基因；三是科技红博，致敬伟大新时代，助力红色旅游创新发展；四是创意红博，"创"响红色旅游品牌，推进全国红色旅游产品创新。

开幕式上发布的《全国红色旅游高质量发展井冈山宣言》指出，要坚定理想信念、强化红色教育、创新工作形式、推动老区发展、助力乡村振兴，深入贯彻落实习近平总书记关于红色旅游发展的系列重要讲话精神，不忘初心、牢记使命、担当实干、凝心聚力，共推红色旅游高质量发展，不断开创红色旅游新局面，拓展红色旅游新境界。

本届中国红色旅游博览会，在中国共产党成立 100 周年的大庆之年举办，以"万山红遍 重上井冈"为主题，意义重大而深远。一系列精彩纷呈的活动将极大拓展中国红色旅游博览会的影响力，有效增强中国红色旅游博览会的时代感，充分彰显红色旅游承载党的历史、凝聚奋进力量、共创美好未来的鲜明特质和使命担当。

盛世浮梁·国潮音乐节

江西省首届"盛世浮梁·国潮音乐节"

"丝路源典，瓷茶古镇"坐落于江西省景德镇市浮梁县境内，总面积3.35平方公里，整个景区以五品县衙和千年红塔为核心，浓缩了千年古县悠久的人文历史和灿烂的茶瓷文化。充分展示了封建社会基层政权建设和官文化内容。古县衙始建于唐元和十一年（816），历经唐、宋、元、明、清，为千余年来浮梁政治经济文化的中心，是历代浮梁县治之所在，属历史文物为核心的旅游风景区。

首届"盛世浮梁·国潮音乐节"内容覆盖五大子主题，以古镇特有的文化底蕴为核心，传统文化为主轴，围绕古风、潮流、动感、娱乐、休闲的调性，与当下的潮流相融合，将科技光影秀、时尚国潮、民俗演绎、非遗展演、文艺演出、集市、创意快闪等活动贯穿整，运用现代科技手段向游客讲述了浮梁古城的千年传承与其独特的文化魅力。在强烈的传统与现代的反差同时，也为广大游客呈现了一场新潮文化与历史传承相碰撞的视觉、听觉盛宴。

本届"国潮音乐节"在实现抢抓国庆假期旅游消费"黄金期"，全力促消费的同时，开创了国内"文化古镇＋国潮潮流"的先河，在活跃本地居民与游客精神文化生活的同时，间接促进了浮梁县夜游经济的发展，为浮梁县文化旅游消费白＋黑提供新的支撑。

重庆市九龙坡区黄桷坪新年艺术节

　　黄桷坪新年艺术节是由九龙坡区人民政府、四川美术学院共同指导，自 2009 年起至 2021 年成功举办了十三届，已逐步发展为全重庆市弘扬优秀传统文化、展现当代艺术成就和丰富群众文化生活的知名节会。黄桷坪新年艺术节一直秉承彰显城市文化艺术底蕴，激发城市创新创造活力，提升城市精神文化品位的理念，着力提升"中国·黄桷坪"艺术园区原创艺术和当代艺术在西南地区的影响力和号召力，促进文化艺术交流活动，培育艺术消费交易市场，助推九龙坡区文化旅游产业发展和九龙美术文化半岛建设。近两年，黄桷坪新年艺术节结合新时代发展和群众与时俱进的精神文化需求，积极创新活动内容和活动形式。

　　2021 年（第十三届）黄桷坪新年艺术节暨首届新龙文化艺术节以"成渝地区双城经济圈·新龙 CP"为主题，包括重庆美术公园创想视频访谈等 9 大子活动。艺术节严格按照疫情防控的要求，开幕式及各项子活动采取线上 + 线下方式进行，以打造多样化的艺术盛会，真正办出了艺术节会的安全感、舒适感和参与感。部分子活动在成都市新都区"香见"App、九龙坡区"见十"App、微信小程序"ART 嗨重庆"和"九龙文旅"直播平台等线上平台展出，致力于打造永不落幕的艺术节。

　　开展第二届"黄漂艺术奖"评选出"最佳创作奖""最具影响力奖""最佳新人奖"三个奖项。为支持和鼓励在黄桷坪地区活跃的艺术家群体扎根九龙，为优秀艺术家提供更高层次的交流平台和展示机会，九龙坡区文化和旅游发展委员会联合四川美术学院公共艺术学院、九龙半岛开发建设有限公司于 2020 年年初设立第一届"黄漂艺术奖"。本次"黄漂艺术奖"奖杯造型沿用上届，以黄桷坪"双子烟囱"为设计原型。同时，在微信小程序"ART 看重庆"和 102 艺术基地展出入选优秀作品。

　　本届艺术节最大亮点是将成渝双城经济圈新龙 CP 协作、川美八十周年艺术底蕴、建设重庆美术公园以及服务九龙新商圈融为一体，着眼全球文旅视野、汇集全国顶级资源、聚焦打造九龙 IP，开创具有协同心、合作情的艺术节，赋予节会新高度、新风格，开展全网新营销。本届艺术节最大成果是将博鳌文创研究院川渝分院、Boma 中国西南中心落户九龙坡。同时，集合文化企业和社会团体超 200 家，采用当前最新营销通道——视频号、小程序、直播、App 等，《重庆日报》、华龙网、今日头条、知乎、优酷等 50 余家主流媒体平台竞相报道，引爆全网高度关注，总浏览量超 5000 万次，创历年新高。

青海文化旅游节

　　青海文化旅游节历经 17 年成长，已成为宣传青海生态文化旅游发展的金色名片。2021 青海文化旅游节于 5 月 19 日至 23 日在青海省西宁市成功举办，由主会场开幕式、展览展示、青海打造国际生态旅游目的地高峰论坛、2021 年中国旅游日主题活动、百年百场展演展播、签约活动、百名媒体人看青海活动、市州主题日及分会场等活动组成。开幕式发布了青海省打造国际生态旅游目的地文旅宣言，展现了青海省坚持不懈推动生态旅游高质量发展，打造国际生态旅游目的地的坚定信心；展览展示活动在青海国际会展中心设有 13 个展区 56 个展厅，邀请全国 30 个省（区、市）文旅部门、文博单位、企业代表共计 354 家参展单位，共有 3200 多款 20000 余件展品参展；举办青海打造国际生态旅游目的地高峰论坛，邀请北京大学、北京第二外国语学院、北京师范大学、中国科学院地理科学与资源研究所、中国联通集团等全国重点高校、科研院所、知名企业的专家学者代表作主旨发言，在生态旅游资源、生态旅游产品、生态旅游市场、生态环境保护等方面形成了重要共识，进一步拓宽发展思路，凝聚发展合力；举行百企百项签约活动，签订文旅合作项目 123 个，签约金额 132.57 亿元；连续开展惠民文艺演出，青海原创生态舞剧《大河之源》作为"庆祝中国共产党成立 100 周年全国优秀舞台艺术作品展演"剧目，在北京天桥艺术中心成功上演，为建党 100 周年献礼；发布十条生态旅游精品线路、十条乡村旅游精品线路、六条红色旅游精品线路。各市州开展市州主题日活动，丰富人民群众精神文化生活；采取线上线下紧密结合，省内外与各市州相互呼应的宣传方式，组织开展了"媒说青海——百名媒体人看青海"活动，传递大美青海声音、释放大美青海魅力。

　　2021 青海文化旅游节突出"生态、绿色、人文、体验"主题，全方位展示了青海文化旅游融合发展的新成果。通过开展一系列内容丰富、形式创新的活动，主动融入国家发展战略，集中展示了近年来青海文化旅游的发展成果和特色文化旅游资源，动态呈现了青海的生态美、人文美，新定位、新起点，赢得了省内外各界的广泛关注和赞誉；多角度展现了青海人民蓬勃向上的精气神。充分挖掘青海文化旅游内涵，让群众时时处处接受文化熏陶、感知旅游的魅力，讲好青海故事、传播好青海声音；全面形成了青海打造国际生态旅游目的地的重要共识。

中国新疆伊犁天马国际旅游节

中国新疆伊犁天马国际旅游节是伊犁州昭苏县举办的自治区级节庆活动，截至 2021 年已高质量举办 29 届，每一届天马节都赢得了疆内外游客的一致好评。目前，中国新疆伊犁天马国际旅游节已经成为昭苏旅游文化品牌的重要组成部分，其文化影响力已经辐射到疆内外，且影响力不断增强。以 2021 年中国新疆伊犁天马国际旅游节为例，2021 年的中国新疆伊犁天马国际旅游节都受到好评的原因有以下几点：

节会主办规格高。2021 年天马国际旅游节，是昭苏县承办的自治区级节庆活动，也是 2021 年自治区少有的几个重大节会活动之一。昭苏县高度重视天马国际旅游节的高质量举办，以县委侯陶书记为指挥成立天马组委会专项负责天马国际旅游节的筹备，出台相关的活动方案与优惠政策，确保天马国际旅游节的顺利举办。

主题活动亮点多。2021 年天马国际旅游节活动除开幕式外，还展开了"跃马天山"——速度赛马赛事、"百里挑一"——牲畜品种改良评比拍卖活动、"策马奔腾"——天马杯摄影、美文、小视频作品大赛及各乡镇推出的系列分项活动。均从不同侧面展现了昭苏县全域旅游发展活力、发展成绩和发展前景，获得了良好社会效果。

宣传推介声势大。2021 年天马国际旅游节全国多家主流媒体从多个角度对天马国际旅游节会筹办工作和现场盛况适时进行了报道。天马国际旅游节期间累计发稿 122 条，进行 25 场直播活动，编发短视频 40 个，在各级媒体、微信、抖音账号及传统广播同步播出，据不完全统计，全网浏览量达 2.58 亿人次。受天马国际旅游节的带动作用，7 月份游客人数单月超 90 万人次。

全县上下人心齐。2021 年天马国际旅游节筹办期间，昭苏县全县上下、各级各部分精诚团结，密切配合，各司其职，构成了举全县之力办节的强大协力。参与节会筹办的全体党员干部群众以大局为重，全身心投入，默默无闻，任劳任怨，付出了艰辛的努力，体现了高度的政治责任感和务实的工作作风。

2021年度

中国旅游行业助企纾困典型案例

中国旅游行业助企纾困典型案例大力推动纾困扶持政策落地落实，对文化和旅游企业的信贷供给体系完善，能够为文化和旅游企业提供差异化金融服务。通过组织实施文化和旅游消费促进计划、广泛开展旅游宣传推广活动、发挥重点节庆会展带动作用等方式，催生新发展动能，提升旅游企业和行业信心，有力促进市场复苏。

吉林

以政策为保障以金融为抓手　助力文旅企业寻机遇增信心

　　疫情防控常态化下，文化和旅游企业面临诸多挑战。为应对疫情影响，吉林省文化和旅游厅多措并举，持续加大助企纾困力度，积极采取有效措施，以政策为保障、以金融为抓手、以活动为依托，帮助文化和旅游企业在危机中寻求机遇与发展。

吉林雾凇

"输血""造血"结合

针对疫情给旅行社、景区等带来的不利影响，吉林省为全力支持文化和旅游企业渡难关，抓管控、保稳定、促发展，先后推出一系列精准政策措施，为企业纾困提供坚实保障。

2021 年 2 月，吉林省文化和旅游厅发布了《吉林文旅"春风计划"》，包括文化和旅游企业扶持壮大计划、产业蓄能计划等 9 项任务，其中推出有效应对疫情支持文化和旅游企业发展的 13 条政策措施，给予企业切实扶持。

2022 年 2 月，吉林省政府办公厅印发了《关于做好常态化疫情防控工作支持文旅企业发展若干措施的通知》，从扶持文化和旅游企业渡过难关、推动恢复发展、持续促进冰雪消费及文化和旅游消费等方面提出 20 条具

东北抗联密营遗址战迹地

神鹿峰旅游度假区

体措施。这些措施突出政策的连续性、稳定性，对文化和旅游产业链中的重点企业、重要平台加大扶持力度，强调"输血"与"造血"相结合。

为统筹做好常态化疫情防控和文旅工作，吉林省文化和旅游厅有关负责人带队分赴近千家企业进行"点对点"调研，并结合日常管理、季度数据统计等进行对比分析。

神鹿峰旅游度假区策划经理吕昊表示，吉林省文化和旅游厅及有关部门在度假区运营艰难时期提供了税费减免政策。同时联动吉林省内、长春市内其他景区景点开展营销推广活动。"今年 5 月 19 日'中国旅游日'当天，长春市发放了价值 1000 万元的文化和旅游消费券，这一举措增强了游客来度假区的消费动力。"

"真金白银" 援助

2020 年，吉林省文化和旅游厅积极协调中国人民银行长春中心支行，联合印发《关于用好货币政策工具做好全省文旅企业金融支持工作的通知》，为文化和旅游企业争取到 20 亿元再贷款、20 亿元再贴现额度。2022 年年初，吉林省文化和旅游厅积极引导金融机构在依法合规前提下，适当简化对文化和旅游企业的信贷审批流程，加大对省内文化和旅游产业消费信贷投放力度，并在 2020 年的基础上再增加 10 亿元再贷款额度、10 亿元再贴现额度。这些举措给予了文化和旅游企业"真金白银"的援助。

为不断提升金融政策效能，加快推动金融要素向文化和旅游产业集聚，2021 年 7 月 27 日，中国知名文旅企业走进吉林暨吉林省文旅产业投融资大会在长春举办。其间，制定了《关于金融支持吉林省文化和旅游产业发展的若干政策措施》，包含巩固信贷支撑作用、发展多元化融资方式等 5 个方面 18 项具体措施；上线运营了"吉企银通"App 文旅专区，文化和旅游企业可获得更加便捷的首贷专属服务，提升信贷获得率。

据统计，大会期间，吉林省文化和旅游厅与金融机构授信签约额度达 1200 亿元，多家文化和旅游企业收获成果，为今后的转型升级和更好发展提供了保障。

吉林省文旅产业金融合作协议签约仪式

点对点调研（创意园）

点对点调研（创意园）

促进市场复苏

2020 年，吉林省文化和旅游厅通过发布产业振兴计划，召开高规格、高质量文化和旅游产业推进大会，组织千人跨省游首发团"到吉林'森'呼吸"，全面营销推广 2020—2021 年新雪季等一系列举措，增强文化和旅游企业发展内生动力，促进旅游市场加快复苏。

2022 年五一假期前，吉林省文化和旅游厅组织省内多家旅行社对全省重要景区（点）进行了踏查，在丰富旅游产品、预热夏秋季旅游市场的同时，为旅行社推出更多线路、产品提供了思路，更为文化和旅游企业吸引客源、业务恢复提供了有利条件。

为进一步放大吉林消夏避暑资源优势，提升"清爽吉林·22℃的夏天"品牌影响力，2022 年 6 月，吉林省文化和旅游厅在北京举办"在希望的田野上"吉林文化和旅游主题推介会。活动中，吉林省文化和旅游厅通过发布系列优惠政策、上线"吉林文旅线上旗舰店"等方式，为旅行社、景区等提供交流平台。

随着多项主题活动的举办，吉林旅游市场复苏有了持续推动力和"加速器"。

专家点评

疫情的持续给旅游行业带来了前所未有的冲击，无论是市场方面还是资金方面都承受了巨大的压力。"留得青山在，不怕没柴烧。"吉林省文化和旅游主管部门把准助企纾困的关键，真抓实干，很有借鉴意义。无论是积极协调金融机构积极争取再贷款额度、再贴现额度，还是在"吉企银通"文旅专区的首贷专属服务，抑或是《关于金融支持吉林省文化和旅游产业发展的若干政策措施》等文件和文旅消费券发放，都实实在在为缓解疫情下旅游企业的资金困境提供了扎扎实实的支持和帮助。当然，旅游企业走出困境、突围发展，根本上还是有赖于市场的恢复和制约问题的解决。吉林省文化和旅游厅推动的"到吉林'森'呼吸""清爽吉林 22℃的夏天"等推广活动，对于市场长期发展具有积极意义，通过"点对点"为文旅企业找问题、解难题是真正补短板、促发展的好思路，值得推广。

——厉新建（北京第二外国语学院首都文化和旅游发展研究院执行院长、
文化和旅游部"十四五"规划专家委员会委员）

浙江省嘉兴市南湖区

打造红色文旅志愿服务队助企精准服务

浙江省嘉兴市南湖区文化和旅游局专门组建红色文旅志愿服务队，调研走访旅游企业，针对疫情期间旅游企业实际困难，主动对接企业开展"红色代办"精准服务，在线为全区 44 家旅行社退还服务质量保证金共计 1195 万元。

制定出台《关于进一步支持企业应对疫情共谋发展的实施意见（试行）》文件，明确对全区范围内受新冠肺炎疫情影响旅游企业进行补助，对旅行社、旅游景区、旅游饭店（星级、特色、绿色），按营业额较上年同期下降部分，分别给予 8%、5%、5% 补助，单个企业补助最高不超过 10 万元。

经过企业申报和部门审核，下达《关于下达南湖区第三批应对疫情支持企业补助资金的通知》，对符合条件的南湖区 55 家旅游企业共发放纾困资金 598.1 万元。全区共计旅游企业 80 家，符合惠企纾困资金发放条件的有 55 家，惠及率达 68.75%，通过电联、上门调研等方式统计，受惠企业政策满意度为 100%。

疫情防控常态化形势下，南湖区文化和旅游局科学引导帮助旅游市场重塑，不仅及时向企业"输血"，更重视通过政策引导扶持企业转型提升，增强自身"造血"功能，制定出台《南湖区推进全域旅游发展补助暂行办法》，在企业的规模发展、品牌建设、公共服务和信息化以及市场拓展等方面明确了奖励办法，充分发挥旅游产业政策的带动和引领效益，扶持旅游企业发展壮大，助力省级全域旅游示范区创建工作的开展。

山东省日照市

创新推出金融产品——"文旅富市贷"

为应对疫情给文旅企业带来的冲击，日照市文化和旅游局积极谋划，主动服务，多次组织开展银企对接活动，畅通银企合作渠道，并举办日照"文旅富市贷"产品发布暨银企合作签约仪式，创新推出金融产品——"文旅富市贷"。

同时，建立申贷绿色通道，对符合条件的文旅企业优先帮助协调办理。企业贷款额度最高为 500 万元，贷款期限最长为 3 年，贷款利率最低可执行 6%。担保方式包括信用、保证、抵押、质押等，鼓励采用景区收费权、租金收入、运营收入等进行担保。贷款一律采用"统一授信、随用随贷、循环使用"办理方式，自助用款还款。此举为解决中小微文旅企业面临的资金困难提供了切实有效的途径。

截至 2021 年年底，已为全市 200 余家文旅企业提供贷款支持 7.18 亿元。为此，山东省文化和旅游厅印发《关于转发日照市"文旅富市贷"、临沂市沂水县"助旅贷"管理办法的通知》面向全省推广日照市经验做法。《大众日报》登载《"文旅富市贷"助文旅企业复工复产》。《中国旅游报》刊发《金融"活水"助力文旅企业复工复产》，将日照"文旅富市贷"作为典型进行报道。

山东省日照市城市风光（图片来源：视觉中国）

湖北

打出"普惠金融组合拳"，精准支持企业发展

"2021 年以来，湖北省文化和旅游厅深入落实文化和旅游部等 3 部门《关于抓好金融政策落实 进一步支持演出企业和旅行社等市场主体纾困发展的通知》要求，以普惠金融政策为抓手，创新服务模式，推出特色产品，完善支持机制，打出"普惠金融组合拳"，精准支持文化和旅游企业纾困发展。

出台普惠金融措施，加强政策支持保障。联合人民银行武汉分行、湖北省财政厅、省地方金融监管局、湖北银保监局等印发《关于用好普惠金融政策支持中小微文化企业和旅游企业繁荣发展的若干措施》，结合湖北省实际，创新工作方式方法，从加大金融支持力度、完善对接服务机制、加大融资政策激励、强化保障措施等方面提出 19 项具体落实举措。

创新金融服务模式，促进供需精准对接。实施首贷企业拓展工程，组织金融机构摸排文化和旅游领域无贷小微企业和个体工商户融资需求，点对点加大首贷金融服务力度，2021 年上半年累计支持 1368 户小微文化和旅游企业获得首次贷款 9.8 亿元。

推出特色金融产品，拓展企业融资渠道。对接银行金融机构，针对文化和旅游企业特点和融资需求推出特色金融产品。2021 年，已在"湖北文旅金融服务平台"上线 15 家银行的 14 款普惠金融产品和 6 款专属特色金融产品，包括建设银行"善担贷——文化传播贷"和"善担贷——旅游贷"、光大银行"再担文旅贷"等无抵押贷款产品，招商银行"文旅高新贷"、湖北银行"文旅支小再贷款"等低息贷款产品，工商银行"经营（文旅）快贷"等在线随借随还贷款产品。

构建长效支持机制，确保政策落地见效。建立文化和旅游企业信用信息共享机制，推动"湖北文旅金融服务平台"与湖北省大数据中心等多个综合性服务平台实现系统对接，归集 14 个部门 70 多项涉企政务信息，支持银行在线使用数据，为文化和旅游企业"精准画像"，不断优化信贷服务。

湖南

依托文旅投融资服务平台，助力文旅游企业纾困

2021 年以来，湖南省文化和旅游厅面对省内文旅行业备受新冠肺炎疫情冲击的现状，在建设湖南文旅投融资服务平台（以下简称"平台"）的基础上，继续依托平台功能，助力文旅企业纾困，推动市场主体加快恢复和发展壮大。

湖南省文化和旅游厅指导平台持续运营湖南省文旅产业项目库（以下简称"项目库"）。截至 2021 年 10 月，项目库共征集项目 1191 个。平台积极向各大金融机构推荐优质文旅项目，针对轻资产、无抵押等原因融资困难的项目，平台通过整合资源，为其提供多方融资渠道，有效解决融资需求。同时经过甄别筛选和专家评估，确定 140 个省级重点文旅产业项目，纳入年度真抓实干考核重要内容，切实解决项目痛点，扎实推动项目进度。

湖南省文化和旅游厅继续加大政银合作力度，与国家开发银行湖南省分行、农业发展银行湖南省分行、进出口银行湖南省分行、交通银行湖南省分行、湖南省农村信用社联合社、长沙银行股份有限公司、中信银行长沙分行、光大银行长沙分行、招商银行长沙分行、华夏银行长沙分行全面开展战略合作，授信签约金额 2700 亿元。截至目前，共有 17 家金融机构与省文旅厅达成全面战略合作，累计授信签约金额 5210 亿元，金融机构累计与文旅企业融资签约金额达 231.6 亿元。

省文旅厅组织平台以及文旅专家调研市州重点项目，给予相关指导建议，确定 208 个重点招商项目，指导平台编制完成《2021 湖南省文化和旅游项目招商手册》。并多次多轮赴广州、深圳、上海等地，与当地投资商充分建立联系，大力开展湖南省文旅项目招商引资、宣传推广工作，吸引了大批投资商来湖南省考察、洽谈，促成文旅产业项目投资签约 12 个，合计签约金额达 169.3 亿元。

湖南省文化和旅游厅联合省国资委、省地方金融监督管理局成功举办了"2021 湖南文化旅游产业投融资大会暨重点产业项目对接活动"，省直相关部门负责人，驻湘央企，长三角、粤港澳等地区文旅投资商，各省文旅投资平台，省属国企，省内金融机构、投资机构，湖南省重点文旅项目代表以及媒体代表等 700 余人参加此次活动。

广东省佛山市南海区

以奖代补提振文旅行业发展信心

　　佛山市南海区位于广东省中南部，地处粤港澳大湾区腹地，毗连广州，邻近港澳，地理位置优越，2 小时通达粤港澳大湾区各城市。南海拥有"全国文化先进县""全国文物工作先进县""中国优秀旅游城市""中国龙舟运动之乡""中国龙狮运动之乡""中国民间文化艺术之乡""国家体育产业示范基地"等众多美誉。南海经济发达，实力雄厚，地区综合实力连续四年位居全国百强区第二。南海强大的制造业基础、雄厚的经济实力和良好的营商环境为南海文旅产业发展提供了强有力的支撑。南海作为全国首个"国家旅游产业集聚（实验）区"和全省首个"广东省文化改革发展综合试验区"，近年来南海加快高质量文化导向型名城建设，地方政府高度重视文旅产业发展，以"文化引领"推动文商旅创融合，确立东部"文化 + 创意"、中部"文化 + 商业""文化 + 科技"、西部"文化 + 旅游"的文旅产业发展新格局，全面激发文旅发展活力。

　　2020 年春节期间，突如其来的新冠肺炎疫情迅速向全国蔓延。旅游景区、旅行社、餐饮、住宿、营业性电影院等文化娱乐行业首当其冲，因疫情影响，先后关闭停止营业，营业收入断崖式下跌，房租、水电煤费用、员工工资等固定成本持续投入，企业生存面临极大困难。为提振文旅行业发展信心，南海区文化广电旅游体育局通过起草并落实企业复工复产政策、出台并实施文旅产业扶持政策、举办系列促销活动等举措，攻克疫情，有效扶助南海区文旅企业复工复产，有效提升了文旅消费信心。

　　一是以奖代补给予扶持，鼓励企业做优做强；二是政府直接补贴企业，帮助企业复工复产；三是推动文旅企业让利，提振文旅市场信心；四是培育壮大本土旅游，引导企业拓展市场。

重庆

创新金融服务，为文旅复苏"造血"

洪崖洞、李子坝"穿楼"轻轨、长江索道，这些在短视频平台上热度居高不下的景观，塑造着重庆这座江城的新形象。随着重庆渐渐成为游客眼中的"网红城市"，其文旅产业发展也实现了快速增长。

新冠肺炎疫情给重庆文旅行业带来不小的冲击。疫情发生以来，重庆市文化和旅游发展委员会及时传达部署中央、市级层面相关政策，推动各项纾困措施直达基层、直接惠及市场主体，尤其关注中小文旅企业的稳定复苏。重庆市文化和旅游发展委员会相关负责人表示，将会坚持新发展理念，坚持创新驱动，以文化创意、科技创造、金融创新助推文旅产业的高质量发展。

贴息贷款——为中小文旅企业量体裁衣

为推动文旅产业尽快复苏，帮助中小文化旅游企业尽快走出疫情带来的困境，重庆各区县文化旅游部门尽心用力，帮助有困难的中小企业申请贷款贴息，取得积极成效。重庆环漫科技有限公司负责人谭先生说，2020 年受疫情影响，公司复工后，主营业务收入同比下降超过 50%。九龙坡区文化和旅游发展委员会了解到这一情况后，帮助企业申报了中小微文化旅游企业贷款贴息，很快兑现资金 2.7 万元，及时缓解了公司的资金压力。

全面服务——助力文旅金融内循环

金融是现代经济的核心，文旅产业的发展需要金融的支持。目前，重庆正着力构建文旅金融服务体系，助推文旅产业发展。2020 年，重庆市文化和旅游发展委员会与重庆银行签订战略合作协议，先后在主城核心区、重庆母城渝中区打造重庆银行文旅特色支行。重庆银行相关负责人表示，未来 5 年，将主要向重庆市文化旅游产业重点领域，包括文旅项目建设、数字文创、文旅装备制造、星级旅游饭店、演艺娱乐等文旅核心领域提供 200 亿元以上信贷支持。

四川

应对新冠肺炎疫情制定系列政策进一步支持文旅企业

为全力保护市场主体，自 2020 年年初以来，四川省各级有关部门在疫情发生后迅速行动起来，以各种有力举措帮助旅行社企业应对疫情、共克时艰，让众多旅行社等企业重燃希望，走出困境。

2020 年 2 月，四川省文化和旅游厅将各级政策文件中涉及文化和旅游行业的内容梳理形成《应对新型冠状病毒肺炎疫情支持文旅企业有关政策摘要》，下发至各市（州）文化和旅游行政部门，省级相关文化和旅游行业协会、学会、联盟等，并通过全媒体矩阵广泛开展社会宣传，为包括旅行社在内的广大文化和旅游企业了解政策、用好政策提供了帮助。

疫情发生时正值春节出游预订旺季，大量退订让旅行社深感压力巨大。从企业最紧迫的需求出发，四川各地文化和旅游部门按照文化和旅游部相关要求，从 2020 年 2 月 6 日起开始办理旅行社质保金暂退业务。截至 2021 年年底，四川全省 1258 家旅行社已有近900 家办理了质保金暂退手续，暂退质保金约 2.7 亿元。

为尽快解决好因退团退订带来的纠纷投诉问题，四川省文化和旅游厅协调四川省律师协会公益委员会等 4 家机构的优秀律师组成公益律师团队，持续为旅游纠纷开通法律咨询通道，重点解决合同纠纷、劳资矛盾、资金拖欠等问题，并通过媒体采取"以案释法"方式，积极引导旅行社依法依规处理投诉，引导广大游客理性维权。

激活旅游市场是四川帮助旅行社恢复生产力的有力举措。2021 年 3 月底，作为疫情发生后四川举办的首场大型文化和旅游活动，2020"春回天府·安逸四川"文化旅游季启动；2021 年创新举办"四川省文化和旅游消费季"，推出"智游巴蜀·云享未来""红色巴蜀·百年峥嵘""健康生活·安逸消费"等八大主题 2610 余项线上线下系列活动，推动四川银行、省农信发放 2.48 亿元文旅消费权益资金，推动 4000 多家文旅企业推出景区优惠、活动促销等系列文旅惠民举措；各地、各景区同时推出一系列优惠措施，有效拉动四川文化和旅游消费，也为全省"久旱"的旅行社行业降下了"甘霖"。

陕西

把疫情对文旅企业的冲击化解到最小

陕西悠久的历史文化吸引着来自世界各地的游客。新冠肺炎疫情让陕西省的文化和旅游企业一度面临危机。为帮助企业脱困，陕西省创新工作思路，针对不同地区的具体情况实施精准帮扶，尽最大努力解决企业生存发展难题，形成平稳恢复和高质量发展态势，推动文化产业和旅游业提档升级。

为把疫情带来的不利冲击化解到最小，陕西省各市区、各单位聚焦企业发展过程中面临的困难问题，结合本地区的实际情况，开展了形式多样的送政策、送温暖服务活动。据统计，陕西省 12 个市区累计为 500 多家企业 1100 多人次宣讲政策 35 场，上门面对面走访企业 75 家，了解掌握企业发展面临的困难问题 400 余条。

2021 年 7 月以来，汉中市县文旅系统干部累计走访中小文旅企业 130 余家次，每次走访都及时宣讲国家和省、市扶持企业发展的政策措施，帮助企业答疑解惑，指导企业用活、用好、用足各项政策。宝鸡市文旅局建立《促进中小文化和旅游企业健康发展台账》，对走访企业反映的困难问题逐条进行任务分解，明确了工作措施和进展情况。安康市根据加快奖励办法实施进度，助力和激励旅行社企业发展，向达到奖励标准的安康旅游百事通、安康顺风旅行社等 6 家企业兑现奖励资金 17 万元。榆林市文化和旅游局结合全面摸底全市 A 级旅游景区发展、4A 级旅游景区创建和国家级夜间文化和旅游消费集聚区及"十百千"工程重点文化产业园区申报、全市安全生产检查和防汛检查等工作，积极开展送温暖送服务活动，为文化旅游企业发展提供了有力支持。

西安市则动员国家级和省级文化产业示范园区（基地）发挥平台载体作用，深入了解入驻园区（基地）的企业的发展需求，积极探索促进企业高质量发展渠道，完善服务机制，优化服务措施，规范企业发展，提高服务质量。同时，加快西安旅游发展基金 2021 年度扶持项目申报工作，重点对主题乐园基础设施建设、游乐设备项目、休闲街区（园区）、旅游度假区、旅游景区、文创园区、康养等融合业态项目进行实地调研，分批遴选重点项目优先支持，进一步拓宽文化旅游企业融资渠道。

青海

"稳"字当先，助推文旅企业纾困发展

文旅产业是青海省带动扶贫帮困的重要产业，面对新冠肺炎疫情带来的冲击，青海省文化和旅游厅按照"两手抓、两促进、两不误"原则，坚持"稳"字当先，打出系列组合拳，有序推动文旅企业纾困发展。

纾困政策助力企业发展，走访调研助推政策落实

为千方百计减轻疫情对文旅企业的影响，青海省人民政府先后印发了《青海省进一步激发文化和旅游消费潜力实施方案》《青海省"黄河·河湟文化"惠民消费季活动方案》，青海省文化和旅游厅制定印发了《关于一手抓疫情防控，一手抓文旅发展的通知》，安排专人服务、专项指导，用好用准用活普惠性政策，统筹推进全省文旅行业纾困发展。

纾困资金注入企业强心剂，升级改造激发企业活力

青海省的文旅企业以小微企业为主，市场发育不足、抗风险能力差。疫情导致的经营收入骤降、资金链紧张，使得一些企业生存堪忧。充分意识到这一问题后，青海省积极组织文旅、发改、财政及省内金融机构落实纾困政策，拿出真金白银，为文旅企业注入"强心剂"——及时调整文旅专项资金支出结构，集中下达文化旅游专项资金 2.5 亿元。

成立于 2005 年的互助县土族纳顿文化旅游开发有限公司一度面临严重困难。受惠于国家到地方政府出台的惠企政策和举措，从 2020 年 1 月至 2021 年 3 月税收减免 39 万元，2020 年社保费减免 9.5 万元，并得到了青海省文化和旅游厅 270 万元项目补助资金支持。此后该企业创新发展思路，推进企业综合改造提升工程实施，构建特色经营管理模式，使企业绝处逢生。

下一步，青海省将继续用纾困帮扶措施助力文旅企业"回血"，激发文旅消费潜力，提振文旅消费信心，在危机中育先机、于变局中开新局。

2021年度

中国旅游企业转型创新典型案例

中国旅游企业转型创新案例洞悉行业发展新动向、新趋势、新特征和游客新需求，充分借助科技力量为文化和旅游产业赋能，大力促进文化和旅游产品业态迭代，游客旅游体验大幅提升，创新重构企业核心竞争力表现突出。

河南省焦作市云台山

"云台山新现象"引领山水景区创新发展之路

云台山风景区，位于河南省焦作市修武县境内，是一处以太行山岳水景为特色，以峡谷类地质地貌景观和历史文化为内涵，集科学价值和美学价值于一身的科普生态旅游景区。

云台山人历经 30 余年的不懈努力，完成了云台山发展史上的一次又一次蝶变，年接待游客人数迅速突破 600 万人次，创造了令业内瞩目的"云台山现象"（也称"云台山速度""云台山效应"）。云台山的开发和发展，也促使焦作实现了从"黑色印象"到"绿色印象"的转变，为享誉全国的"焦作现象"提供了强力支撑。

云台山小寨沟游入广场

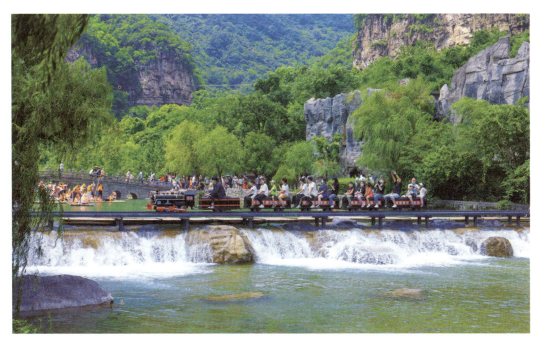

云台山观光小火车

基本情况

云台山风景区地质遗迹丰富，已经发现 34 亿年前的岩层。30 亿年来，形成了太古宇、元古宇、古生界和新生界地层，尤其是 2300 万年以来，新构造运动的强烈抬升和水蚀作用的深度下切，造就了云台山双崖对峙的峡谷群和各种动态的瀑、泉、溪、潭，共同构成了"云台地貌"景观。

云台山景区是一处集独特地质地貌、丰富水体景观、立体自然生态和深厚人文历史于一身的国家级风景名胜区，既是全球首批世界地质公园，也是首批国家 5A 级旅游景区，还获得过国家级风景名胜区等国家级称号。

经验做法

近年来，我国旅游业面临大众旅游新时代、全域旅游新方位和优质旅游新战略，而云台山景区也面临着种种新机遇和新挑战，亟须实现从山水旅游向文化旅游的转型突破。云台山抢抓河南省文旅文创融合战略机遇，以打造高能级文旅为目标、游客需求为导向，转型升级为引领、管理服务为核心、市场营销为支撑、项目建设为抓手，着力高质量发展，打造优质服务典范，全面推进转型升级，不断打磨锻造云台山闪亮的"金字招牌"。

1."五员一体"感动服务　创造"云台山"服务品牌

近年来，云台山探索并创造性提出"五员一体"优质服务模式，服务理念由"不让一位游客受委屈"向"感动每一位游客"转变提升，建立 2000 名员工人人都是安全员、服务员、保洁员、救护员、宣传员的标准化服务体系，以一专多能的服务素质迅速转变角色，第一时间为游客提供帮助。据不完全统计，云台山每年涌现拾金不昧、助人为乐、爱岗敬业、见义勇为等好人好事千余件。同时，作为全国首批数字化景区建设试点单位和河南省首批五钻级智慧景区，云台山充分利用智慧景区综合系统，推出了以满足游客需求为核心的"一键智慧游""食住行游购娱"全方位线上服务，让广大游客充分享受智慧化景区建设带来的服务新体验。

2."旅游 +"爆款 IP 引领　激发文旅市场新活力

按照"旅游 + 文化""旅游 + 音乐""旅游 + 体育"等模式，云台山不断打造景区爆款 IP，激发市场新活力，为景区高质量发展注入强大的动能。云台山连续多年举办汉服花朝节、红叶国潮文化节、国风音乐跨年盛典等系列文化活动，将汉服、诗词、古风古乐、非遗项目等优秀传统文化与山水充分融合，打造爆款文化 IP 活动，同时推出了"竹林七贤"山水实景沉浸式国风演艺，与百度联合打造"云台山国风元宇宙"虚拟数字人、元宇宙游戏等系列数字化体验，创新文旅产品。

2018 年起，景区又持续举办云台山音乐节、云台山电音节等音乐活动，场场火爆，两项大型音乐 IP 活动为景区引流 50 万人次。此外，为激发市场活力，景区还推出了云台山惠民年卡、云台山冰雪节等热门产品及 IP 活动，云台山抖音、微博、微信等新媒体曝光量超 50 亿次，不断登上抖音、微博等全国热榜，让景区实现了人气、收入双丰收。

云台山夜游

3."云系列"项目不断上新打造高品质旅游目的地

按照"谋划一批、建设一批、运营一批、储备一批"的思路，云台山谋划落地了总投资 200 亿元的"云系列项目"。项目涵盖休闲度假、科普研学、亲子娱乐、互动体验等方

云台山滑道

面，已建成运营云台山夜游、云台山文化旅游学院、凤凰岭索道、云台山攀岩、云台山小吃城、猕猴谷生态科普营地、360 球幕影院、丛林滑道、观光小火车等，为广大游客带来了丰富多彩的新体验；围绕度假游，云台山落地了"岸上小镇"高端民宿群提升项目，正在建设云乡·兵盘民宿、云藤七贤精品帐篷营地等高端民宿，以及康养小镇、休闲街区等业态集群，着力打造高标一流的综合型旅游目的地。云系列项目的次第开花，不断丰富游客旅游体验，促进景区综合旅游消费增长，使云台山实现了从观光游向休闲度假游的转型突破。

4. 充分发挥"龙头"作用　带动区域文旅产业发展

依托旅游"一业兴、百业旺"的特色优势，云台山充分发挥龙头带动作用。以每年数百万的客流量为基础，云台山景区引导当地群众自主经营旅游相关服务产业，扶持景区周边岸上小镇等民宿提升与发展，同时探索了"旅游 + 金融 + 民宿 + 扶贫"的旅游扶贫模式。在疫情防控常态化情况下，云台山景区推出各项门票减免、年卡销售等惠民政策，刺激旅游消费，快速带动周边民宿、餐饮、娱乐、购物等文旅产业链快速恢复。

创新启示

1. 创新景区爆款 IP 营销模式

按照"旅游＋文化""旅游＋音乐""旅游＋体育"等模式，云台山面向"Z 世代"年轻群体，创新打造了云台山汉服花朝节、云台山音乐节、云台山电音节、云台山冰雪节等系列爆款 IP 活动，持续登上全国抖音、微博热搜榜单，云台山充分利用爆款 IP 产品，实现了爆款宣传、高效引流，成功革新营销方式，将传统山水景区快速转变成为年轻人热门打卡地。

2. 创新"五员一体"线上线下融合的标准化服务品牌

自云台山发展初期，景区便制定了"不让一位游客受委屈"的服务理念，被游客称为"旅游界的海底捞"。自 2017 年起，云台山景区升级服务理念为"感动每一位游客"，职工在安全员、服务员、保洁员、救护员、宣传员 5 大角色中转变，2000 名职工人人培训获取急救证，确保在游客可视范围内无垃圾，每年拿出近百万元奖金奖励感动服务员工，全面打通"一键智慧游""一站式服务"线上服务平台，让游客充分享受智慧景区建设成果。同时云台山景区编制的"五员一体"服务体系标准，在焦作市全域，以及全国部分兄弟景区中推广应用。

3. 创新山岳型景区地灾监测系统"云台山 5G 北斗地灾综合管理平台"

"云台山 5G 北斗地灾综合管理平台"是国内首次将 5G 技术创新应用于景区地质灾害防治领域。作为世界地质公园，云台山景区地质结构复杂，地质安全管理监测与预警对于保障游客生命健康安全至关重要。"云台山 5G 北斗地灾综合管理平台"使在旅游景区监管更加有力，在景区内实现灾害监测、预警提醒、应急救援，通过在崩

云台山红石峡

云台山民宿

塌体安装的前端数据传感器及 5G 智能测距摄像头实时采集现场位移、形变、裂缝、应力、降雨量等各监测数据，通过远程 5G 遥测终端 DTU（数据终端设备）进行存储、处理、打包、通过地质灾害通信协议将相关监测数据自动发送到智慧指挥中心平台上，由监测预警平台实时接收、存储、入库、输出成果等。并可根据客户需要，提前设定不同级别阈值，设定预警信息。将预警信息通过短信、邮件、屏幕弹窗、现场大喇叭等方式发布到不同的终端上，实现预警功能。

专家点评

　　云台山现象享誉全国，具有极高的知名度。要好上加好，百尺竿头更进一步，困难可想而知，云台山就是走在这样的路上，并且找准了方向，取得了不俗的效果。旅游的最终目标是要为游客打造人生美好的回忆，这就离不开服务意识的内化、服务品质的提高、服务体系的完善，云台山通过"五位一体"标准化服务体系"感动每一位游客"，值得借鉴。不过更重要的是，云台山通过对景区性质的重新梳理发现了巨大的发展潜力，那就是不再单纯将景区看成景观聚集的空间、销售门票的空间，而是将整个景区看成各种业态聚集的空间，在这个空间中可以布局各种与景区资源禀赋相匹配、适合市场需求的各种业态，音乐节、民宿、文化节庆、研学、科普开始成为景区新的"主角"，景区成了全新的"舞台"，通过这些业态的迭代更新、转型变化，很好地做到了旅游产品供求之间的动态适配平衡，从而为景区打开了全新的发展空间。

——厉新建（北京第二外国语学院首都文化和旅游发展研究院执行院长、
文化和旅游部"十四五"规划专家委员会委员）

携程集团

2020 年受疫情影响，整个旅游行业处于停摆状态，携程以 BOSS 直播为头阵，"创新主题"剧本杀式直播、"角色扮演"从携程董事局主席梁建章的个人 IP 到主播角色包装孵化、"互动体验"不局限直播间，真实走进目的地、酒店等，实现"内容加持流量，流量带动转化"闭环。沉淀国内旅游直播市场，布局海外市场，同时在黑天鹅冲击下，助力目的地、商户等大幅回血，助力旅游行业全面复苏。

2021 年，携程直播全面升级，在原有基础上积极拓宽自身边界，实现直播平台化。全新的直播内容体系包含：周三 BOSS 直播、品牌日专场直播、商家直播、生态链个人直播等 IP 矩阵改版。

结合携程星球号矩阵、旅业 KOL，实现携程直播到商户直播、个人直播的转化与孵化，同时实现携程直播从旅业带货平台到内容创作平台的转化。其中"官方联合品牌专场直播"是在 2021 年的升级 IP，服务侧重与商户深度结合，定制直播专场。满足粉丝用户专属感，同时实现用户远期和即时旅游产品选品需求。

除此之外，携程直播持续加深和酒店、景区、目的地的关联，推出"超级品牌日""超级目的地""超级周边游""超级会员日""超级上新日"等 IP 合作项目，通过整合营销资源、配合直播内容、服务品牌客户的营销诉求，提振市场效应，还能强化品牌资源对于消费者的价值输出。

携程直播作为携程"旅游复兴 V 计划"重要组成部分，以及带动旅业产业链积极自救的重要举措。自开办以来，以政企联动的目的地整合营销为着力点，助力疫情之下的高星酒店加速回血，拉动近 300 个目的地城市复苏。

同程文化旅游发展有限公司

2020 年年初新冠肺炎疫情突发，国内外旅游经济遭受重创。同程文化旅游发展有限公司审时度势，决定在原有门票业务基础上迭代升级为文旅大消费场景，多渠道发力，高效赋能目的地泛文旅消费经济增长。同程及时收拢线下资源，加速文旅业务由线下转为线上的动作，多渠道转型使公司平稳度过疫情寒冬。

在线直播 + 联合营销，推出"山河无恙直播节"。 2020 年 3 月 18 日，同程携手五大景区开启"山河无恙直播节"，以在线直播等新形式持续助力旅业振兴，打造"旅游 + 直播"新业态。此后一年时间内，"山河无恙直播节"通过携手 100 家旅游局和 1000 家景区共同造势，以优质内容 + 权威数据做支撑，通过产业跨界融合方式促进景区复苏。

平台赋能 + 行业发声，发起"方舟联盟"。 2020 年 2 月 11 日，同程发起成立"方舟联盟"，举办"'疫'去春来扬帆启航—文旅公益在线论坛"，免费为加入该联盟的旅游目的地在疫情期间通过 VR、高清视频及图文资料的形式展示自身的旅游形象和资源优势，以帮助旅游目的地为疫情过后的旅游市场恢复发展做好准备。为了更好地了解疫后旅游市场发展，同程汇聚行业专家学者，线上举办疫后复苏论坛，从行业顶层洞察、探索研讨，到各地文旅行动、科技成果赋能，8 小时的线上分享，赢得行业内外的广泛关注。

创新玩法 + 营销 IP，打造"48 小时"营销 IP。 2021 年，受到疫情防控常态化的影响，短途、高频的"微度假"成为人们新的出游习惯。在此背景下，同程发挥灵活的市场策略优势，快速投入新兴市场，打造了"48 小时"这一短途周边营销 IP，将原有的线路产品转化为 48 小时的微度假产品，通过同程自有平台、庞大的用户基础、特色玩法及营销手段，帮助山东、澳门、兴安盟等目的地实现旅游市场复苏。

科技赋能 + 数字转型，上线智慧化产品——全域通。 为推进智慧全域旅游建设、丰富旅游业态、增强旅游吸引力，同程紧抓数字化建设红利，参与目的地全域旅游与生态文旅信息化建设，构建旅游服务一站式平台，推出智慧化产品——全域通。目前，全域通已覆盖全国 25 个省市区县目的地，形成了省、市、区等不同地域维度；酒店、景点、机场等不同使用场景；图文、音频、视频、3D 等不同展示手段的多元化数字智慧化平台，高效赋能多目的地文旅项目新发展。

开元旅业集团有限公司

开元旅业集团深耕中国旅游市场特别是酒店行业 30 余年，目前位居全球酒店集团第 25，位列中国饭店集团前 20 强。集团立足长三角，不断探索适合中国人的商旅和度假产品，打造了一大批具有鲜明江浙特色的旅游产品，如立足繁华地段的开元名都高端商务酒店、依托千岛湖自然风光所打造的千岛湖开元度假村、将历史文化与地域特色融合的开元观堂主题酒店，均受到良好的市场反馈。"开元森泊度假乐园"是由开元旅业集团重磅打造的一站式亲子度假产品。目前已开业运营的有两个项目：一是于 2019 年元月开业的杭州森泊，二是于 2019 年 8 月开业的莫干山森泊。尽管迎客还不足三年，森泊已成为国内旅游市场上的一匹"黑马"。每逢周末、节日，森泊的客房均是"一房难求"，暑期平均入住率达 90% 以上，家庭平均消费更是超过 3000 元。疫情期间，森泊整体业绩不仅未受影响，反而逆势上涨。2020 年，杭州森泊仅用 4 个月时间，就追平了上年度 7 个月的营收。在线上，关于"打卡森泊"的话题更是刷屏不断，霸屏亲子酒店排行、江浙沪度假村排行等所有榜单。2020 年，"开元森泊旗舰店"双 11 销售额超过 7000 万元，增长率高达 66%。同年，开元森泊项目获中国旅游集团 4 亿元注资。

作为行业领先的旅游产业投资与运营商——开元旅业集团，早在十年前就对国内周边游市场进行了深入的调研和布局。以开元芳草地为代表的自然生态乡村度假酒店，率先尝试以特色小木屋、草屋、帐篷等创意度假住宿产品，配以相关的游乐配套设施，为游客创造多元化的亲自然度假体验。一经推出即受到了一、二线周边中产家庭及团队游客的极大青睐，成为其继续开发"开元森泊度假乐园"的坚实基础。与此同时，开元旅业也不断关注、洞察着国民旅游消费趋势。一方面，随着我国消费的持续升级，价格型消费正在向价值型消费转变；另一方面，出行人群逐渐年轻化，个性化需求逐渐增多，数据显示，飞猪平台"90 后"用户占比 51%，年轻一代表现出来的新消费观念和消费意识正在深刻影响着旅游业。基于对中高端度假市场的独到见解和对旅游消费群体的深入分析，"开元森泊"这一融度假酒店、特色木屋、室内外水上乐园、儿童乐园、自然游乐、教育等多重业态为一体的一站式休闲度假"新物种"应运而生了。

中国旅游集团（图片来源：视觉中国）

中国旅游集团旅行服务有限公司

中国旅游集团旅行服务有限公司（以下称"中旅旅行"）是中国旅游集团旗下的公司。中旅旅行充分发挥红色旅游精品项目示范引领作用，将红色文化资源和地域文化和旅游资源有机结合，研发了"红色＋研学""红色＋拓展"等主题产品。同时，开发了一系列党建团组产品和短线旅游产品，积极创新教学方法，为红色主题教育注入新的活力。

中旅旅行在国内游、定制游、出入境等市场处于低谷时，尝试旅游与商业融合发展的创新模式，与兆邦基集团建立战略合作伙伴关系，双方利用各自的宣传平台共同策划、推广有关产品和活动，实现资源共享、优势互补、互利共赢。

2021 年策划开发了驻华外交官"发现中国之旅"系列活动，以此为契机，持续关注驻华使领馆工作人员的游览需求，打造"外国人在中国"家庭游团组，适时推出"中外同游"产品。在积极转型，开发新业态、新客源以及新产品的同时，中旅旅行也在积极梳理入境游业务线，从疫情发生至今一直与海外客户保持积极的互动。

江西鑫邦实业集团有限公司

江西鑫邦实业集团有限公司此前已经在房地产领域深耕十几年，葛仙村度假区是鑫邦集团推出的第一个大型文旅项目，也是集团转型文旅的代表之作。地产企业转型文旅并不陌生，很多企业是希望通过旅游来拉动地产。鑫邦文旅的目标是真正打造出一些纯粹的、出色的文旅项目，从而未来实现鑫邦文旅的单独上市。

除了目前仍在进一步推进的葛仙村项目之外，鑫邦文旅还在婺源打造了婺女洲度假区项目。该度假区位于江西省婺源县，婺源距三清山 43 公里，西离景德镇 65 公里，北距黄山、歙县 69 公里。度假区总占地 700 亩，建筑面积 25 万平方米，总投资约超 25 亿元，其以婺女飞天传说故事为核心，以新式徽派建筑风格为特色，打造而成的融观光游览、休闲度假、亲子游乐、会议会展为一体的综合型度假目的地，旨在为来自全球各地的游客呈现一处极具徽州特色的文艺小镇，深度体验"骨子里的徽州"故事。

鑫邦文旅认为，婺源的景点相对分散，为游客游览带来不便，鑫邦文旅希望将婺女洲度假区项目打造成婺源的一个旅游集散中心。同时，这个特色小镇也会有大型实景秀以及其他充满互动体验的项目，婺女洲度假区项目将是一个和葛仙村差异很大的项目，其计划在 2022 年实现对外营业。

山东省高密市红高粱集团有限公司

　　红高粱小镇以莫言文学和红高粱文化为核心，定位于打造中国首座文养特色小镇和世界级文学旅游目的地。在规划建设与运营发展中不断实现新突破，突破传统文旅运营管理模式，打造智慧型数字文旅景区和文学主题实景沉浸演艺旅游目的地。一是在旅游管理方式和运营模式上有重大变革。大力发展智慧文旅系统，打破传统购票模式，实行人脸识别购票，方便游客扫码进入景区。实现景区 Wi-Fi 全域覆盖，满足了游客无线上网的需求，在手机上了解景区的风土人情，提升了游客的旅游体验，提高了景区的品质与档次。搭建智慧化商业运营平台，实行商户收益分成，打造数字化运营模式。充分发挥互联网＋模式，让游客拥有了贴身"讲解员"，用手机扫描二维码，即可倾听景区语音讲解。通过大数据进行客源分析，从而实现了景区产业的智慧营销、智慧服务和智慧管理，进一步加快了智慧化建设，全方位提升了智慧化水平。二是创新旅游发展模式。打造特色旅游演艺，历时100 分钟的沉浸式演艺，使整个景区成为一个大的红高粱故事剧场，其中省内首台文学主题实景沉浸演出《高粱红了》展现了敢爱敢恨的红高粱精神。每天定时循环上演祭酒神、抬龙王等情景演出，将游客带进激情热烈的影视场景当中。丰富旅游产品供给，与中国科学院植物研究所合作，在配方中加入中科院植物研究所特育高粱，通过多次试验与技术攻关，在原啤酒发酵的风味上增添高粱的独特口感，酿造出别具风味的国内首款红高粱啤酒，并在景区内、抖音直播间进行售卖。注重非物质文化遗产的保护传承和创新发展，打造"泥小虎""九儿"等系列文创产品。三是放大品牌效应，绽放红高粱魅力。红高粱小镇多次亮相全国重点招商推介活动，参加胶东经济圈文化和旅游联盟上海旅游推介会、第二届中国国际文化旅游博览会、山东省文化旅游重点项目推介招商会、中国研学旅行及教育产业博览会等重大活动，成功承办第五届潍坊文化和旅游惠民消费季启动仪式，全面展示小镇风采。红高粱集团入选潍坊市 2021 年度"十大文化旅游集团"重点培育企业、红高粱小镇荣获"新旧动能转换山东省精品旅游先进单位""2021 第二届山东省研学旅行创新线路设计大赛"一等奖，在一系列创先争优的活动中留下红高粱印记。四是重视筑牢安全生产防线，定时进行疫情防控演练、应急消防演练，切实保障广大游客及单位职工的身体健康和生命安全，培养良好的安全意识。

广东省广州市明道文化科技集团股份有限公司

　　明道文化科技集团创立于 2012 年，由广州市明道文化产业发展有限公司、北京明道文旅产业发展有限公司、广州市明道灯光科技有限公司、广州市明道舞台科技有限公司、广州市明道工程技术有限公司、集团文旅创作中心、声光电集成设计院、广州市明道文化旅游产业投资运营有限公司、珠海横琴华夏弘道投资中心等组成，是一家融文旅创意制作、演艺设备供应、集成项目实施及运营服务为一体的全案服务企业，是国内文旅演艺和夜游总制作领军企业，拥有众多一流文旅创意制作人才。

　　集团旗下明道文化产业公司聚焦文旅产业及夜游经济，以文旅演艺、夜游和光影互动秀为核心，提供项目策划、创意制作、技术设计、设备供应、工程施工及运营管理等全案服务。明道文化会聚了国内旅游演艺、夜游创意、视觉设计和数字娱乐等领域的大量人才，打造了众多经典文旅项目。明道文化团队是著名导演王潮歌的视觉艺术及创意制作的长期合作伙伴，合作长达十年，负责了其著名的三大系列作品，包括"印象"系列的《印象武隆》《印象普陀》。"又见"系列的《又见平遥》《又见国乐》《又见五台山》《又见敦煌》《又见马六甲》，"只有"系列的《只有峨眉山》《只有爱》《只有河南》。同时，明道文化还承担了阿里巴巴、腾讯等公司体验馆的艺术创意制作工作。

　　明道文化科技集团作为一家以"演艺灯光"创业起家的企业，旗下明道灯光科技公司短短创业四年后便成了中国自主品牌专业演艺灯光行业领军企业，拥有 ISO 管理体系认证、环境管理体系认证和职业健康管理体系认证，被认定为 4A 级标准化良好行为企业。先后获得了高新技术企业、国家知识产权优势企业、国家"专精特新"小巨人企业、广东省守合同重信用企业、广东省工程技术研究中心、广东省工业设计中心、广东省高成长企业、广东省知识产权示范企业、广东省制造业 500 强企业（连续四次入选）、广州市行业领先企业等荣誉。

　　随着文旅融合新时代的到来，沉浸式演艺、互动夜游、光影水秀等新业态层出不穷，对科技应用、科技与文化融合提出了越来越高的要求。明道经过对外部环境的客观分析，并结合自身技术积累与优势，在 2019 年，明道提出了"文化 + 科技 + 运营"战略布局，用创意和科技赋能文旅产业，打通了全产业链，形成了一体化解决方案提供能力优势。2020 年 7 月，明道集团重新定义企业使命——让文旅更具魅力！通过实施文化与科技融合发展战略，明道已成长为一流的集文化创意制作、演艺设备供应、集成项目实施与服务为一体的综合性企业集团。

山西省大同市旅游集散中心有限公司

背景介绍。大同市旅游集散中心有限公司作为全域旅游的市场化运营主体，是集旅游公共服务承接、旅游直通车、智慧旅游建设、文旅项目运营、旅游地接等核心业务于一身的综合型文旅运营平台企业。截至 2021 年 10 月，累计接待游客咨询服务人数 367.14 万人次，"大同游玩总入口"智慧旅游平台累计浏览量 35.7 万人次，全域旅游直通车累计发车 2461 车次，发送直通车游客人数 10.27 万人次，带动村落 68 个，成为文旅融合助推乡村振兴的有效实践者。2020 年被文化和旅游部评选为国家级文化和旅游公共服务机构功能融合试点单位，凭借着文旅公共服务功能融合的创新模式，被中国旅游研究院评价为全国旅游集散中心市场化运营模式的标杆。

创新模式。"农文旅融合 + 旅游公共服务"模式是大同市旅游集散中心基于在大同市及周边县区、乌兰察布等地全域旅游委托运营项目中摸索出来的文旅发展新路径。该模式在政府文旅发展的顶层设计指导下，以旅游公共服务为基础，加强农文旅融合，借力智慧旅游平台优势，发挥市场主体的运营能力，创新营销方式，切实推进文化旅游产业的高质量发展，助力乡村振兴。政府顶层设计，创新乡村振兴发展思路。政府进行总体规划和基础建设，并强化经营主体的作用，强调政府主导，市场化运营的方针。购买服务，创新旅游公共服务模式。通过政府委托、市场化运营的创新模式来运营旅游公共服务机构，并建立一套完整的旅游公共服务体系，包括旅游咨询服务、旅游直通车、旅游线路设计、旅游预订预约、导游培训管理、旅游营销推广和智慧旅游平台运营等方面，为目的地全域旅游的发展开创了全新的局面。跨界整合，创新农文旅融合方式。首先，开通目的地全域旅游直通车，解决游客最后一公里问题，通过主题线路将游客带到乡村，拉动乡村消费。其次，通过挖掘文化打造一系列创新业态与订制游、自驾游和自助游等旅游产品。再次，常态化客流扶持目的地经营主体。最后，文旅资源深度融合，打造线路产品和乡村节庆活动。围绕目的地文化属性和旅游资源，打造"阳高杏花节暨长城文化旅游季""广灵神农点谷节""大同市第二届乡村艺术节暨文旅消费季"等不同特色节庆活动，增加乡村旅游的文化内核，提升乡村旅游的吸引力，以节庆和活动带线路，让游客走进乡村，将消费留在乡村。

2021年度

中国冬游名城案例

中国冬游名城案例城市生态环境优良，冬季旅游资源富集，冬季旅游产品独特、口碑良好且辨识度高。当地政府政策推动有力，冬季旅游业态丰富，商业配套设施完备、游客舒适度高。冬游体系与当地文化资源融合度高，赋能旅游业高质量发展效果显著。

北京市延庆区

有效利用冬奥遗产深入做好冬游文章

延庆区位于北京市西北部，生态环境优良，自然资源丰富，历史悠久，文化底蕴丰厚，是首都重要的生态涵养区，同时是 2019 年北京世园会举办地、2022 年北京冬奥会三大赛区之一。

延庆奥林匹克园区俯瞰

北京世园公园冰雪嘉年华

　　近年来，延庆区以冬奥会筹办举办和后续利用为契机，围绕"三亿人参与冰雪运动"
的目标，大力建设冰雪运动场地、组织冰雪赛事活动、发展冰雪休闲旅游，引入冰雪产业，
以冰雪"冷资源"释放"热效应"，建设"最美冬奥城"，深入做好冬游文章。

基本情况

　　目前，延庆共有 1 家国家级滑雪旅游度假地——延庆海陀滑雪旅游度假地，有万科石
京龙滑雪场、八达岭滑雪场 2 大滑雪场，有被称为"冬奥最高雪"的高山滑雪雪道，"亚洲
最大冰"的北京市冰上训练基地，亚洲第 3 条、中国首条国家雪车雪橇赛道，还有总面积
超过 4 万平方米的便民冰场，西大庄科约 22 万平方米的大众雪场也正在建设中，每年冬季
开展冰雪欢乐季、冰雪庙会等系列活动。

　　2021 年冰雪欢乐季期间，延庆共接待游客人数 177.1 万人次，实现旅游收入 29725 万
元，同比分别增长 73.7% 和 157.4%，"冰天雪地"正在成为带动延庆经济社会发展的又一
座"金山银山"。

龙庆峡冰灯艺术节

经验做法

1. 聚焦京张体育文化旅游带建设，做好冬奥遗产的可持续利用

积极发挥延庆作为京张体育文化旅游带建设中"一核"的作用，成立京张体育文化旅游区域联盟，牵头举办京张体育文化旅游带发展论坛，开发联动区域的线路产品，当好京张带建设的主力军、排头兵。延庆奥林匹克园区五一期间开园，成为本届冬奥会后首个实现商业化运营的赛区。"延庆奥林匹克园区""国家级滑雪旅游度假地""高山滑雪北京延庆国家训练基地"正式挂牌亮相，雪飞燕、雪游龙、高山索道、冬奥展示中心成为游客热议的"网红打卡地"。延庆区不断完善基础设施，导入消费业态，提升酒店群接待品质，大力发展户外运动、山地赛事、亲子研学等休闲娱乐项目，促进园区"景区化"运营。与龙庆峡、玉渡山、古崖居、万科石京龙滑雪场等联动互补发展，在北山带打造冬奥冰雪主题片区，建设春赏花、夏避暑、秋观山、冬嬉雪的国际一流四季旅游度假目的地。联动"冬奥、世园、长城"三张金名片，在全域范围内打造融冰雪运动体验、山水户外运动、乡村田园

147

休闲、森林康养度假、长城文化旅游等为一体的国际滑雪度假旅游胜地，协同推进京张体育文化旅游带建设，为区域发展注入新动力、形成新动能。

2. 丰富冰雪休闲度假产品和服务，发展冰雪旅游

整合冰雪运动、冰雪乐园、冰雪嘉年华、高端住宿、美食温泉等冬季特色资源，策划冰雪巴士、璀璨冰灯、冬趣研学、年俗大集、冰瀑狂欢、长城非遗、榻下暖汤等百余项文旅活动，逐步形成以赏冰灯、嬉冰雪、泡温泉、登长城、度除夕为代表的各具特色的冰雪旅游产品体系，实现"食、住、行、游、购、娱"文旅产品的全要素供给。推出 10 余条冰雪主题产品，以万科石京龙滑雪场、八达岭滑雪场和龙庆峡冰灯景区为基础，积极带动世园公园、世葡园、玉渡山、冬季妫河冰场等多处冰雪旅游景点和场地发展冰雪旅游，实现冬季文旅消费市场的全覆盖。开发冰雪民俗产品和服务，建设 100 家"冬奥人家"，利用延庆优秀的非物质文化遗产资源，举办"非遗过大年"品牌活动，将原汁原味的延庆年俗以线下体验、线上直播等形式进行推广展示，弘扬区域特色文化，积极促进冬季旅游和节日消费，打造延庆地区冬季休闲旅游品牌。

3. 举办冰雪赛事活动，宣传普及冰雪文化

全面落实冰雪运动发展规划、广泛开展冰雪赛事和群众冰雪活动、完善冰雪项目场馆

延庆"净隐南山"精品民宿

万科石京龙滑雪场

和配套基础设施建设、加快形成政府主导、社会协同、群众参与的冰雪运动发展格局。在全区范围内启动冰雪旅游、冰雪文化、冰雪赛事、冰雪培训 4 大类 100 余项赛事活动，带动近 20 万人次参与冰雪活动。持续加强冰雪运动推广，开展奥林匹克进校园活动，创建全国校园冰雪运动试点区，建立青少年冰雪运动队、海陀农民滑雪队，每年冬季组织不少于 2000 名职工开展上冰上雪培训，广泛动员全社会参与冬季健身运动，扩大冬季运动人口。积极发展以滑雪为重点的户外门户运动，以"建设户外运动城市"为契机，夯实冰雪运动发展基础，营造浓厚的冰雪文化氛围。

4. 持续发展冰雪产业，逐步完善冰雪产业链

确立了以妫河为"一轴"，八达岭和海坨山为"两翼"的冰雪产业布局，出台了促进创新创业和体育科技产业发展的系列政策。成立中关村（延庆）体育科技前沿技术创新中心，主动对接国际冬季运动和冰雪产业资源，引进 300 多家体育类企业集聚延庆，涵盖滑雪场管理、体育馆服务、冰雪互联网、赛事组织运营、冰雪装备研发、旅游资源开发、冰雪运动培训等冰雪体育领域龙头企业和科研机构，体育全产业链基本形成。吸引北京国际奥林匹克学院落户延庆，依托首都体育学院的教学资源和优势，构建产学研一体化的发展格局，释放冬奥人文遗产的持久效益。

下一步，北京延庆区还将主打冰雪牌，主推冰雪游，利用好资源优势，联动冬奥、世

长城脚下过大年

园、长城三张金名片，通过旅游带动、大众拉动、配套提升、特色融合，建设国际知名休闲度假旅游目的地，传播"冰天雪地"之美，弘扬"金山银山"之壮，奋力续写"后冬奥时代"冰雪产业新篇章。

专家点评

  冬奥会让延庆冰雪走向了世界，让延庆成了举世闻名的"最美冬奥城"。如何用好短短十几天的冬奥赛期为延庆长期可持续发展埋下的种子，让它发芽生根开花结果是摆在延庆旅游发展面前的重大课题，通过用好冬奥赛事遗产、丰富冰雪旅游产品、普及冰雪赛事文化、做强做长冰雪链条，延庆给出了漂亮的答卷。一方面是充分发挥冬奥遗产的引流作用，既为遗产填充丰富的新内容进行内化，也把遗产流量引导到周边其他供给进行联动；另一方面则通过扩圈强链，走"冰雪+"发展模式，通过传统的非遗、多元的活动，持续丰富冰雪旅游体验，做多做优冰雪旅游产品供给，通过装备研发、赛事组织，持续拉长冰雪旅游产业，做强做长冰雪链条。延庆的实践告诉我们，只有通过冰雪旅游、冰雪文化、冰雪运动、冰雪装备等协同发展，才能真正打造建设冰雪旅游名城，形成强劲有力、协同共生、持续发展的冰雪经济。

  ——厉新建（北京第二外国语学院首都文化和旅游发展研究院执行院长、
文化和旅游部"十四五"规划专家委员会委员）

张家口崇礼

河北省张家口市

　　张家口是连接西北、华北和中部地区的重要枢纽，高速铁路四通八达，机场具备国际通航能力，京张高铁的开通让张家口融入北京"1 小时交通圈"，实现了与北京同城化发展，全市已构建起了融高铁、高速公路、航空为一体的立体式交通体系。位于张家口坝上坝下过渡地带的崇礼、赤城、沽源、张北、尚义等区域山峦起伏、森林茂密，冬季降雪量达 1 米以上，存雪期长达 150 多天，地形坡度多在 5~35 度，风速仅为二级，平均气温 –12℃，是滑雪运动的"黄金带"，被国际雪联称为"世界上最适宜滑雪的地方"之一。张家口被评为"中国十佳冰雪旅游城市"，2020 年成功创建了崇礼国家级冰雪旅游度假区，实现了全省国家级旅游度假区零的突破。作为 2022 年冬奥会雪上项目的主要举办地，全市已建成 9 家大型滑雪场，拥有各级雪道 177 条，占河北省雪道总数 272 条的 65%；总长度 164 公里，占河北省雪道总长度 186.62 公里的 88.2%，索道和魔毯 70 条、45 公里，形成国内最大雪场集群。其中崇礼区建成万龙、云顶、太舞、多乐美地、富龙、银河、长城岭 7 家大型滑雪场，万龙、太舞、富龙、翠云山银河 4 家雪场入围评选"全国滑雪场十强"。在满足专业赛事的同时，也为大众提供更加丰富的旅游体验。

内蒙古自治区呼伦贝尔市

近年来，按照呼伦贝尔市委、市政府的总体部署，深入践行"绿水青山就是金山银山""冰天雪地也是金山银山"的发展理念，筑基础、补短板、谋创新，突出"原生态、多民俗、国际化、全域游"定位，以世界视野、国家品牌、全域旅游、民生产业为导向，出台《呼伦贝尔市冰雪产业发展规划》，着力推动各产业与冬季旅游相融合，完善旅游综合管理服务体系，加快旅游标准化服务建设，打造呼伦贝尔冬季旅游品牌取得了明显成效。

呼伦贝尔市重点打造了以呼伦贝尔大草原—莫尔格勒河旅游景区、苍狼白鹿冰雪运动基地、蒙古人游牧部落、金龙山滑雪旅游度假区、凤凰山滑雪场、哈乌尔河冰雪越野车试驾、"中国冷极村"、根河敖鲁古雅使鹿部落、白音哈达景区、那达慕浩特等为核心的冬季精品旅游景区，奠定冬季旅游发展的资源基础。重点推出了银冬呼伦贝尔穿越之旅、穿越大兴安岭探寻冰雪秘境之旅、呼伦贝尔冰雪民俗研学之旅、冰雪康养度假之旅、双极雪国专列体验之旅、草原丝路连冬奥之旅、鸟瞰呼伦贝尔大雪原之旅、呼伦贝尔红色记忆之旅、呼伦贝尔红色记忆之旅、中俄蒙边境民俗体验之旅共 10 条冬季精品旅游线路，雪地摩托、雪地爬犁、冰车、滑雪、汽车试驾、冰捕冰钓、冰雪拓展等众多冰雪项目深受游客喜爱。

呼伦贝尔市制作了全新的《呼伦贝尔冰雪之约》宣传片、呼伦贝尔冰雪旅游地图、呼伦贝尔冬季线路等冬季旅游宣传品。以"呼伦贝尔冰雪日"为主题，举办包括冰雪那达慕、"发现银色呼伦贝尔之美"艺术采风活动暨美术书法摄影文创展、草原丝路连冬奥自驾车活动、中俄蒙美食文化节暨银色呼伦贝尔美食大赛等在内的多项活动，形成了一批具有呼伦贝尔特色的 IP 品牌。为充分调动旅游企业积极性，印发实施了《呼伦贝尔市旅行社冬季旅游经营补贴办法》，形成了政府主导、部门联动、企业响应、全民参与的浓厚宣传氛围。

全市 14 个旗市区还实现全域开发打造冬季旅游线路产品，形成一地一品、一地一特色的冬季旅游新格局。满洲里国际冰雪节、根河国际冷极冰雪马拉松、扎兰屯全国 U 形场地锦标赛、牙克石全国量产车性能大赛、陈旗"天天那达慕"体验游活动、鄂温克旗"走敖特尔"民俗展示活动等各具特色、各具魅力的冬季旅游活动使呼伦贝尔的冷资源释放出了最大的热能量。

辽宁省大连市

翻开美丽中国海洋文化冬季旅游的城市范本——"浪漫之都　时尚大连"是世界瞩目的中国最佳旅游城市、中国旅游休闲示范城市、中国邮轮旅游发展实验区，拥有中国最长海岸线，是中国沿海地区唯一拥有滑雪场的城市。

"冬季到大连滑雪不冻手"在大连观大海尽享风格迥异的特色温泉、采摘反季大樱桃、品北纬 39 度饕餮极品大连海鲜、欣赏穿越 28 亿年时空隧道的海洋文化……大连在千里冰封万里雪飘的北国风光中分外妖娆，演绎唯美的浪漫四季童话。浪漫、时尚、休闲、经典……新奇的体验吸引着您、独具的城市精神呈现给您、温馨的人文关怀陪伴着您……最健康、自然、珍贵的美妙瞬间像一道意想不到的彩虹，照亮您生活中最灿烂的旅程……

大连以得天独厚的海洋文化资源禀赋，全力打造世界著名的东北亚文化旅游胜地、东北亚海陆空转运中心和辐射东北的桥头堡。享誉中外的冬季旅游精品线路有：享誉世界的"中国半部近代史"旅顺口—大连东港国际商务区（大连东方水城、世界经济论坛夏季达沃斯会址等鳞次栉比）—大连棒槌岛宾馆（特色建筑与国宾浴场和高尔夫球场等交相辉映）—大连老虎滩海洋公园（首批国家 5A 级旅游景区中唯一的海洋主题公园）—滨海路（拥有中国最长滨海木栈道）—亚洲最大广场（大连星海广场）—大连金石滩国家旅游度假区（中国第一个国家级旅游度假区）—大连普湾新区温泉滑雪聚集区—长海县（北纬 39 度极品海鲜）等，在这里可以体验四季采摘的妙趣，品饕餮极品海鲜的奢华，领略大连的独特魅力。

历史维度经典诠释大连的浪漫激情、诗情画意……史诗般唯美而独一无二的传奇。共和国勋章和两弹一星勋章获得者孙家栋、中国奥运第一人的刘长春、创作《我和我的祖国》的秦咏诚……大连人以海纳百川的胸怀、紫铜雕塑般隽永的中国气派礼赞时代。富庶美丽文明的现代化国际城市——大连不断升级多元文旅融合创新的元素，将冬季海洋文化旅游经济与休闲娱乐等完美结合。

吉林省长白山

长白山作为中华十大名山之一，首批国家 5A 级景区，以世界海拔最高的火山、天池、飞瀑闻名遐迩；以民族之源、圣山之魂傲然矗立在世界东方之巅；以其"12℃粉雪，温暖相约"的寒地冰雪和"22℃夏日，凉爽有约"的山地避暑声名远播。

近年来，长白山管委会紧抓冬奥筹办举办契机，重点在冰雪旅游、冰雪文化、冰雪体育三个层面同时发力。一是深入实施"旅游+"战略，推动长白山旅游相关产业深度融合发展。全面优化旅游发展总体布局，丰富旅游产品体系，形成以生态、文化、冰雪、康养为内涵，以精品景区、温泉度假基地、冰雪旅游基地为核心，以区域中心节点为支撑，以高速、高铁、航空等旅游大通道为纽带的大旅游发展格局。二是持续擦亮长白山品牌，促进长白山全域旅游高质量发展。打造"长白春雪""长白山礼物"等文旅品牌。有效整合各类资源，推进二道白河名镇景区及讷殷古城、锦江木屋村、鲁能、万达等旅游联合体与长白山主景区形成全域互联格局。三是精心培育文旅金字招牌，打造"长白山神庙遗址"和"老黑河遗址"文化名片。深入挖掘提炼"长白山神庙遗址""老黑河遗址"文化内核，整合周边历史文化景点，做优做精辽金文化、红色文化等旅游产品，打造成一个集遗址观光、文化体验、度假休闲于一身的文化旅游新亮点，形成独具特色的长白山文化之旅。四是突出服务质量提升攻坚，争创全国旅游环境最佳旅游目的地。长白山机场二期扩建竣工、敦白高铁开通，龙蒲高速松长联络线、天北线（S305）等线路修缮，长白山大交通网络内外畅联。组建长白山旅游航线开发联盟，重点开发长白山景区核心客源市场航线，围绕落实国家关于建设东北边境、东北林海雪原风景道和长白山森林生态特色旅游功能区、特色旅游目的地的规划布局，以丰富产品、完善设施、提升服务为主线，持续提升三个区各具特色的城镇化建设。

河南省洛阳市

"隋唐洛阳城 最潮中国年"文化旅游活动、"艺享洛阳 冬季有约"系列文艺演出活动、"冬游洛阳 冰雪奇缘"系列文旅活动……2020 年 11 月 20 日至 2021 年 2 月 28 日，洛阳市开展了以"春节之源·洛阳过年"为主题的冬季文化旅游消费活动。

按照洛阳市委、市政府统一部署，本次活动围绕文化、民俗、冬景三大主题，推出演艺、庙会、冬游、研学等八大系列 28 项百余个活动。

"春节之源·洛阳过年"2020 洛阳冬季文化旅游消费活动聚焦"五双"。

"元旦、春节"双节联动。深入挖掘传统节日文化和旅游资源，在元旦、春节、元宵节等重要时间节点，开展迎新年文艺演出、新春欢乐购、民俗文化庙会灯会、研学旅行等既喜闻乐见又创意新颖的文化旅游活动，打造"春节之源·洛阳过年"文化旅游品牌。

"古都新生活、古都夜八点"双点发力。举办主题摄影展、音乐会、广场演出、街舞比赛等活动，倡导古都新生活；以 8 个文旅消费集聚地为平台，丰富"夜游""夜演""夜食""夜宿"等消费业态，提升"古都新生活""古都夜八点"活动品质。

"线上、线下"双向支撑。依托抖音、快手、享游洛阳等线上平台，推进互联网与传统旅游业的深度融合，开展云上观景、云上集市等"云旅游"活动；整合线下文旅商家优惠措施，线上发放文旅惠民消费券，通过线上加线下渠道大力宣传，双向支撑，提升活动吸引力和参与度。

"实物消费、服务消费"双侧并举。持续推进"双进""双促""双服务"行动，组织开展文旅精品、特产好物评选和订购活动，促进实物消费；整合全市旅游景区、温泉、滑雪、民宿、餐饮等资源，推出冬游惠行大礼包，提升服务消费品质。

"传统消费、新兴消费"双手共抓。巩固"食住行游购娱"等传统文旅消费，发展"商养学闲情奇"等新兴消费，推出温泉康养、亲子研学、特色民宿等消费新业态，丰富数字文化创意、VR、AR 等沉浸式体验型文旅消费项目，促进新兴文旅消费。

重庆市

重庆冬季旅游活动非常丰富，可以赏冬景、玩冰雪、泡温泉，参加各种特色民俗活动。重庆每年都会推出数百项包括"冰雪温泉游、康养度假游、乡村年味游"等特色鲜明的文化旅游活动，让游客们在享受花式冬游重庆的同时，还能感受极具重庆地方特色的文化魅力。

冰雪游：重庆虽然地处南方，但却拥有丰富的冰雪资源。每年冬天，南川金佛山、武隆仙女山、丰都南天湖、石柱黄水、巫溪红池坝等地，旅游都会快速切换至"冬游"模式，赏雪、滑雪等丰富多彩的冬季产品吸引众多的游客。

温泉游：重庆是"中国温泉之都""世界温泉之都"，温泉旅游是重庆冬季旅游的一张王牌。目前，主城都市区有温泉资源点 139 处，渝东南武陵山区城镇群有温泉资源点 53处，渝东北三峡库区城镇群有温泉资源点 32 处。重庆现拥有五星级温泉企业 3 家，温泉类A 级旅游景区 13 家。重庆温泉旅游产品以休闲旅游型为主，产品形态有温泉度假村、温泉酒店、温泉水乐园、温泉水疗会所、温泉民宿、温泉山庄等多种形式。目前，缙云山—北温泉高品质综合集聚区、南温泉文创旅游集聚区、东温泉乡村旅游集聚区、西温泉科技康养集聚区、垫江卧龙巴盐康养旅游集聚区、环金佛山山地温泉康养集聚区正在形成。

民俗游：重庆面积比较广，每个地方都有不同的习俗和特点。每年冬季，重庆市各区县依托古镇、庙会、旅游节等平台，都会组织一系列精彩有趣的民俗文化活动，游客可欣赏到铜梁舞龙、秀山花灯、酉阳土家摆手舞、彭水苗家歌舞等巴渝民间民俗文化表演，土家纺织西南卡普、大足石刻、綦江版画、荣昌夏布等传统手工艺非物质文化遗产展示。黔江小南海土家十三寨、石柱万寿古寨、酉阳西州古城、彭水鞍子苗寨和罗家坨苗寨等景点会推出少数民族特色民俗文化表演。乡村杀猪过年是巴渝地区千百年来传承下来的历史传统，不少区县都办有年猪活动。冬季在荣昌，游客可参加年猪祭祀等民俗活动。在巫溪红池坝片区，游客可以赏雪，吃"土色土香"的杀猪饭，住特色民宿，摘农家土菜，打年货。

贵州省遵义市

为吸引广大游客到醉美遵义温暖过冬，遵义围绕景区、酒店、品质民宿及乡村旅游客栈、乡村旅游经营户（住宿类）等多个方面推出了众多优惠。2021 年冬季旅游优惠活动持续 90 天。

遵义此次推出多条市内精品游线（含一日游、周末游、多日游及自驾游等 13 条），还有多彩山地·仁义之旅（跨省内地州的精品游线 2 条），以及为邻居重庆游客专门量身打造的"黔渝一家亲" 4 条经典自驾游线，为自驾客设计的不忘初心·红色经典自驾之旅等。线路丰富，既有一日游、2.5 日游，又有三日以上的长线游产品，涵盖了溶洞温泉康养之旅、温暖河谷自由骑行之旅、山地户外运动之旅、黔北古镇古村小众之旅等不同类型，当然必不可少的还有红色经典研游之旅等客群广泛、体验度和口碑俱佳的线路产品。

冬游醉美遵义，你可以在温暖如春的低海拔地带赤水河谷长达 160 公里的旅游公路上自由骑行；在海拔 1600 多米的大娄山滑雪场里尽情撒欢；在"亚洲第一长洞"双河溶洞，或是拓路士绳攀基地，尝试一次挑战自我的"软探险"或极限攀登；在"地下大裂缝"向着地心进发，来一场科考之旅，探索地球深处的奥妙。

冬游醉美遵义，你可到"年味"十足的乡村品尝刚熏制好的香肠腊肉，坐在农家土灶前大快朵颐，享用一顿心心念念的柴火鸡，那碟糊辣椒蘸水盛满乡愁的味道，再来一碗甑子蒸的苞谷饭，小酌二两酱香陈酿，待这一顿酒酣耳热、暖心暖胃的黔北家乡味之后，哪里还需要诗和远方？

西藏自治区林芝市

　　冬季是林芝旅游的重点时段，"冬享暖阳"是林芝旅游的一个重点推荐项目。近年来，林芝市已举办四届冬季"稳市场促旅游惠民生"活动，吸引了游客人数 140 余万人次到林芝旅游，实现旅游收入 18 亿元。

　　冬季"稳市场促旅游惠民生"活动规模大、覆盖面广、政府补贴高、惠民力度强。活动消费券设有 50 元、100 元、200 元三个标准，分两批次，共发放 300 万元；实体商家补贴共 700 万元，最低 0.5 万元，最高达 5 万元。活动预计投入资金达 1000 万元，活动通过向在林人员 (包括市外来林人员) 发放消费券和给予八一城区实体商家一定补贴的形式开展，活动覆盖餐饮、住宿、超市、理发、农贸市场、特色产品专卖、民族演艺、药店 8 个行业门类，其中餐饮覆盖八一城区 7 条主要干道，其他受补贴行业实现八一城区全覆盖。

　　广大参与活动的商家纷纷表示，一定严格保证商品质量，并且认真履行《消费者权益保护法》和各项服务承诺，切实维护消费者的合法权益。同时，杜绝先涨价、后让利等变相涨价行为，在政府补贴的基础上推出各自的优惠让利活动方案，切实开展让利活动。

雅鲁藏布大峡谷（摄影：刘为民）

青海省西宁市

为全面落实青海省委、省政府关于加快发展冰雪运动和冰雪产业的决策部署，近日，青海省文化和旅游厅、省发展改革委、省体育局联合印发《关于促进冰雪旅游发展的实施意见》（以下简称《实施意见》），共同推动青海省冰雪旅游高质量发展。

《实施意见》明确，到 2025 年，推动青海省冰雪旅游形成较为合理的空间布局和较高品质的发展格局，冰雪旅游市场健康快速发展，培育一批设施完备、管理服务到位的冰雪旅游基地，文化特色鲜明的冰雪旅游线路和人民群众喜闻乐见、四季皆宜的冰雪旅游产品，初步形成青海省冰雪旅游目的地产品体系。参与人数大幅增加，消费规模明显扩大，冰雪旅游成为青海冬季旅游业的重要业态。

《实施意见》提出，以西宁市、海东市、海北藏族自治州为重点，合理布局滑雪场地项目建设，重点支持已有冰雪旅游项目提质升级，引导冰雪旅游企业走高质量发展的路子。支持各地建设一批交通便利、基础设施完善、冰雪景观独特、产品服务优质、冰雪风情浓郁的冰雪主题景区。

鼓励支持海北藏族自治州门源回族自治县青石嘴镇、西宁市大通回族土族自治县东峡镇、海东市乐都区瞿昙镇、海东市互助土族自治县威远镇等地打造冰雪旅游特色小镇。挖掘推出一批兼具民俗风情和冰雪文化特色的冰雪旅游主题精品线路。充分发挥康乐山庄、北川冰雪世界、瞿昙国际滑雪场等场地的自然资源优势，组织策划一系列内容丰富、形式多样的群众性冰雪活动。依托冰雪景区、冰雪主题场馆、冰雪体育文化等冬季研学资源，开发冰雪主题研学课程，有计划、有组织地开展中小学生冬季研学旅行活动，加强中小学研学实践教育，推动冰雪研学旅游。

《实施意见》强调，要深挖冰雪旅游消费潜力。发挥各地自然资源优势，组织策划冰雪运动会、冰雪嘉年华、冰雪文化节、冰雪冬令营、"欢乐冰雪健康青海"等内容丰富、形式多样的群众性冰雪活动。鼓励滑雪场、滑冰场及景区举办穿越冰池趣味赛、堆雪人大赛、雪雕比赛、冰上拔河、冰上自行车、冰上碰碰车、推爬犁、雪上飞碟、雪上汽车越野、雪地套圈等趣味冰雪活动。培育冰雪旅游节庆品牌。鼓励社会力量举办冰雪旅游活动。

2021年度

中国夜游名城案例

中国夜游名城案例夜游经济发达、业态类型多样、地域及文化特色鲜明。夜游体系成熟，夜游消费活跃度强，夜游产品社会好评度高，夜游经济有力拉动了夜间经济和文旅消费新业态发展。

湖北省武汉市

持续打造"武汉缤纷夜"夜游品牌　建设国家文化和旅游消费示范城市

武汉是中部地区特大中心城市、长江经济带核心城市，三镇鼎立、九省通衢，区位优势明显，交通便利发达，经济实力雄厚，文化底蕴深厚，旅游资源丰富，文化产业和旅游产业综合实力位居全国前列，发展势头良好。

近年来，武汉市先后获评首批中国旅游休闲示范城市、首批国家文化和旅游消费示范城市，特别是聚焦夜游品牌做出了一系列文章。

知音号

基本情况

武汉全市拥有 30 多个夜游区域和项目，初步形成了"夜秀、夜演、夜游、夜逛、夜宴、夜娱、夜展、夜读、夜宿"九大夜游产品体系和"璀璨夺目之长江夜游"等 10 条夜游精品线路。"武汉缤纷夜"夜游特色基本形成，吸引外地游客纷至沓来。

武汉长江夜游

长江灯光秀、知音号游船、夜上黄鹤楼和"汉秀"等 4 个夜间大型实景演艺项目备受欢迎，成为外地游客来汉必看必玩和热门打卡旅游项目。2019 年武汉市被中国旅游研究院评为中国十大夜游城市，武汉户部巷被评为中国十大夜游街区。2021 年 7 月，据携程发布《2021 上半年旅游夜经济报告》有关数据显示，武汉入围全国热门夜游目的地前十，成为名副其实的"夜游之都"。《知音号》演出排名全国前十。

经验做法

近年来，武汉市深入挖掘夜游经济、文旅消费等增长动能，在改善营商环境、丰富产品供给和业态创新、打造品牌活动等方面积极探索，形成了其独特的经验做法。

1. 全面统筹谋划，着力改善武汉夜游营商环境

（1）统筹谋划，高端发力。武汉市委市政府高度重视发展夜游经济，将其作为引领文旅新业态、构建双循环新格局和培育经济新增长点等的重要抓手，列入建设新时代英雄城市战略部署和《武汉市文化和旅游发展"十四五"规划》。提出具体措施包括：延长国家 4A 级以上旅游景区开放时间，鼓励和支持博物馆、图书馆等场所推出夜间游览项目，培育打造长江夜游休闲文化带以及汉口历史风貌区等"一带、八区"全市夜游经济发展总体空间布局。《2021 年武汉市人民政府工作报告》提出要拓展消费市场，建设国际消费中心城市，大力发展夜间经济，策划"江城八点半"等主题活动，组织开展夜秀、夜游、夜购、夜食、夜读、夜娱等活动。

（2）部门联动，协调推进。2020 年武汉市人民政府出台《武汉市建设国家级文化和旅游消费示范城市工作方案》，重点围绕促进武汉夜游发展，进一步明确了 22 个市直部门 15 个区政府（含功能区）的任务清单、责任清单，实施挂图作战，跟踪督办抓落实。为此，

武汉长江夜游

武汉市文化和旅游局研究制订了《2021—2023 年全市夜游提升三年行动方案》，武汉市商务局全力推进全市大型文旅商综合体建设，促进夜游购物发展，武汉市农业农村局出台了鼓励扶持旅游民宿的奖励政策，按照每张床位 4000~6000 元的补贴标准对应获评市级旅游民宿不同等级给予奖励兑现，武汉市交通运输局延长公交系统夜间收班时间，武汉市金融局协调指导各金融机构设立 24 小时外币兑换点等。武汉市直各相关部门认真按照武汉市政府统一部署和要求，采取措施，真抓实干，全力推动全市夜游经济发展。

（3）政策支撑，促进发展。2022 年，武汉市出台《武汉市进一步促进夜游经济发展若干措施》，该政策措通过以奖代补方式鼓励扶持全市夜游经济发展。为进一步促进疫后重振和经济复苏，自 2020 年 4 月以来，武汉市加大了对夜游消费扶持力度，武汉市政府投入财政补贴资金 3000 万元，通过武汉文惠通平台，连续 3 次组织开展全市夜游集中消费季活动。武汉市金融部门先后两次组织较大规模银企对接，加大中小微文旅企业金融扶持力度，有 4 家开展夜游的文旅企业获得融资贷款 4500 万元，为企业发展夜游注入了强劲发展动力。

2. 促进文旅融合，丰富武汉夜游产品供给和业态创新

（1）挖掘文化，夜游产品丰富。"白云黄鹤 知音江城"，武汉市以"知音文化"为主题，推出长江首部漂移式多维体验剧《知音号》。自 2017 年公演以来，演出千余场，接待游客人数约 60 万人次，几乎场场爆满，一票难求，目前正在积极申报国家精品旅游演艺项目。2020 年武汉市又推出"夜上黄鹤楼"项目，将大型光影秀和实景演艺相结合，通过行浸式表演与观众互动，展现武汉历史和黄鹤文化，黄鹤楼建成以来首次实现夜游常态化。市场反响热烈，开演即成爆款。深入挖掘本地文化，打造更多夜游产品是武汉夜游项目蓬勃发展成功经验。

（2）因地制宜，拓展夜游项目。白天提供参观游览，晚上拓展夜游体验，近年来，武汉市各景区、街区围绕夜游特点，因地制宜，积极开辟新的夜游项目，延长景区开放时间，满足游客消费需求。黄陂区木兰草原景区定期举办篝火晚会和帐篷露营节，精心打造"夜草原"品牌，

武汉木兰夜草原

汉秀剧场

高峰时期景区单日夜游人数超过 2 万人次，夜宿露营人数超过 1 万人次，创造武汉乡村夜游奇迹。蔡甸区花博汇景区深入挖掘花卉文化，大力发展赏花经济和旅游民宿，定期举办烟火表演，景区夜间人头攒动，人气旺盛。目前全市已有 15 个景区相继自发组织开展夜游，且还有继续增加的趋势。夜游景区和产品数量不断增多，为全市夜游经济持续发展提供了强劲动力。

（3）产业融合，创新夜游业态。2020 年组织实施"楚风汉韵、戏水长流"戏曲上游船活动，将楚剧、汉剧等地方传统折子戏搬上船长九号游船表演，推出文旅演艺新模式。两个月时间演出 8 场，观演人数 2206 人次，其中外地游客占比达到 55%。引导武商摩尔城、21 世纪购物中心、武汉壹方天地购物中心、群光广场等 10 家传统商业综合体逐步转型升级为商旅文综合体，延长营业时间，打造武汉夜游购物新地标。武昌区、江汉区、汉阳区将美食与夜游结合，打造餐饮美食夜游新体验，武昌区户部巷、江汉区雪松路、汉阳区玫瑰街等夜间美食生意火爆，武汉地方小吃和以小龙虾为主要特色的地方美食深受外地游客青睐。武汉卓尔书店、东湖时见鹿书店、江汉路上海三联书店等，环境优雅，适合夜游之后小憩和阅读，使夜读成为一种夜游新时尚。此外，以黎黄陂路酒吧一条街和东湖咖啡小镇为代表的较大规模集中休闲街区不断涌现，夜游休闲方式多样化、个性化。旅游新业态的不断增加，为繁荣武汉夜游市场提供了新鲜血液。

戏曲上船夜游表演

3. 凸显文旅特色，打造夜游核心品牌

长江与汉江在武汉交汇，形成三镇鼎立城市格局和大江大湖大武汉的风貌特征。自古以来，武汉因水而生、因水而兴、得水独厚。武汉主城区依长江而建，

长江主轴和两江四岸核心区是武汉旅游最重要最核心资源，在促进全市旅游产业发展中具有举足轻重地位和作用。2014 年武汉市开始启动"两江四岸旅游景观与功能提升建设工程"，着力打造长江夜游核心品牌。

（1）建设武汉长江百里滨江画廊。2016 年，武汉市制订了《旅游客运码头整合集并提升规划》，明确武汉关码头、粤汉旅游码头、客运港 20–23 码头等 12 座旅游码头提档升级方案，打造江滩、码头、岸线相互协调的"滨江都市画廊"立体景观，并正式启动长江、汉江武汉段沿江港口岸线资源环境进行综合整治。截至目前，已经拆除 14 座基本废弃的货运、客运码头，对沿江 47 座码头实施美化亮化，提升了滨江岸线景观。

（2）建设美轮美奂的长江灯光秀。中国·武汉长江灯光秀自 2016 年起开始建设，2019 年 8 月建成投入使用，联动了长江、汉江两岸沿线约 25 公里 900 余栋建筑、7 座桥体、2 座山体以及 42 处趸船码头，通过夜间照明与动画科技展现武汉独特城市风貌。在抗疫斗争、第七届军运会、外交部推介湖北等重大活动保障期间以及庆祝中华人民共和国成立 70 周年等重大的历史时刻，"长江灯光秀"以光影为笔、以长江为卷、以文化为魂，生动演绎城市景象风貌，向世界传递武汉英雄之城的气概和担当。

（3）建设底蕴深厚的文化旅游景区。武汉市以两江四岸核心区为基础，从 2016 年开始打造江汉朝宗文化旅游景区。景区范围包括鹦鹉洲长江大桥至长江二桥之间长江两岸堤外的汉口、武昌、汉阳和汉江 4 个江滩景区，并将新科技馆、江汉关博物馆、晴川阁及"龟山城市阳台"等重要景区（点）纳入其中。目前江汉朝宗景区已现雏形，内部新增景点 12 处，完善标识标牌 200 余处 800 余块，游客中心、集散中心均已建成，灯光亮化全部改造提升。2021 年，江汉朝宗景区获批成为首批国家夜间文化和旅游消费集聚区。下一步武汉市还将推进武汉长江大桥和紧密相连的龟山、蛇山两个景区（简称"一桥两山"）资源整合，力争打造"龟蛇锁大江"景区。核心景区建设为长江夜游提供了支撑。

4. 着眼长远发展，精心打造夜间文旅消费集聚区

武汉九省通衢，得天独厚，区位优势明显，同时交通便利，商贸物流发达，素有"货到汉口活"的美誉。近年来，武汉市指导和引导各有

夜上黄鹤楼

165

武汉花博汇焰火晚会

Mark mall 美食营地风情街

关街区和文旅商综合体积极引入文化和旅游业态，努力打造国家级夜间文旅消费集聚区。

江汉路步行街是武汉市首个百年老街，传统商业发达，知名度高。为进一步提高品质，2020 年武汉市对其实施全封闭维修改造和整体提档升级，重点提升了街区整体亮化水平，新增加了江汉大舞台、壹号艺术博物馆、国际旅游商品城等文旅新平台，引入了 Mark mall 美食营地风情街等文旅新业态，集中打造咖啡街、酒吧街等休闲业态，街区面貌焕然一新。2020 年 10 月重新开街后，街区有组织的大小文艺演出不定期推出，街头艺人、行为艺术表演等群众自发表演活动热闹非凡，吸引了大批市民和游客驻足观看，街区人气急剧提升，尤其是夜间，日均流量同比开街之前提高 20%。2021 年，江汉路步行街获批成为首批国家夜间文化和旅游消费集聚区。

专家点评

"人间烟火气，最抚凡人心"。万家灯火时，是人们一天中最放松休闲的时候，但如何加强夜间休闲消费产品的供给侧结构性改革、满足夜间休闲消费需求、释放夜间消费的潜力，一直以来都是个文化和旅游消费的难题。首批国家文化和旅游消费示范城市在这方面做出了突出成绩，形成了很好的示范。"栽得梧桐树，引得凤凰来"，为了更好地发展夜间休闲旅游消费，不能只靠自己上场，而是要吸引更多商家进行多元业态的供给。为此，武汉大力改善营商环境，尤其是围绕夜游经济发展，明确 22 个市直部门 15 个区政府的任务清单、责任清单，实施挂图没有作战，跟踪督办抓落实，有效推动形成了包括"夜秀、夜游、夜购、夜食、夜读、夜娱"的夜间文化和旅游休闲消费产业体系。在各地都注重夜间消费潜力挖掘的背景下，没有创新是无法提升竞争力的。武汉无论是"知音号"漂移式多维体验剧、"夜上黄鹤楼"行进式沉浸演艺还是"夜草原"为代表的夜景区品牌、"楚风汉韵"戏曲上游船活动，在场景拓展、文化赋能、内容生产、沉浸体验、空间集聚、链条延伸、创新发展等方面都具有很强示范意义。

——厉新建（北京第二外国语学院首都文化和旅游发展研究院执行院长、
文化和旅游部"十四五"规划专家委员会委员）

北京市通州区

为响应北京市激发新一轮消费升级潜力，实施促进消费提升计划、开展生活性服务业品质提升行动和繁荣夜间经济的系列政策，在 2021 年 6 月 6 日北京消费季启动当天，通州同步启动"欢乐通州欢乐购"活动。活动期间依托通州的商、旅、文、体资源开展"商品＋服务"消费系列活动，围绕"京彩""京券""京品""京韵""京味""京炫"六大板块，打造具有鲜明副中心特色的节庆活动。

政企联手发 66.66 亿元消费券

在本次"新消费·爱生活　北京消费季——欢乐通州欢乐购"活动中，政企联手为消费者发放电子消费券，以激发消费热情。活动期间，北京苏宁易购将联合苏宁家乐福、苏宁小店、苏宁百货等六大业态发放 6666 元消费券，发放 100 万张，合计补贴 66.66 亿元。此外，彩电、冰箱、洗衣机、空调、厨卫等家电以旧换新最高补贴 1500 元。除苏宁外，紫光园、眉州东坡、云海肴、木屋烧烤等知名餐饮带来线上线下立减、啤酒买一赠一等实在优惠。

通州大运河点亮夜间特色

此次活动时间正值初夏时节，借着促消费的系列活动，蛰伏的消费能量大举释放。东郎（通州）文创园、通州大运河作为通州夜间特色地标，在 6 月 6 日晚间将与全市 70 余个地标、商圈、特色街区同时点亮夜京城。在启动仪式当晚，通州在北运河大桥开启主体灯光秀增强宣传氛围。为期 4 个多月的整个活动期间，每个周末都按节庆模式开启通州大运河灯光秀及重点道路及区域的景观亮化，并按照季节变化调整景观亮化开启、关闭时间。

商圈联动开展购物嘉年华

消费季活动期间，通州区多业态、多渠道联动营造消费氛围。自 6 月 6 日起，通州区联合梨园、北苑等多个重点商圈、商业街区开展促销活动，其中包括购物嘉年华、亲子节、夜京城夜通州、店庆特惠等活动。还将开展老字号与重点商圈、商业街区对接推介活动。联合同仁堂、吴裕泰、全聚德、稻香村等老字号企业，开展产品让利、上新活动。

黑龙江省哈尔滨市

近年来，哈尔滨市加强旅游产业供给侧结构性改革，加大旅游产品供给力度，助力旅游强省战略。随着我国经济的飞速发展，城市建设日趋完善，居民夜间出行游玩的比例大幅提升，"夜游经济"已成为新的消费热点。哈尔滨充分发挥自身优势，形成具有特色、具有市场竞争力的"夜幕下的哈尔滨"夜间旅游品牌，加大对冰雪体育场馆的投入力度，倡导相关俱乐部在夜晚黄金时间组织青少年进行冰上训练，激发了体育市场活力，还直接利用体育健身项目带动周边消费，如融创娱雪乐园、会展中心体育馆广场星光夜市等，有效带动了周边商场、餐饮、旅游等服务业消费，促进了哈市夜经济发展。哈尔滨的夜游活动，不仅有人们耳熟能详的江畔音乐节、老街音乐汇，2021 年，中央大街大力发展民宿、互联网酒店、演艺婚庆、文化创意、黄金珠宝和艺术品交易、咨询策划等现代服务业，打造中央大街欧陆风情夜游示范区。在老道外中华巴洛克，还引入了绘画、设计、广告、音乐等文化创意产业，并且增设夜间文化演出、影视观光景点，全面提升旅游要素，打造中华巴洛克历史体验夜游示范区。

白天经济靠生产，夜间经济靠消费，而夜购、夜游、夜品、夜娱、夜赏是夜经济 5 个最具消费潜力的环节，对于游客和居民消费都有明显的虹吸效应。哈尔滨正逐步打造现代都市夜间购物示范商圈，夜游示范区，餐饮、特色餐饮夜市、酒吧等美食行业夜品，体育场馆等夜娱，夜间文艺演出观赏等，并充分挖掘更多的夜间消费潜力。

目前，哈市已成立由商务、文旅、体育、城管、交通及各区政府等 23 个部门和单位组成的繁荣夜间经济领导小组，并建立了综合协调机制和信息反馈机制，要求主城各区成立繁荣夜间经济工作专班，设立夜间区长，进一步统筹全市繁荣夜间经济工作。夜间经济领导小组不断地完善公共设施与服务，提升餐饮夜市环境卫生等，让夜经济里不只蕴藏民生，还蕴藏文明，相信只要用"绣花功夫"精细化治理，夜市定会真正成为群众夜间消费的好去处。

上海市浦东新区

"一带、五圈、多点"集体发力

浦东的夜间经济呈现"一带、五圈、多点"的空间布局，夜生活节期间集体发力，带来丰富多彩的消费体验。

"一带"指浦东滨江带，囊括了船厂 1862、富都滨江、艺仓、民生艺术码头等多个地标。富城路休闲街上的"陆家嘴滨江夜生活节"、艺仓美术馆周边的"水岸夜天台音乐派对"、尚悦湾船厂 1862 的夜跑嘉年华等系列活动将先后亮相，"国际范""上海味""时尚潮"席卷而来，吸引更多的市民和游客来现场感受浦江东岸的"夜魅力"。

陆家嘴、张江、世博、金桥、周浦"五圈"的浦东夜间经济示范点此次也全部行动起来。正大广场联合富都世界、陆家嘴中心等企业推出酒吧嘉年华——阳光露台派对；世纪汇的"疯狂夏日汇"整个 6 月全部处于活动期，几何书店艺术文化沙龙和苏州博物馆特展则给夜间体验增添不可缺少的"文艺范"。

为烘托夜间消费氛围，浦东主要夜间经济示范点包括正大、富都、尚悦湾、大拇指广场等区域都有街头艺人在现场表演。

"夜经济"方阵，伸出全方位触角

夜间生活节期间，浦东列出了由夜食、夜购、夜游、夜娱、夜秀、夜读组成的"夜经济"方阵，不仅积极打响上海购物品牌，也伸出全方位的触角，让品质生活触手可及。

深夜食堂节是浦东夜间生活节的一大亮点。华润、尚悦湾、富都世界等商场举办以"深夜食堂"为主题的商业活动，有的是全场餐饮商户的晚市特惠，有的则量身定制了专属的夜间套餐，花样繁多的丰富美食一定能满足吃客的味蕾。

夜游和夜秀也格外精彩。奕欧来的湖畔缤纷节上演"非凡夏夜"，露天电影、乐队表演、湖畔夜间小吃驿站等在怀旧中玩出时尚感；金茂大厦主打 88 层观光厅的晚间游览活动，邀请各方游客"今夜星空漫步"。

江苏省苏州市

2021年3月27日，苏州召开"姑苏八点半"夜经济工作推进会暨春天旅游季发布会，推出夜经济各项升级举措，发布首批"夜间市（区）长"，同时启动"春天苏州旅游季"大幕，邀请四方来宾共享"最美夜江南"；5月15日，"姑苏八点半　最美夜江南"第八届苏州文化和旅游消费月正式启动，联动苏州市十大板块的夜间文旅消费集聚区，政府发放补贴300万元，商家让利超1000万元，共同激发文旅市场活力；6月19日，"姑苏八点半　地铁奇妙夜"暨苏州高新区中日文化体育嘉年华启动，推出创意夜游、江南夜秀、品牌夜购、主题夜食、潮流夜娱、人文夜阅6个主题70余项系列活动，辐射、联动夜间演艺、餐饮、影院、剧院、书店、酒吧、剧本杀等N个网红打卡点，全面构筑"4+5+6+N"夜间经济矩阵。通过新一轮夜间经济特色举措和活动发布，打造"当'Z世代'新青年遇见地铁奇妙夜，见证一千零一种姑苏夜生活"的年轻化、娱乐化、市场化夜间经济新模式。

2021年以来，苏州市持续深化国家文化和旅游消费示范城市建设，打造"姑苏八点半　地铁奇妙夜"夜间文旅消费品牌，相继推出苏州文化和旅游消费季、惠民读书周、探夜直播节、探夜微拍大赛等爆款活动，累计媒体阅读量超1.5亿人次。同时，还打造了首部聚焦夜间文旅消费的剧本杀《姑苏秘宝》取得了良好的社会反响。全市十大板块围绕夜间文化和旅游消费集聚区建设，丰富夜间文旅消费业态，延长夜间文旅产业链条，推出各类文旅消费活动200余项，充分发挥文旅消费的引流、提振作用。在持续丰富夜游产品的同时，苏州还进一步优化夜间文旅消费环境，通过公共交通加密班次、增开夜间专线、延长免费停车时间等举措，全方位助力打造"姑苏八点半"夜间经济品牌。自2020年"姑苏八点半"夜经济品牌启动以来，夜游品牌效应积聚，夜游环境持续优化，营销手段不断创新，已逐步树立了夜间经济的特定形象，实现了吸引人气、集聚人流、拉动消费、提振经济的目标。2021年，苏州周庄古镇、金鸡湖景区2家单位入选首批国家级夜间文化和旅游消费集聚区，同里古镇、狮山集聚区入选第二批江苏省夜间文化和旅游消费集聚区建设单位。

福建省龙岩市

2019 年以来，为加快推动龙岩市夜间经济繁荣发展，龙岩市成立龙岩市夜间经济领导小组，由市政府分管副市长任组长，下设办公室，建立机制，高位推进。同时，出台《龙岩市夜间经济特色街区评定细则》，围绕街区"选址规划、业态主题、商铺摊位、配套设施、服务管理"五个方面，对全市夜间经济特色街区建设工作提出相关要求，加快打造一批布局合理、特色鲜明、业态丰富、管理规范的夜间特色街区，发挥示范带动效应，促进龙岩市消费升级。

新罗中央苏区金融街暨恋城 1908 文创街区、永定土楼风情街、上杭江滨水岸休闲街区、武平兴贤坊传统文化街区、长汀店头街、连城客家民俗文化村、漳平八一路步行街 7 个街区被授予"龙岩市夜间经济特色街区"称号。

福建永定土楼

江西省赣州市

赣州位于江西省南部，俗称赣南。辖3区1市14县及蓉江新区、3个国家级经济技术开发区、1个综合保税区、1个国家级高新技术产业开发区。面积3.94万平方公里，人口983万，是全国文明城市、国家森林城市、国家历史文化名城、中国优秀旅游城市。

近年来，赣州市委、市政府始终坚持把旅游业作为赣州市战略性支柱产业来培育，作为实施三大战略的重要抓手、六大主攻方向的重要组成部分来打造。先后出台了《赣州市发展全域旅游行动方案（2017—2019）》《赣州市旅游产业高质量发展三年行动计划（2021—2023）》，压茬推进旅游产业发展。旅游产业发展专项资金逐年增长，到2021年已达2亿元；设立5亿元文化旅游发展专项基金政府引导基金。出台《赣州市全域旅游发展奖励办法》，对旅游品牌创建、市场推广、人才培养、项目建设等给予全面支持。截至2021年11月，全市已有国家A级景区54家，其中4A级以上景区33家，实现县域全覆盖。

为推进旅游产业高质量发展，延长旅游产业链，赣州市积极贯彻执行国家促进夜间文旅经济发展相关政策措施，出台了《关于进一步推动夜间经济发展促进消费升级的实施方案》《关于打好"组合拳"提振旅游消费的通知》等政策，自然资源、商务、城管、财政、住建、旅游等部门相继出台促进夜间经济发展的配套专项政策。以"宋城文化、红色文化、客家文化、阳明文化"等主题文化为抓手，因地制宜地推出了一批夜间文化和旅游消费产品。如以郁孤台、八境台等历史建筑为主景，以古城墙为吸引元素，以展现赣州宋代历史风貌为主题，打造了以宋城文化为主的江南宋城历史文化旅游区，充实"古楼""古装""古戏""古曲""古人文"等宋代生活场景，通过军门楼3D投影、沉浸式演艺、文创产品、非遗展示等业态为广大市民、游客提供丰富的夜间文旅消费产品。2021年11月，江南宋城历史文化旅游区的核心街区——郁孤台特色文化街区获评国家级夜间文化和旅游消费集聚区；石城浪漫琴江夜游项目，结合琴江水景、廊桥光影、仙源美食坊、旅游文化街、非遗灯彩等，为广大游客市民提供夜间文旅盛宴。除此以外，以钓鱼台美食街、渔湾里美食街等特色美食街区为代表的"夜宴"，以各类沉浸式体验、国家非遗赣南采茶戏等为代表的"夜演"，以阳明民宿小镇等特色民宿为代表的"夜宿"等，形成了夜品赣味、夜游宋城、夜购潮货、夜观展演、夜健体魄、夜宿赣州的多元夜间消费体系。

山东省济南市

夜间经济是城市竞争的新赛道、城市活力的新标志，也是打造城市品牌、促进产业融合、推动消费升级的新引擎。近年来，济南着力擦亮济南夜间经济名片，实施文旅赋能，不断创新，持续打造文旅夜经济"升级版"。

在政策创新层面，济南市先后出台了《关于推进夜间经济发展的实施意见》《关于打造我市夜间经济冬季可持续发展的实施方案》《关于推动济南夜间经济提质升级 打造"夜泉城"2.0 版的若干措施》等政策措施。

在平台创新层面，以拥有近 30 个专业协会、分会和工作机构，涵盖近千家旅游企业的济南旅游联合会为载体，推出"泉城夜宴"品牌，举办"济南市夜休闲嘉年华""泉城之夜文旅消费季"等系列活动，涵盖夜游、夜演、夜宴、夜购、夜娱、夜宿等多元业态，形成了文旅部门大力推动、行业协会广泛发动、市场企业积极参与的文旅夜经济发展良好局面。

在产品创新层面，以旅游景区、特色街区、商业综合体等夜间文旅消费集聚区为主要载体，推出了"流光夜影"城市灯光秀、"霓虹夜市"文化创意市集、"饕餮夜食"文化主题筵席、"多彩夜娱"剧场和街头演出、"激情夜游"景区常态夜游、"精彩夜购"体验式文旅商消费、"浪漫夜宿"泉城人家乡村民宿七大板块的夜间旅游产品。

在营销创新层面，在全省率先开展夜旅游专项营销活动，赴沿黄重点城市、京津冀、长三角等重点客源市场开展"泉城之夜"专场推介。请网络红人担任"泉城之夜"代言人，创作推出《万般美好 济南的夜》主题歌曲。中央电视台以"'夜经济'点亮赏月夜""济南璀璨夜"为主题报道了济南市夜间文旅活动。

济南先后荣获全国"十大夜经济影响力城市""夜经济十佳城市"等荣誉称号，打造了宽厚里、老商埠、印象济南泉世界等十多个夜间经济样板间，跻身全国文旅夜经济发展一线城市行列，中央电视台曾多次对济南文旅夜经济发展进行了报道。

广西壮族自治区南宁市

南宁市社会消费品零售总额长期占据广西壮族自治区消费品零售总额的 1/4，接待旅游总人数和旅游总消费连续多年居全区首位，文化产业增加值约占全区总量的 1/3。为全面落实强首府战略，加快推进夜间经济发展，进一步挖掘城市消费潜力，激发城市活力，切实提高城市夜间经济开放度和活跃度，2020 年 8 月，南宁市人民政府出台了《关于加快发展夜间经济的实施意见》（南府办〔2020〕50 号），着力打造多业态融合、东盟元素凸显的夜间经济场景，大力发展具有创新引领和浓郁壮乡文化特色的夜间经济消费业态，促进商旅文融合发展，夜间经济对全市经济的贡献不断提升。近年来，具体举措及成效如下：

推动商圈升级，激发"夜购"潜力

打造百里秀美邕江城市人文客厅、中山路美食街、三街两巷、百益上河城、青秀山夜游、方特东盟神画夜场等地标夜生活打卡地及夜间特色消费街区。

打造精品节点，擦亮"夜游"名片

加快"夜游邕江"业态提升，实施沿江楼宇住宅亮化建设，打造河堤灯光秀，改善"夜游邕江"体验，"夜游邕江"已成为南宁夜间旅游特色品牌。

凸显地方特色，繁荣"夜食"文化

大力培育美食文化，规范提质中山路美食街、东葛路内街、建政路美食街、农院路美食街等特色夜间餐饮美食街区，形成网红打卡地。

提高城市品位，丰富"夜娱"业态

引进培育沉浸式话剧、音乐剧、歌舞剧等各类具有吸引力和知名度的夜间文化娱乐演出项目，开展具有浓郁壮乡特色系列品牌文化活动。

顺应消费需求，打造"夜健"场景

把邕江两岸、南湖公园、广西体育中心、李宁体育园打造为标志性夜间运动集聚区。

提升酒店品质，培育"夜宿"经济

打造旅游消费热点和冬季旅游目的地，营造"冬游广西，乐游南宁"氛围，建成上林下水源、马曹特色民宿区、马山小都百农家院、古零攀岩小镇等，发展夜宿经济，助力乡村振兴。

重庆市北碚区

　　重庆市北碚区位于缙云山麓，嘉陵江畔，是重庆主城都市区中心城区，是两江新区、重庆高新区、中国（重庆）自贸区的重要板块。北碚区委、区政府提出北碚建设生态田园都市区、人文科教创新城的发展定位，全力推进文旅产业发展，先后出台了《关于推动文化产业高质量发展的实施意见》和《关于统筹发展休闲度假旅游业的实施意见》。2020 年 12 月，北碚被确定为全国第一批国家文化和旅游消费试点城市，制订《北碚区国家级文化和旅游消费试点城市建设工作方案》，培育壮大文化和旅游消费高质量发展。2021 年 11 月，北碚滨江休闲区被文化旅游部确定为第一批国家级夜间文化和旅游消费集聚区，全区夜间文旅消费供给丰富，公共服务配套完善，政策保障有力，文旅消费成效明显，金刚碑历史文化街区、码头没有轮渡、缙云山—北温泉旅游度假区、北宾文创园等夜游产品社会好评度不断升高。近三年，北碚区未出现重大旅游安全事故及重大负面舆情。

重庆市北碚区

2021年度

中国旅游高质量发展县（区）案例

中国旅游高质量发展县（区）案例旅游资源富集、旅游产业基础良好、旅游界知名度高；当地党委、政府积极落实国家战略，高度重视并大力推动旅游业高质量发展，通过创新机制体制推动旅游业提质升级，有效激发地域消费潜力，示范引领作用突出。

内蒙古自治区鄂尔多斯市康巴什区

着力打造西部第一的"网红之城"

康巴什区是内蒙古自治区鄂尔多斯市政府所在地，是全市政治、经济、文化、教育中心，总面积 372.55 平方公里，2021 年常住人口 11.8 万。

康巴什区依托辖区内的景区景点、特色文化街区、公共服务设施、园林绿化等优质旅游资源和基础设施建设，全面促进文旅融合、文旅高质量发展，将文化旅游作为提升发展能级的龙头产业，并着力打造西部第一的"网红之城"。

康镇文化活动　张鑫／摄影

正月十五焰火　张鑫／摄影

基本情况

　　近年来，康巴什区先后获评全国环境艺术示范试点城市、国家全域旅游示范区、国家生态文明建设示范区、中国最具幸福感的"幸福宜居之城"、国家级夜间文化和旅游消费集聚区、内蒙古自治区级旅游度假区、新时代·中国最佳绿色休闲旅游名区等多项城市荣誉。

　　康巴什区已经建成了伊克敖包、草原丝路康镇、国际赛车城等 34 个文化旅游景点景区。文博会展、赛车体验、民俗旅游产业不断发展壮大，实现了市民生活工作不出景区，工作即是度假、生活即是休闲的高品质、多层次、全方位、主客共享的文旅高质量发展格局。"十三五"期间，文化旅游业对地方 GDP 年均贡献率 16%，对财政收入年均贡献率达 37%。旅游业"一业带百业"作用充分凸显。

　　2021 年，康巴什区共接待游客人数 410.28 万人次，同比上升 25.5%；其中过夜游人数 94.97 万人次，同比上升 27.56%。

经验做法

康巴什区发展文化旅游业，以高质量发展为主旋律，坚持"生态优先、绿色发展"的发展理念，积极推进网红城市发展思路，大力挖掘夜间经济的消费动能，重点打造特色项目和消费业态。

1. 构建旅游高质量一体化发展格局

康巴什区委、政府始终将推动文化旅游业高质量发展作为践行"生态优先、绿色发展"理念的重要抓手，成立了以区委、政府主要责任人为组长的工作专班，建立了定期党政联席会议制度，编制出台了以推动高质量发展为核心的专项规划方案，组建了以实施高质量发展为目标的国有企业，全面形成"区委总揽、政府主抓、部门联动、全员参与"的旅游高质量一体化发展格局。

2. 积极推进"网红康巴什"发展思路

创建了以康巴什为谐音脍炙人口的"Compass"城市品牌，提出并实施了"网红康巴什"发展思路。围绕网红城市打造，邀请国内经验丰富、成功运作的城市品牌策划团队，量身编制《康巴什城市品牌战略定位策划方案》和《城市品牌 VIS 视觉识别系统设计方案》，为更好地推广运营城市品牌打下坚实的基础。适时举办"网红主播夏令营"活动，在康巴什景色最美、天气最适宜的时节，邀请全国各地网红来到康巴什，按照既定游玩线路，

后备箱集市　张鑫／摄影

《游客在康巴什》 张鑫 / 摄影　　　　　　　新春灯谜会　张鑫 / 摄影

直播"时尚草原城　品质康巴什",使康巴什在短时期内提高网络热度指数,形成较强的网络传播力和影响力,进一步提升网红城市热度。精心谋划举办开展了后备箱市集、无人机编队主题秀、城市篝火晚会、精品文艺展演等特色活动,研发推出了文创雪糕、"马上游城"等特色产品,创新实施了网红斑马线、彩绘车位、彩绘宣传飞机等网红特色营销。

3. 激发夜间经济活力和文旅消费动能

市区两级政府在营商环境优化、资金奖补落实、招商项目引进等相关方面给予文旅企业和商家政策扶持,繁荣夜间文旅市场,促进产业提质增效,在区内打造提升乌兰木伦湖观赏体验圈、乐康吧潮流生活圈、BOXPARK 创意集市圈等 7 个夜间经济示范街区,构建"城区、街区、景区、商区"四位一体的夜间经济体系,持续促进产业提质增效,带动夜间消费升级,使夜间经济成为推动康巴什经济高质量发展的新引擎。

4. 重点打造特色项目和消费业态

重点打造的乌兰木伦文化和旅游休闲街区,已经形成集观光游览、文化展示、水上娱乐、舞台演艺、特色餐饮、文创展销于一身的国内知名旅游休闲街区,核心区域由五大板块组成,分别是乌兰木伦景观湖区广场、乐康吧休闲旅游街区、城市中轴线文化景观艺术走廊、城市帐篷营地、游乐场;积极提升帐篷营地、观光夜游、文创产品展销、文体活动体验、潮牌娱乐等多种消费业态。

5. 举办一系列特色文旅活动

康巴什区成功举办过第十一届亚洲艺术节、第九届中国新西兰国际电影节、国际马拉松、中国赛艇大师赛等一批国际化文化体育活动，坚持举办牡丹文化旅游节、诗歌那达慕、成吉思汗大赛车等一系列特色文旅活动，吸引了国内外媒体和游客的广泛关注。

创新启示

1. 创新性构筑独立的城市话题

立足实际，从幸福宜居的城市环境、时尚现代的发展理念、高端大气的市政建设、友好开放的人文氛围这4个方面，在独具一格的城市建筑、气势恢宏的青铜雕塑、绵延千里的七彩花带、百吃不厌的文创雪糕、体验超好的星空帐篷、可以"讲一夏"的城市故事、可以"嗨一夏"的民谣乐队、可以"拍一夏"的创意视频、不用花钱的彩绘停车场、可以唱歌跳舞的卫生间等内容上下大力气进行网络热推，制造"幸福康巴什"话题和热点事件，尝试构筑独立的城市话题，从而塑造独立的城市IP。

2. 创新性探索构建"博物馆群落"

围绕文博事业发展，探索构建"博物馆群落"，积极推进贝林博物馆建设，引进棋类博物馆、音乐博物馆、民族头饰博物馆等不同类别场馆的老物件、文化藏品展览展示，形

康巴什区文旅局　张鑫/摄影

成文旅高质量融合的博物馆矩阵。以博物馆、艺术馆、陈列馆、文物遗址、景区景点等资源为载体，不断开发创新各类文旅业态、项目、产品。

3. 创新性开发文旅体验产品和文创产品

鼓励支持各景区景点在持续开展换装体验、情景互动、节点演艺等文化活动的基础上，进一步挖掘景区特色文化、丰富业态布局、推出一批创意文旅体验产品。鼓励号召博物馆、图书馆、艺术中心、会展中心、大剧院、体育中心及其他公共文体场馆和演艺场所延长开放时间，合作开发场馆夜间文化体验产品。例如，"读书沙龙""文艺沙龙""光影沙龙""水中竞技"等主题突出的品牌文体活动。借助地标建筑、标签产品、宣传口号等内容，设计制作注册一批精致的具有"康巴什符号""康巴什温度""康巴什颜值"的便于携带、利于销售、易于摆放立、善于使用的文创纪念品和食品。例如，手账本、书写笔、雪糕、饮品等。

4. 创新性定制特色经典旅游线路

策划主推1~2条经得起游客体验游玩的经典旅游线路、游玩攻略大全、网红打卡地图，将康巴什范围内的基础条件最好、体验感最强、配套服务最优的特色景点、餐饮、住宿、文化体验店等串联成线，统一内容、统一讲法、形成幸福康巴什一个"声音"。再通过各种媒介和宣传手段加以推广，先让区内优质景点和旅游资源"热"起来，成为各路旅游达人、各类旅游玩家、网红主播打卡的"新宠"。再逐步开发带动其他景点"火"起来。最终形成"处处是胜景、景景都奇特"的网红城市。

专家点评

　　康巴什区取得了很多国家级的荣誉，是广受关注的"网红城市"。在互联网社会，网红会迅速产生，也会迅速消失。如何让"网红"成为"长红"，需要跳出形式化的思路，抓住抓好抓实品质文章，不能停留在信息大轰炸、大声讲，而是要更多此处无声胜有声的发展。康巴什在推动高质量发展提升旅游目的地整体品质方面进行了很多卓有成效的探索，在集群化构建、创新性适配、系列化吸引、一体化推动等方面的工作经验值得借鉴。通过集群化发展可以推动单一供给嵌入整体空间中，从而既丰富了空间价值也从整体空间中导流，又便利于消费选择和增加更多停留时间。以高级别工作专班的方式高位推动文化旅游业高质量发展、以网红斑马线等创意激活城市、以"城区—街区—景区—商区"四位一体推动夜间经济、以新潮业态和特色节庆响应市场需求等具体工作思路也很值得各个正积极推动文化和旅游高质量发展的地区取经学习。

　　　　　　——厉新建（北京第二外国语学院首都文化和旅游发展研究院执行院长、
　　　　　　　　　　文化和旅游部"十四五"规划专家委员会委员）

重庆市大足区

打造文化旅游高质量发展区

大足区位于重庆市西部，始建于唐乾元元年（758），取大丰大足、丰衣足食之意而得名，是成渝相向发展战略腹心、重庆主城都市区桥头堡城市。全区面积 1436 平方公里，辖 27 个镇街，总人口 107 万人。

大足石刻文创园

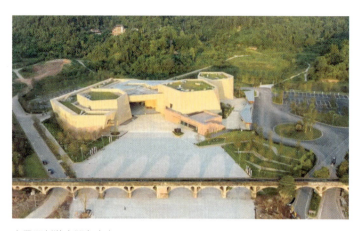
大足石刻游客服务中心

当前，大足区正深入落实习近平总书记对重庆提出的系列重要指示精神，深度融入成渝地区双城经济圈建设和全市"一区两群"协调发展。始终牢记"一定要把大足石刻保护好"的重要要求，加快做靓享誉世界的文化会客厅、建强链接成渝的"两高"桥头堡，全力做好"国际文旅名城、特色产业高地、城乡融合示范"三篇大文章，不断提升国际影响力、综合实力、创新活力、辐射能力，奋力建设富裕、文明、和谐、美丽、幸福的新大足。

基本情况

重庆唯一的世界文化遗产地——大足石刻是世界八大石窟之一，与敦煌莫高窟、云冈石窟、龙门石窟齐名，始建于初唐，鼎盛于两宋，代表了公元 9—13 世纪世界石窟艺术的最高水平，1999 年被列入《世界遗产名录》。联合国教科文组织评价，"大足石刻是天才的艺术杰作，具有极高的艺术、历史和科学价值"。造像中蕴含的"慈、善、孝、义、廉"等传统价值理念，彰显了中华民族优秀文化的无穷生命力，充分体现了社会主义核心价值观，是重庆市爱国主义教育基地、青少年教育基地、科普基地。

经验做法

1. 全力以赴谋发展，文旅质效"上台阶"

（1）旅游发展质效稳步提高。2021 年全区累计接待游客人数 2945.3 万人次，同比增长 16.7%；收入 153.9 亿元，同比增长 25.6%。2021 年 1—11 月（下同），文旅产业投入 54 亿元，完成年度投资计划的 90%。（文化、旅游产业增加值及增长率）规上文旅企业达 35 家，比 2019 年新增 23 家，实现规上文化企业产值 67 亿元；文旅产业增加值核算相关指标，同比增长 25% 以上。（旅游管理水平）第三季度全市旅游服务综合满意度和旅游市场管理水平分别排第 2、5 位。

（2）公共体育服务率明显提升。（公共体育设施面积存量和增量）全区新增体育场地面积 46 万平方米，公共体育设施面积达 193.63 万平方米，人均体育场地面积 2.32 平方米。（政府公共体育设施开放率）全力做好公共体育场地设施开放工作，稳步推进民办企业、学校等向社会开放体育场地设施，社会和政府公共体育设施开放率达 100%。

（3）公共文化服务率不断优化。（公共文化设施）大足石刻博物馆、区文化馆、区图书馆达国家一级馆标准，基层综合文化服务中心覆盖率达 100%。（公共文化供给）免费开放时间均达每周 56 小时，全面完成政府购买公共文化进村服务，圆满完成"三馆一中心"、大足石刻博物馆免费开放和应急广播使用管理、无线广播电视节目免费开播、安全播出等各项考核指标。

2. 千方百计优供给，产业体系"再完善"

（1）资源开发成果丰硕。完成 329 处单体旅游资源普查，形成《大足区旅游资源普查报告》。全区 209 座旅游厕所推行"一厕一码"率先"触网"。《重庆市大足区十四五文化体育旅游发展规划》正提升完善。精心推出休闲一日游、石刻精品二日游、温情三日游等线路产品，策划开通的"趣乡村"大足一日游旅游线路串联起四季香海、大唐丰域等乡村旅游景点。大足石刻等 2 家景区通过年度 A 级旅游景区"体检式"交叉复核检查。国梁镇大有田园景区成功创建国家 3A 级旅游景区，龙水湖度假区成功创建市级旅游度假区，大足区成功创建市级全域旅游示范区。

（2）场景业态融合焕新。十里荷棠城景融合示范片形象初显，山湾时光开业即火爆，"如梦荷棠"光影秀成为夜间网红打卡地。大融城购物公园于 2021 年 9 月 30 日正式启幕，"新城·吾悦广场"大型城市文旅综合体于 2021 年 12 月 28 日满铺开业运营。荷棠夜市、滨河路夜市街、蓝湖花街夜市三大聚集区粗具规模，烟火气、大足味、时尚潮、多元化的夜间经济发展格局更加巩固。整合荷棠夜市、昌州古城、十里荷棠等重点文旅项目，积极申报国家级夜间文化和旅游消费集聚区，全力创建"海棠新城文化旅游特色街区"。

大足区龙水湖度假区

（3）文创产品拓展创新。联动故宫文创开发大足石刻元素文创产品，书签、丝巾完成生产，笔记本、笔完成打样制作，千手观音摆件、莲花童子香插、猫鼠图茶具、六道轮回移动电源 4 款文创产品设计方案待最终定稿。联动重庆歌舞团和文创园"泥人张"传人陈毅谦团队开发的《丽人行》Q 版国潮手办获"中国工艺美术文化创意大赛"金奖。四季芳香"花间蕊"获中国特色旅游商品大赛银奖。

（4）文旅产业提质增效。完成年度招商引资任务 9 亿元，协助文旅企业实现融资贷款 5.3 亿元，全年兑现企业升规、文旅商品获奖等奖励资金 167 万元，支持 1 家企业在重庆 OTC（场外交易市场）挂牌。高水平承办第六届重庆文旅惠民消费季主会场活动，带动文旅消费 5000 万元以上。组织了 108 家文旅企业参加展会、博览会 11 场，实现线上线下销售收入 7000 万元。大足石刻文创园累计完成投资 23 亿元，共引进企业 36 个（含园中园企业共 151 个），协议投资 180 亿元。

3. 牢记嘱托重落实，重点任务"开新局"

（1）大足石刻文化公园建设成效初显。已召开大足石刻文化公园建设推进会 32 次，议定议题 198 个。23 个在建项目完成投资 35.1 亿元。佛新路升级改造工程顺利完工。大足石刻学术报告厅能承接更高规格会议。重庆红岩重型汽车博物馆建成重庆第一家、规模最大的三线建设博物馆。五金文化博物馆完成初步方案。龙水湖主题小镇方案通过区规委会审议。欢乐洞天水世界正开展前期工作。胜天湖保护开发利用项目完成《胜天湖总体策划（初稿）》。2022 年春天，大足石刻游客中心成为充满石刻元素的地标建筑，数字影院的 4K《大足石刻》高清纪录片和 8K《天下大足》球幕电影成为震撼人心的艺术精品。

（2）巴蜀文化旅游走廊建设纵深推进。《资阳大足文旅融合示范区总体方案》正报请两省市政府批准实施，《总体规划》编制进展顺利；《巴蜀文化旅游走廊建设规划》正开展修订。与眉山、乐山、乐至等区（市）县签署文旅发展合作协议 14 个，倡导发起巴蜀文化旅游走廊世界遗产联盟、巴蜀石窟文化旅游走廊联盟等 6 个联盟。联动推出"藏不住的重庆"重庆武隆大足五日游线路等重庆双遗旅游线路，与资阳、乐山联合推出红色旅游和唐宋石刻精品旅游线路。开通 2 条跨省旅游公交，向四川、山东、丰都、忠县游客提供赠票及优惠游政策，川渝两地多次互邀参加各种推介活动、摄影联展。

4. 稳中求进增效能，文化体育工作"见实效"

公共服务基础不断夯实。大足区文化馆获评国家一级文化馆，大足区文化馆、双桥经开区文化馆被授予"四川省曲艺研究院非物质文化遗产传承培训基地"。大足区图书馆建成"VR 互动体验"活动专区，区美术馆建成智慧密集架控制系统和智慧数字藏品档案管理系统。改造提升 5 个镇（街）社区基层文化服务中心，建成 24 小时城市书房 2 个、乡情陈列馆 15 个、区级乡村文学基地 1 所、戏剧曲艺特色学校 13 所、区级文艺创作基地 5 个。完成应急广播二期工程建设，建成应急信息接收发布终端 1889 套、区级应急广播平台 1 个、街镇分控前端 27 个、村（社区）播控平台 309 个。

重庆市第六届重庆文化旅游惠民消费季（春夏）大足主会场

5. 多措并举强营销，品牌形象"大提升"

（1）媒体矩阵搭建效果明显。牵头联动全区 10 个涉文涉旅单位，积极链接"市文化旅游委"微信公众号等市级平台宣传支持，立体宣传合力和常态沟通机制逐步形成。在重庆卫视、重庆新闻频道等推荐大足文旅，在重庆国泰艺术中心、成都双流国际机场等投放大足旅游宣传广告。与《人民日报》等权威媒体签订战略合作协议，与《中国旅游报》合作策划第九届中国旅游产业发展年会等活动。

（2）文旅节会活动反响热烈。高质量承办全国文化旅游资源普查培训大会，精心组织和参加全国巡回推介"巴山渝水踏歌行"活动。承办第三届重庆市导游词大赛暨第八届重庆市导游大赛复赛、决赛，大足区 1 名导游荣获第二名，1 名志愿者获大赛十佳。牵头"二十四节气"、全网"打卡巴渝美景大足行"等农文旅商活动，2021 年春风桃李文化旅游节吸引 200 余家主流媒体报道、曝光量超 1000 万，"大足石刻华服周"视频播放量超 1.7 亿次。

（3）精品展演节目深入策划。"殊胜大足——大足石刻特展"亮相国家博物馆，同步推出 8K 影片《天下大足》、李玉刚 MV《天下大足》，现场聘请单霁翔为大足区文旅发展总顾问，新华网、人民网等推送新闻 100 余条，全网点击量超 5000 万人次。配合"探索·发现"栏目拍摄《匠人匠心》，协助央视"了不起的地方"栏目拍摄大足石雕等非遗项目。魔幻重庆 8D 城市剧本杀的大足石刻《尊宝迷踪》副本完成内部测试。大足石刻综艺首秀《万里走单骑——遗产里的中国》登录浙江卫视。

创新启示

大足区将坚持以习近平新时代中国特色社会主义思想为指导，深度融入成渝地区双城经济圈建设和全市"一区两群"协调发展，始终牢记"一定要把大足石刻保护好"的重要

大区大融城购物中心

要求，全域建设大足石刻文化公园，加快打造国际知名旅游地、世界知名研究院，全力做靓文化会客厅，推进国际文旅名城建设。

一是实施产品创新计划。着力活化大足石刻 IP，主动对接国际国内知名品牌实施联名文创，继续加强与故宫文创团队合作研发文创产品。积极邀请川美团队来足设立文创工作室，共同完成一系列文创产品。推动打造"大足好礼"旅购品牌。

二创新推出一套标志体系。面向全球征集旅游营销口号、形象标识，依托石刻文化、五金文化、荷棠文化、重汽文化等文化元素，形成并推出一套完整的文化标识符号和旅游标志体系，推动大足石刻文化"走出去"，打造在全国乃至全球独树一帜的文化 IP。

三是精心构建一个全媒体矩阵。完成五山联动宣传方案。深化与人民文旅、《中国旅游报》等知名媒体合作，宣传和推荐大足文旅产品。积极与川渝旅行社对接，争取更多大足精品旅游线路在川渝各大旅行商平台上架。

四是深入实施一批"走出去"战略。完成面向全国 20 多个省市地推的"巴山渝水踏歌行"主题展示活动。加快推动大足石刻进入艺术湾等重庆城市功能"六大名片"，持续开展"走进国博、牵手故宫"等主题活动。积极推动"数字丝路石刻文化溯源行动""中国青年国宝守护计划"。

五是创新开展一批节庆赛事活动。统筹开展画说大足、天籁大足、光影大足、印象大足等推广活动，不断提升大足石刻的国际知名度、美誉度和吸引力。高质量举办大足旅游发展大会，高水平承办第九届中国旅游产业发展年会，统筹办好大足石刻国际文化旅游节、大足石刻艺术国际双年展、环龙水湖半程马拉松赛等节会赛事活动，做到"月月有活动、季季有亮点、年年有盛典"。

专家点评

　　重庆市大足区因区内的大足石刻而闻名遐迩，也因此旅游业起步较早，近年大足区没有故步自封，而是锐意进取，深度融入成渝城市群，通过做好"国际文旅名城、特色产业高地和城乡融合示范"三篇文章，活化大足石刻 IP、加大营销力度、提升公共服务，实现了产品与市场的创新与提升。并通过旅游业的发展，带动整个区域社会经济的全面高质量发展，让大足区成为成渝线路上，哑铃经济的亮点地区。

　　　　　　——戴学锋（中国社会科学院研究员、财经战略研究院旅游与休闲研究室主任、
文化和旅游部"十四五"规划专家委员会委员）

宁夏回族自治区银川市西夏区

大力推动旅游产业高质量发展

西夏区，隶属宁夏回族自治区银川市，是中国著名的历史文化名区，是首批国家全域旅游示范区，地处银川平原西部、贺兰山东麓、宁夏西线黄金旅游带，是贺兰山东麓百万亩葡萄文化长廊的核心区域所在地。

宁夏银川西夏区镇北堡西部影城

基本情况

西夏区是中国著名的历史文化名区，是首批国家全域旅游示范区，地处银川平原西部、贺兰山东麓、宁夏西线黄金旅游带，是贺兰山东麓百万亩葡萄文化长廊的核心区域所在地。西夏区旅游资源丰富，目前有国家 A 级以上旅游景区 12 家，

宁夏银川西夏区枸杞园

其中国家 5A 级旅游景区 1 家——镇北堡影视城，国家 4A 级旅游景区 5 家，星级乡村旅游示范点 12 家，民宿 57 家，特色文化旅游街区 4 个、非遗基地 10 个、非遗项目 35 项，葡萄种植面积达到 3.58 万亩，建成贺兰晴雪、志辉源石等各具特色的酒庄 28 座，列级酒庄总数达到 16 座，列级酒庄数占全区 34%，年产葡萄酒 1900 万瓶以上。

近年来，西夏区委、政府高度重视旅游产业高质量发展，成立西夏区文化旅游高质量发展包抓小组，对标自治区、银川市重大战略决策，以建设黄河流域生态保护和高质量发展先行区为契机，按照"文旅融合，创新驱动，推动经济社会高质量发展"的发展思路，把旅游业融入经济社会发展全局，加大旅游项目投入，持续放大"首批国家全域旅游示范区""全国文化先进县区""中国贺兰砚之乡""中华诗词之乡"全国精品体育旅游目的地等品牌优势，着力把西夏区打造成国内一流旅游目的地。

经验做法

1. 完善体制机制，推动旅游业提质升级

一是持续完善《西夏区文化旅游发展"十四五"规划》《西夏区推进文化旅游产业高质量发展实施方案》，调研撰写了《文化赋能西夏区葡萄旅游产业发展研究报告》，为推动文旅产业高质量发展提供了坚实保障。二是全面启动宁夏（银川）贺兰山东麓国家级旅游度假区创建工作，总体规划及申报资料已基本成型。度假区综合服务中心已投入使用，网站、公众号、大数据建设全面上线，标识标牌、旅游导览系统等配套设施项目正在有序推进。三是统筹山水林田湖草系统治理，继续加大贺兰山矿山整治修复，实施贺兰山东麓生态廊道、套门沟、文昌南街两侧区域生态绿化工程 1000 余亩，实施苏正路 3.8 公里景观绿化提升项目，完成云山沙坑生态修复建设项目 1100 余亩，将生态保护和治理成果同文

宁夏银川西夏区西夏陵国家考古遗址公园

旅产业紧密结合、融合发展，实现生态效益向经济效益和社会效益的转化。

2. 推进产业发展，提升旅游服务品质化

一是完善旅游交通体系，新建改扩建通景道路 4 条，提升 110 国道等道路等级和设施，完善串联各酒庄、景区交通及慢行步道体系。加快推进游客集散中心、旅游厕所、骑行驿站等服务设施向数字化与智慧化方向建设，完善旅游标识标牌和旅游导览体系，构建"旅游综合服务中心 + 各景区（点）游客服务中心 + 驿站"的旅游集散体系。加强各景区、乡村旅游示范点停车场、服务中心、观景摄影点等基础设施建设，新建旅游集散中心 1 个，改扩建游客服务中心 2 个，对不少于 3 个的现有旅游停车场进行充电设施改造。全力配合"智游银川"智慧旅游服务平台建设，推进旅游公共服务便利化。二是推进产业转型升级，西夏风情园、漫葡小镇、志辉源石跻身国家 4A 级旅游景区。西夏陵景区被评为自治区文明旅游示范单位。红玛瑙枸杞观光园等 5 家企业被认定为银川市中小学生研学实践教育基地。镇北堡镇入选第一批全国乡村旅游重点镇名单，镇北堡村、昊苑村被评为省级特色旅游村。半亩方塘、山海缘休闲度假中心被评定为星级乡村旅游示范点。贺兰山漫葡小镇、怀远夜市获评国家级夜间文化和旅游消费集聚区，怀远旅游休闲街区获评首批国家级旅游休闲街区，漫葡小镇、怀远夜市入选自治区级旅游休闲街区。

3. 丰富旅游资源，强化旅游产品吸引力

一是充分利用西夏区旅游资源优势，大力发展文化探秘游、特色工业游、研学购物体验游等城市休闲旅游项目。二是推出葡萄酒配餐、枸杞配餐、平吉堡酸奶、贺兰山蘑菇、酸枣茶等特色餐饮，推进旅游餐饮多元发展。三是实施西夏陵公众考古体验、西郊动物园、贺兰山岩画石头艺术公园、漫葡小镇文艺街区等提升项目，增强旅游娱乐体验感。

宁夏银川西夏区贺兰山阙　　　　　　　　宁夏银川西夏区张裕龙谕酒庄

4. 推进业态融合，拓展旅游发展新领域

一是做深"旅游＋文化"，深度挖掘贺兰山地域文化，打造《贺兰山盛典》等具有历史文化特色和艺术感染力的旅游演艺项目，培育天籁艺术村、贺兰山美术馆、非遗传承基地等本土文化新地标。创作《贺兰山下爱你一万年》《走进阳光地带》等全域旅游推广歌曲，推进非遗文化进景区，积极开展各类传统技艺体验导示活动。二是做精"旅游＋农业"，大力开展星级乡村旅游示范点、特色旅游村庄创建培育，举办乡村文化旅游节等活动，实施平吉堡生态庄园、芦花小镇玉米迷宫等乡村旅游项目，升级以镇北堡民俗村为代表的精品望山民宿集群，推进乡村旅游向精品化发展，形成农业农村发展新动能。三是做强"旅游＋体育"，大力发展徒步登山、冰雪运动等山地户外运动旅游项目。有序推进贺兰山极限运动体育公园、西夏区攀岩馆、射击（射箭馆）等新兴体育项目建设，完善体育赛事和户外运动保障机制，推进旅游＋体育融合发展。四是做美"旅游＋葡萄酒"，加强旅游与葡萄酒产业的统筹规划，举办了"葡萄酒＋旅游"多维赋能共促高质量发展论坛引导葡萄酒庄由单一的生产型酒庄向葡萄酒旅游板块转变。

5. 强化全媒推介，提升旅游品牌知名度

一是圆满完成"两晒一促"系列大型文旅宣传推介活动，通过文旅西夏等新媒体矩阵发布图文内容1395篇、短视频30条，自治区级以上媒体采编各类信息56篇，腾讯微视开展"我在宁夏过大年"等文旅专场直播活动，全网曝光量达3052万次，信息工作在全区文旅系统排名第一。在中国石油加油站、高铁列车站等地投放宣传广告，为高校录取新生邮寄"西夏旅游"明信片4万份，积极组织文旅企业参加成都糖酒会、西安文旅推介会等大型推介活动。二是成功举办"星空朗读"第三季、中国（宁夏）葡萄酒文化旅游节、第五届贺兰山文化旅游节、"漫游西夏qu"文旅攻略打卡、文化旅游消费季等系列活动，用足用活新媒体、融媒体、自媒体平台，多方面、多渠道扩大西夏旅游品牌影响力。

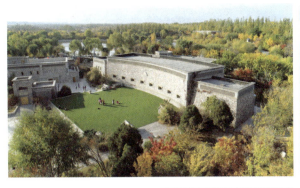 

宁夏银川西夏区志辉源石酒庄　　　　　　　　　宁夏银川西夏区贺兰山运动公园

创新做法

1. 深耕文化土壤，绘就雄浑贺兰山生态文旅新画卷

深入践行"绿水青山就是金山银山"理念，统筹实施采空区生态修复治理、浅山区生态廊道建设等项目，以贺兰山生态资源为基底，推出了贺兰山体育公园、桃李春风、西郊森林公园等项目，将生态资源优势转化为文旅产业发展优势。挖掘贺兰山雄浑、包容、开放、担当的精神，文化艺术赋能旅游产业，持续开展"诗词大会""贺兰砚雕刻大赛""星空朗读"等一系列文化品牌活动，天籁艺术村自运营起吸引超 50 多位优秀艺术家、民间手工艺者、非遗传承人入驻，接待游客量超过 20 万人次。贺兰山美术馆首发推出的"致敬贺兰山—万物生长艺术展"，以在地文化艺术展览方式，呈现了 80 多位艺术家及创作者近 300 件（部）作品，引来 10 万余人次观展。《贺兰山》《小镇》《贺兰山盛典》《无疆》等一批文化演艺作品，立体化展示了贺兰山的精神文化脉络，为本土旅游消费业态注入了新动能。

2. 聚焦品牌融合，打造醉美贺兰山国家级旅游度假区

深化文旅品牌建设，推进产业融合发展。精心打造中国园林特色的志辉源石酒庄、艺术品鉴特色的美贺酒庄、休闲农业为特色新牛酒庄等一批休闲旅游度假酒庄；以乡村振兴为契机，实施平吉堡生态庄园、华西村农夫乐园、芦花小镇玉米迷宫等乡村旅游项目，推进乡村旅游向精品化发展，形成农业农村发展新动能；升级以镇北堡民俗村为代表的精品望山民宿集群，以景区、酒庄、研学基地、田园综合体、民宿为基点，开发出酒庄休闲游、生态游、研学游等特色文化旅游线路，将分散的"点"串成贺兰山东麓旅游"链"，推动"大景区"联动发展，形成全域旅游新格局，争创贺兰山东麓国家级旅游度假区。

3. 厚值资源禀赋，升级活力贺兰山精品体育旅游目的地

依托贺兰山地独特地质地貌资源及生态廊道建设成果，大力发展徒步登山、冰雪运

动、汽摩越野等山地户外运动旅游项目，打造出融运动、休闲、旅游、健身为一体的贺兰山东麓体育旅游精品目的地。有序推进贺兰山极限运动体育公园、西夏区攀岩馆、射击（射箭馆）滑雪 U 形池、滑板公园等新兴体育项目建设，建成贺兰山休闲公园、德林村等健身步道160 公里，自行车骑行、徒步登山、探险线路150 公里。完善体育赛事和户外运动保障机制，

宁夏银川西夏区星轨图

以贺兰山运动户外季、冰雪运动季两大品牌活动为统领，举办了中国户外健身休闲大会西夏站、全国登山健身大会银川站、酒庄马拉松等户外活动赛事 40 余项，充分利用贺兰山体育场等 6 个大型体育运动场馆，成功举办全国青少年航空航天模型教育竞赛总决赛、全国"啦啦操"大赛西夏站等大型赛事 30 余项。每年带动 200 多万人参与休闲运动旅游，大力推动体育赛事影响力向经济推动力转变，以体育文化激发旅游活力。

4. 紧扣全域全景，激发魅力贺兰山特色文旅小镇新动能

以特色文旅小镇为载体，统筹怀远观光夜市、漫葡小镇美食街、宁阳广场等特色街区、夜间游览基地，将绿水青山、田园风光、乡野生活方式、传统文化等资源转化为经济优势，推动城乡一体化发展。着力推进贺兰山漫葡小镇、山上人家山庄、张裕酒庄、西部影视城游客服务中心、骑行驿站等重点文化旅游项目改造提升，正在推进志辉源石酒庄等一系列葡萄酒 + 文旅项目建设，形成品牌引领、整体发展的效应。

专家点评

　　西夏区旅游资源丰富，是宁夏西线黄金旅游带，国家 A 级旅游景区较多，同时还是葡萄酒主要产地之一。近年来西夏区依托旅游资源，不断丰富产品体系，发展文化探秘游、特色工业旅游、研学游，完善特色购物、特色餐饮，加快自驾游设施配套建设，利用景区、研学基地、酒庄、田园综合体和民宿发展度假休闲产业；与此同时，根据贺兰山特点发展活力满满的运动健身游。经过发展，形成一系列具有特色化和创新性的旅游产品，形成了较为完善的产业基础，获得了市场好评，推动旅游产业的高质量发展。

　　综上所述的一系列发展成果，均是在西夏区委、区政府的高度重视下，全区从业人员全面贯彻"两山"理论，通过持续完善各类规划、环境治理、配套建设、业态融合、对标提升服务、全媒营销等手段取得的。

　　展望未来，在二十大精神的鼓舞和各项政策的支持下，西夏区将迎来新的发展机遇。

——潘肖澎（中国旅游景区协会规划专业委员会秘书长）

江苏省南京市浦口区

浦口区地处南京市西北部，南临长江，北枕滁河，112 平方公里老山横亘东西。拥有一代草圣、十里温泉、百里老山、千年银杏、万只白鹭、十万亩国家级森林公园等丰富的自然文化资源。

近年来，浦口区积极打造融最美山水廊道、最美公园城市、最美乡野田园、最美文旅景观为一体的"都市圈最美花园"，将"绿水青山"的生态禀赋转化为"金山银山"的发展优势。2021 年江苏省第十二届乡村旅游节、江苏省乡村旅游高质量发展推进会议在浦口举办。截至 2021 年年底，全区旅游接待游客人数 1008.901 万人次、总收入 54 亿元，连续两年保持 20% 以上增长，文旅健康产业跃升为全区第二主导产业。

着力健全协同化的工作机制。率先在全省建立文旅产业链链长制工作制度，浦口区政府主要领导担任链长，各常委、副区长牵头负责一个旅游板块，参与研究制定文旅健康产业发展战略和政策措施。各部门协同办公，先后召开 80 余次专题会议统筹推进调度决策文旅健康产业发展重大事项，建立"一站式"综合审批服务平台，保障全区文旅重点工作落地落实。从顶层设计到任务落地，文旅产业链长制为浦口文旅产业高质量发展提供了有力的组织保障。

做足山水泉林的不凡文章。创成首批全国生态文明示范区，林木覆盖率达 42.57%，地表水环境质量排名位居江苏第一，空气质量优良天数 310 天，优良率 85%。长江浦口段岸线全部复绿，建成 40 公里浦口滁河风光带。合理利用老山悬崖矿山废弃土地，引导社会资金在宕口修复基础上打造与山体相融相生的生态旅游体验园。老山有氧运动小镇成为国际国内知名赛事集聚地，被评为全国体育十佳景区、全国山地自行车公开赛年度最佳赛区。滁河创国家级水利风景区、中国天然氧吧完成实地验收。

铸好随处见景的大美格局。打造文化、养生、运动、体验、休闲五类旅游产品，创成省级全域旅游示范区，打造了 2 家省级度假区、6 家国家 A 级旅游景区、2 家全国乡村重点旅游村、2 家省级乡村旅游重点村，建成象山湖公园、佛手湖郊野公园等城市公园及一批口袋公园。

浙江省桐乡市

桐乡历史悠久，人杰地灵，自然风光优美，旅游资源丰富，多年来先后被列为全国旅游综合改革试点县、国家全域旅游示范区创建单位，设立乌镇省级旅游试验区，成立乌镇—石门省级旅游度假区，成功创建浙江省全域旅游示范市、浙江省文旅产业融合试验区、浙江省文化和旅游消费试点城市、浙江省文旅融合高质量发展十佳县市区，"全国县域旅游综合实力百强县"连续两年（2020—2021 年）位列第六。

打造"文旅 IP 集群"方面。一是打造乌镇戏剧节文旅融合 IP。从 2013 年 5 月举办首届乌镇戏剧节至 2021 年，已成功举办八届，近三十个国家及地区参与，25 万名观众走进剧场，200 多万游客共同参与见证了文化盛事，成为国内外著名的文化 IP 和品牌符号。二是打造名人品牌 IP。根据桐乡市的丰子恺、茅盾、伯鸿等名人文化资源、基础现状和发展要求，打造了三大名人品牌 IP。三是打造乌镇"数字旅游"、崇福"运河旅游"、濮院"时尚旅游"的三大文旅小镇 IP 模式。

产业发展政策保障方面。注重政策引导旅游发展。一是编制完成桐乡市文化旅游体育发展"十四五"规划，出台《加快文旅融合推进全域旅游高质量发展的政策意见》等扶持政策，落实 6000 万元旅游专项资金。二是落实疫情"双十条"措施:《关于应对疫情支持文化和旅游企业共渡难关的十条措施》《桐乡市强信心促消费支持文化旅游企业稳定发展的十条措施》，兑现扶持资金超 9000 万元，发放旅游消费券拉动消费超 1 亿元。三是制定《桐乡市人民政府关于培育发展夜间经济的实施意见》，建成雅道艺术休闲街、中山路美食第一街及濮院佳源广场等 10 个夜间经济特色街区。

土地资源要素保障方面。积极破解旅游用地瓶颈。一是在全省率先探索制定点状供地管理办法，为百翠山居、乌镇房车露营地、乌老庄、石斛园、横港国际艺术村等 40 余个农旅文旅项目解决点状供地 600 多亩。二是通过多渠道保障旅游项目所需土地空间，优先保障旅游业发展用地，对符合国家产业政策的重点旅游项目，单独安排供地，为濮院古镇项目、乌镇帆船酒店等项目保障供地。三是加快推进文旅项目建设，打造旅游人文名城，促进旅游产业转型升级。

福建省福州市平潭县

2011 年，国务院批复《平潭综合实验区总体发展规划》，平潭开放开发正式上升为国家战略；2016 年 8 月，国务院批复《平潭国际旅游岛建设方案》，平潭也成了继海南之后获批的中国第二个国际旅游岛；2018 年 2 月，福建省委省政府发布了《关于进一步加快平潭开放开发的意见》，进一步加快平潭建设国际知名旅游休闲度假海岛。平潭形成了独特的"实验区 + 自贸区 + 国际旅游岛"三区叠加优势，为平潭全域旅游发展奠定了坚实的基础。

为了推动国家以及福建省委、省政府系列支持政策落地实施，平潭围绕全域旅游发展新方向，站在"全域"的高度统筹谋划，积极引入境内外知名规划机构，厚植生态优势，高标准编制全岛国土空间总体规划、风景名胜区详细规划以及六大景区、乡村旅游、智慧旅游等专项规划，构建了多规合一的全域旅游发展规划蓝图。

体制机制创新

为了统筹推进全域旅游布局，平潭成立了全区全域旅游创建工作领导小组，由党工委管委会主要领导挂帅，坚持定期召开领导小组全体会议，协调解决重大事项和战略部署；推出最为精简的行政管理体制，创建了旅游主管部门、旅游综合管理部门、旅游执法部门、旅游监管部门等"1+3+N"的管理体制。

旅游业态百花齐放

平潭石厝资源"独特"、两岸台缘"深厚"、海丝文脉"流长"、海防文化"突出"、海洋文化"鲜明"。平潭聚焦"旅游 +"，深入推进旅游与影视、康养等产业高质量融合发展。积极推动旅游与影视产业融合，着力打造竹屿两岸影视文化基地，引进一批影视文化企业，促进影视产品孵化、策划、拍摄、制作、发行为一体的影视产业集聚。引进一批影视剧目、综艺节目在平潭取景、拍摄，将线上流量导入线下，引发带动旅游消费；推动旅游与农业融合，因地制宜打造集生态观光、农渔体验和休闲度假功能于一体的综合性休闲农渔体验基地。

江西省上饶市铅山县

2021 年，铅山县坚持以习近平新时代中国特色社会主义思想为指导，克服新冠肺炎疫情影响，按照"大旅游"的发展战略，立足资源优势，强化创新驱动力、项目带动力和改革推动力，融合文化元素，全力推进项目大建设、产业大融合、市场大开发、产品大创新、品牌大创建、服务大提升，不断补齐短板、激发活力，积极推动创建 2021 年度中国旅游高质量发展县。

一是发挥政府主导作用，强势推进旅游高质量发展

铅山县提出"旅游兴县"发展战略，将旅游业确立为支柱产业，并于 2021 年 4 月召开了县委书记、县长等县四套班子参加的创建中国旅游高质量发展县动员大会。县委、县政府多次召开专门会议，听取创建工作汇报，研究部署旅游高质量发展工作。

二是突出抓好旅游发展战略，强势推进文化旅游产业的创新发展

铅山抓实旅游产业发展，通过大手笔、大气魄、大力度推进旅游资源开发及城市旅游配套设施建设，已形成了河口和石塘古镇游、葛仙村度假游、仙谷漂流、鹅湖书院和绿乐园文化游、畲族民俗体验游、西坑和仙山岭河红茶文化游、武夷山国家公园科普游七大亮点的旅游新格局。

三是积极落实国家战略，通过创新机制体制推动旅游业提质升级

创新发展文化旅游新业态，打造夜游观赏点，围绕演绎、美食、活动、住宿、商业等方面，推出一系列夜游产品，并指导葛仙村景区举办"寻仙记"国潮汉服节、"梦幻仙灯会""夏日奇妙夜""葛仙村星云音乐节""葛仙村乌苏啤酒音乐节"等活动，为游客提供精彩的夜游体验，全方位满足游客旅游消费需求，打造全国网红打卡地、江西夜游新地标，引爆旅游市场。2021 年 1—10 月，全县旅游接待游客人数达到 858 万人次，同比增长 24.65%；旅游综合收入达 73.55 亿元，同比增长 21.59%。

山东省德州市齐河县

近年来，齐河县抢抓黄河流域生态保护和高质量发展机遇，围绕建设享誉全国文旅名县的目标定位，发挥区位优势，创新体制机制，探索出一条文旅融合高质量发展的新路子，先后获评国家全域旅游示范区、全国旅游标准化示范县等荣誉称号。2019 年以来共接待游客人数 1500 万人次，实现旅游收入 70 亿元。全国文化和旅游厅局长会议、山东省文化和旅游厅等相继推广"齐河经验"，齐河文旅创新发展模式作为地方改革案例被推荐至中央改革办，2021 年 6 月全国黄河文化旅游带建设推进活动在齐河举办，标志着齐河成为黄河流域文旅产业发展新典范。

齐河县

河南省洛阳市栾川县

栾川县文化广电和旅游局全面推动文旅融合、旅游营销、文化惠民、乡村旅游，2021年栾川县共接待游客人数 1200 万人次，实现旅游综合收入 80 亿元；通过不断升级产品与服务、加大消费刺激力度，成功申报为河南省文化和旅游消费示范区创建单位。重渡沟景区成功创建国家级夜间文化和旅游消费集聚区。仓房村、王坪村入选 2021 年河南省乡村旅游特色村。栾川乡、庙子镇入选 2021 年河南省特色生态旅游示范镇。陶湾镇前锋村万花谷入选 2021 年河南省休闲观光园区。老君山成功创建洛阳市优秀研学游基地。推出两条省级红色游线路，分别是"线路 1：弘扬河南大学抗战办学精神"和"线路 2：红二十五军长征路"。争取统筹整合资金 1500 万元，实施巩固脱贫攻坚衔接乡村振兴项目 13 个，涉及资金 1229 万元，将乡镇闲置房屋利用起来发展民宿、研学游，打造乡村旅游产业新亮点。精准营销助力文旅市场复苏。启动春季、秋季、冬季系列精准营销。营造优质旅游服务环境。挖掘本地食材和餐饮文化，打造"栾川味道"。完成第一批 25 户"栾川味道"示范户（店）授牌工作，打造乡村特色餐饮品牌。开展"栾川味道"厨师技能培训，前三季度共计培训人数 480 人次。开展宾馆饭店等级服务质量评定，历时四个月共评定星级宾馆饭店 1564 家：其中星级饭店 80 家，叶级民宿 104 家，星级农家宾馆 1380 家。出台《2021 年全县宾馆饭店等级备案定价实施方案》进行公示，规范商家价格行为。制定完善《栾川县民宿管理办法（草案）》，对民宿开办条件、运营管理、评定标准、监管主体等进行规范明确。组建栾川县县级民宿产业联盟，在重渡沟管委会、栾川乡、庙子镇、陶湾镇建立四个乡镇级民宿产业联盟，推进行业自律，强化行业交流。组织各景区参加第二期全国智慧化建设系列培训班，提升景区智慧旅游人员素质。积极参加河南省文化和旅游厅关于召开全国"互联网＋旅游"发展论坛暨 2021 河南智慧旅游大会，推动栾川县智慧旅游建设工作。参加全国"互联网＋旅游"发展论坛暨 2021 河南智慧旅游大会。会上，河南省文化和旅游厅对 2020 年优秀智慧景区进行表彰并颁奖，栾川县老君山景区荣膺 5 钻级智慧景区，天河大峡谷景区荣膺 4 钻级智慧景区。承办河南省伏牛山乡村旅游高质量发展推进会、河南省交通运输与文化旅游融合发展推进会，进一步强化栾川在伏牛山乡村旅游高质量发展中的引领核心位置。

湖南省衡阳市南岳区

南岳是中华五岳之一，文化旅游资源极其丰富，素以"五岳独秀""中华寿岳""宗教圣地""文明奥区""抗战名山"著称于世，是首批国家重点风景名胜区、首批国家 5A 级旅游景区、国家级自然保护区、全国文明风景旅游区、首批国家全域旅游示范区，2006 年被列入《国家自然和文化双遗产名录》。

南岳因旅游建区、以旅游立区，旅游业是全区主导产业、命脉产业，2021 年 1—10 月共接待游客人数 1151.99 万人次，实现旅游总收入 103.41 亿元，同比分别增加 4.58%、14.85%，在全省景区中排名第一。

近年来，南岳区通过在体制机制、政策保障、公共服务、产品供给、环境治理、辐射带动、品牌影响等方面进行大胆探索创新，策划举办一系列高水准的国际文旅节会活动，大力推动"旅游 +""+ 旅游"全产业发展策略，充分开发利用南岳旅游闲置资源，优化全域旅游业态布局，积极发挥旅游业作为全区支柱产业作用，促进旅游高质量发展。面对新冠肺炎疫情的严重冲击，在抓好常态化疫情防控的基础上，分批有序开放景区景点，精准开展旅游营销，有序做好旅游组织，出台《南岳区旅行社奖扶办法》等扶持政策，多方面鼓励旅行市场，促进旅游消费升级。

一是党政统筹机制创新。以全域旅游发展总规为统揽，将全域旅游产业发展思维落实到城市、乡村、用地、产业、交通、农业、环境等规划中，实现多规合一。赋予区旅游行政主管部门涉旅项目预审权，推动旅游项目落地见效。

二是全域共治体系创新。打造全域感知、全云计算、全警应用的现代旅游警务模式，率先实施"旅游警务""铁骑警务""城市快警""一村一旅警"等巡防机制改革与"四型小区"建设。开创"外围控车、城内分块、庙内分流、分段截留，前导后控、出入分离"的南岳旅游安保模式，确保旅游安全有序。

三是产业转型升级创新。大力实施文旅融合战略，全力推进产业转型升级。红星村获评全国乡村旅游重点村，南岳小镇获评省级特色文旅小镇，庙东街区获评首批省级旅游休闲街区。红星村旅游扶贫案例被文化和旅游部官网推荐。

2021年度

中国旅游
赋能乡村振兴
发展案例

中国旅游赋能乡村振兴发展案例乡村旅游产业发展内生动力足、发展张力强，乡村旅游业态产品丰富，具有较高知名度和美誉度；当地党委、政府针对乡村旅游发展定位明确，高度重视并大力推动乡村旅游高质量发展，农旅融合成效显著。

重庆市江津区先锋镇保坪村

旅游健康发展　助推乡村振兴

> 重庆市江津区地处重庆西南，长江之滨，先锋镇保坪村位于江津主城近郊，物产丰富，人杰地灵，是全国乡村旅游重点村、重庆市全域旅游示范村、重庆市美丽宜居示范村。

保坪村月季花海，每年 3—5 月开放

干净整洁的农家大院

自 2018 年以来，重庆市江津区先锋镇坚持以习近平新时代中国特色社会主义思想为指导，以江津区优先发展农业农村为方向，多层次落实乡村旅游发展工作，联合"村、企、民"共同解决集体经济困境，充分利用花椒、水稻等产业优势，深挖民俗、农耕等文化，集聚社会力量，弥补地区短板，提升乡村人居环境，提档乡村旅游道路，开拓村民增收渠道，助推乡村振兴。

基本情况

重庆市江津区先锋镇保坪村位于鹤山坪的上、中坪，为江津区鹤山坪乡村旅游核心区，面积 10.55 平方公里，人口 4771 人，自然资源丰富，历史文化厚重，曾经盛产朝廷贡米，是全国有名的九叶青花椒原产地，也是宋代抗击蒙军以及解放江津战役的发生地，坪上至今保留有三处抗蒙战争遗址。保坪村是"全国乡村旅游重点村""重庆市全域旅游示范村""重庆市美丽宜居示范村"；2021 年被评为全国旅游赋能乡村振兴十大典型案例之一，2022 年入选"乡村四时好风光——春生夏长　万物并秀"全国乡村旅游精品线路。

目前，保坪村年接待游客人数达 35 万人次，乡村旅游收入 7000 万元，村民人均年收入 2.35 万元。保坪村有旅游从业人员 2000 人，其中 1500 人是当地村民，占全村人口的近 1/3，村民从乡村旅游业中获得人均年收入 5000 元。旅游业开拓村民增收渠道，助推乡村振兴发展。

蓝莓采摘，每年 5—6 月开放

　　鹤山坪依托保坪村乡村旅游核心区，积极发展特色乡村旅游，现已建成 30 万平方米的动物牧场体验区、1100 余亩的蓝莓庄园、510 亩的果蔬园以及森林儿童公园、亲子乐园等项目。乡村民宿整体占地面积约为 6000 平方米，已有稻田酒店、梦田农庄、悬崖酒店、和风世季、椒乡小院等特色民宿 10 余家，各类特色房间 100 余间，构建完善的旅游服务接待网络，逐渐形成融垂钓、农事体验、观光、餐饮、住宿、露营、会务等为一体的多元化旅游场所。

经验做法

　　重庆市江津区先锋镇坚持以"生态环保"为核心，围绕"坪水乡逢，尽在田园保坪"的发展主题，在保坪村搭建"企业＋农户、企业＋村委＋农户"的开发模式，鼓励村民组建"集体"、自主经营，充分发挥保坪村现代农业示范园区核心区的优势，将田园种植融入旅游产业。

　　一是精准编制旅游推广线路。以全域旅游发展为宗旨，以构建"休闲农业游、民宿度假体验游、农耕文化体验游、历史文化观光游"四大产业业态为核心，保坪村规划了"一心三区多点"的乡村旅游发展路线："一心"，是村级乡村旅游发展服务中心、乡创中心；"三区"是以蓝色精灵、雨仙农谷、梦田农庄为代表的休闲农业发展区，稻田酒店、悬崖酒店民宿度假体验区，七彩欢乐田园等农耕文化体验区；"多点"即抗蒙遗址、飞仙洞等多个历史文化旅游景点。

二是大力扩展旅游产业推广。保坪村是江津区唯一一个农村产业融合发展示范基地，也是全区实施乡村振兴的示范村，现已流转土地12900余亩，先后引进农业企业17家，累计投入资金15亿元，打造了稻田民宿、悬崖酒店、先锋农仓、邑咖啡馆、森林儿童公园、蓝莓采摘园、富硒柑橘基地等。目前，当地将田园种植融入乡村旅游产业，吸引游客参与农耕生活，体验乡村风情，逐渐形成融观光垂钓、农事体验、餐饮住宿、露营体验、会务接待等为一体的多元化旅游场所，鹤山坪正迅速成为重庆近郊游的网红打卡地。

三是量身制定旅游营销策略。保坪村以推出"自然教育、农业观光、生态度假、美食体验"等系列旅游精品线路，量体裁衣，合理策划，导入乡村旅游新概念，设计乡村旅游新亮点，联合团建策划公司、企业、大中小学等，推出团建、研学、亲子、农业科普、节事节庆等专题体验活动。举办了雨仙农谷森林儿童乐园首届"七彩童趣趴"暨六一开园盛典活动、雨仙农谷菊花展、重庆市青年集体婚礼暨长安汽车第十届青年集体婚礼、蓝色精灵紫藤文化节，提升乡村旅游影响力，打响旅游产品知名度。

四是强化文化遗产保护利用。遵循江津区文化遗产保护和传承策略，深化优秀乡土文化的挖掘传承，创作了保坪村歌，每年开展"椒乡之歌"品牌文化活动。注重乡村原始风貌及乡村建筑的修复保护，在人居环境建设的基础上打造了"九院九景""四边十里"美丽

乡村民宿——稻田酒店

乡村民宿——梦田农庄

乡村画卷。强化非遗技艺的广泛传承，传承先锋九叶青花椒种植技艺。引进企业创新开发花椒衍生产品，如花椒精油、花椒香皂、花椒啤酒、"花椒宴"、花椒冷饮等一批文创产品。持续举办特色文旅活动，注重传统文化的弘扬，同时吸引游客参与。2022年春节，江津区文化和旅游发展委员会、先锋镇政府在保坪村举办了江津非遗项目的线上直播活动，白沙杂耍技艺等市级非遗项目参与演出，全网观看人数超过400万人。

创新启示

近年来，重庆市江津区以全域旅游为发展理念，不断加强乡村文明建设，结合江津区自然景观、传统农业、特色产业等资源，发展乡村旅游，极大地提升了农村人居环境，开拓了村民增收渠道，助推了全区乡村振兴。截至目前，先锋镇、石门镇、中山镇、白沙镇、夏坝镇5个镇被重庆市文化和旅游发展委员会、重庆市农业农村委评为市级休闲农业与乡村旅游示范乡镇。

特别是保坪村以重庆市江津区优先发展农业农村为方向，联合"村、企、民"共同解决集体经济困境，充分利用花椒、水稻、富硒等产业优势，深挖民俗、农耕、抗蒙等历史文化，集聚社会力量，弥补地区短板，提升农村人居环境，疏通乡村旅游路径，开拓村民增收渠道，创建花椒产业基地、农业示范园区，大力发展餐饮住宿、农事体验、时令果蔬采摘等庭院经济，从而培养旅游从业人才，孵化旅游产业企业。

多层次落实乡村旅游发展工作，围绕"一棵树 + 一个园"推进产业振兴、"一理念 +

乡村民宿——悬崖酒店

一政策"推进人才振兴、"一传承 + 一创新"推进文化振兴、"一制度 + 一落实"推进生态振兴、"一个家 + 一群人"推进组织振兴，做好新发展阶段"三农"工作，形成村美、业强、民富的"三农"发展新格局。通过不同的旅游营销宣传推广方式，提高乡村旅游知名度、认可度、美誉度。

专家点评

　　乡村振兴是新时代的新任务，乡村旅游是乡村振兴的生力军。"村美、业强、民富"是很多乡村发展的目标，江津区保坪村围绕乡村旅游发展促进五大乡村振兴的逻辑框架以及鼓励村民组建"集体"推动乡村旅游发展是一个很有意义的探索。由于乡村旅游发展的主要消费对象是城市居民，但往往问题是乡村居民有资源但不熟悉市场需求，而了解市场需求的资本又没有足够的资源，从而在外来资本和本地资源之间难以形成协同共生的利益关系网络，外来资本进来后还可能因为当地居民谈判能力弱而在利益关系网络中处于不利的一方。保坪村一方面搭建"企业 + 农户、企业 + 农户 + 村委"的开发模式，鼓励村民组建"集体"、自主经验，有助于更好地保障村民的利益，从而保证了乡村居民在乡村旅游发展中获得足够的利益分配，另一方面则通过土地流转，引入投资，开发城里人喜好的旅游产品和休闲供给，持续增加了乡村旅游的市场吸引力。这种"让乡村的风景为新兴消费业态进行环境性赋能，让新兴消费业态为乡村风景找到增值型变现"的资本资源发展共同体具有旺盛的生命力，这种"各取所需、各有所得"的城乡生命共同体则是乡村振兴最需要的发展思维。

——厉新建（北京第二外国语学院首都文化和旅游发展研究院执行院长、
文化和旅游部"十四五"规划专家委员会委员）

河北省石家庄市正定县

2021 年，一手做好新冠肺炎疫情防控，一手积极稳妥推进乡村振兴战略实施工作，正定县全年乡村旅游接待游客人数 168 万人次。

精心指导疫情防控，落实各种常态化防控措施，在预约售票、测温登记、定时消杀、密度管控等方面严格要求，做到了疫情防控常态化。

正定县

同时积极推进复工复产，利用融媒体资源和自在正定微信公众号积极宣传乡村旅游，还积极组织乡村景点参加省文旅厅举办的"大美燕赵冀忆乡情"2021 河北乡村旅游乐享季推广活动，吴兴樱花小镇入选河北省绿色生态乡村。

利用省市文旅平台，于 2021 年 6 月 21—25 日，2021 年 7 月 5—9 日及 8 月份组织乡村旅游从业人员参加河北省文化和旅游厅组织的乡村旅游管理人员线上培训。10 月 19 日参加河北省文化和旅游厅在平山县组织的"送教上门"培训，努力提高乡村旅游从业人员的整体素质与服务水平，提升正定县乡村旅游接待能力和水平。

积极推进乡村旅游项目建设，由塔元庄村和同福集团合作打造的"塔元庄同福乡村振兴示范园"建成塔元庄同福模式展馆、同福中厨、同福会展中心、同福盛宴、同福未来研学营地、儿童乐园、同福智慧农场、同福有机肥生产示范线八大板块。以合作联盟的形式，有效引入了科研、文化、旅游、康养、研学、健康食品生产、粮食加工等产业业态，突破了农村一元产业格局，打破了城乡壁垒，为产业发展开辟了新天地，产业活力和创造力竞相迸发，为乡村振兴助力，为农村发展开创了新局面。

山西省太原市娄烦县

娄烦县位于山西省太原市西北部，属吕梁山区边缘，融山区、老区、库区为一体。从 1995 年起，文化和旅游部聚焦实际需求，出台政策、策划项目，先后选派 25 批次 34 名领导干部、专业技术人才、优秀年轻干部挂职扶贫。大家一任接着一任，与当地干部群众同心协力，深挖文化和旅游特色，紧扣发展需要，编制了《全域旅游规划》《红色旅游专项规划》《乡村旅游专项规划》，开展了非遗名录建设工作，建设了云昇昌、云栖谷、汾河湾、孔雀小镇、美美公社等文旅项目，推出乡村文化旅游节等一大批节庆活动和精品旅游线路，开展文化惠民工程、数字文化建设项目及人才培训、专项研究课题等，为娄烦县文旅融合、农旅融合、全域旅游发展夯实了基础，开启了娄烦乡村振兴新征程。

非遗＋旅游　让群众实现双丰收

2019 年春节村里推出"小村庄　大年俗"首届娄烦县官庄村非遗过大年活动，非遗讲座、产品展销、年俗传承等活动红红火火持续了近一个月。尤其是在村民的支持下恢复了停滞 20 多年的传统文化活动——转九曲（又称转灯），因特色浓郁、群众参与度高，受到了人们的欢迎。村里还与山西省非物质文化遗产保护中心联合推出"非遗里的四季——娄烦民俗亲子研学"活动。孩子们体验捏"寒燕燕"、做"寒拍拍"民俗，参与非遗打岗、滚铁环等传统体育运动，在农家品尝特色小吃等。孩子们在玩中学，村民在教中实现了增收。

乡村旅游　让农村更美丽

河北村狠抓美丽乡村建设，充分利用村周自然生态、乡土民俗等独特资源，以"企业＋农户"的模式，从创意窑洞、农家小院、微型博物馆、非物质文化遗产、乡村厕所等方面发力，吸引了省级乡村旅游示范村项目"云栖谷创意文旅小镇"落户村中。村民通过出租窑洞、提供服务、配套餐饮、产品加工等直接获得收益，同时带动种植业、养殖业、加工业、手工业、服务业、文创业等产业得到快速发展。村里还举办乡村文化旅游节，每天 1 万多人次的游客量为参与活动的每家农户创造了 300~1500 元的收入，让群众拥有更多实实在在的获得感。

全域旅游　助力乡村振兴

近年来，娄烦县立足"山、水、林、气"的独特生态优势和"一山一水一伟人"的文旅资源优势，提出了"以旅游开发带全局，创建全域旅游示范区，打造一带四区新格局"的全域旅游发展方向。

山西省大同市灵丘县

灵丘县把旅游放到经济社会发展全局来考量，聚焦乡村振兴，在"农文旅"上齐发力，在"融合"上下功夫，在"发展"上求实效，激活农村资源，激发农民动力，激励农业发展，积极探索特色农业、美丽乡村、传统文化、红色教育、民俗文化、景区景点等产业融合发展新模式。坚持规划先行，以农文旅融合与乡村振兴整体布局的耦合互动、共融互促为目标，推进"一核两翼多点"建设。"一核"是以全域有机农业为核心，打造农文旅融合、乡村振兴示范样板。"两翼"是以平型关景区为龙头，辐射白崖台、独峪等乡镇，打造以平型关大捷遗址、白求恩特种外科医院、三五九旅旅部旧址等为代表的红色文化景观翼；以孝道胜地觉山古寺为龙头，辐射武灵镇、落水河等乡镇，打造以御射台、存孝故里、赵武灵王墓、曲回寺等为代表的历史文化景观翼。"多点"是同步建设黑龙河、小寨等 40 个农文旅融合和乡村振兴示范点。围绕"食、住、行、游、购、娱"旅游要素，挖掘农业农村的文旅功能，完善旅游产业链体系，培育多业态融合发展。以农家乐、绿色食材、有机农产品为核心，在"吃"上做文章。种养加一体、标准化生产、市场化经营、科学化管理、品牌化运作，发挥农业主供应作用，为旅游提供丰富的"名、优、稀、特"农旅产品。全县 60 多个农产品获得有机认证。以民宿、客栈、乡村露营为核心，在"住"上做文章。通过合理布局、政策引导，盘活农村闲置用房，引导农民自主建设经营，发挥民宿业在提升产业、致富农民、繁荣农村中的引领作用。以乡村景观观光道、健身步道为核心，在"行"上做文章。结合"四好农村公路"建设，打造一路一景、四季各有特色的乡村道路景观。以景区景点、农业观光为核心，在"游"上做文章。按照农田成景观、农居成景点、农村成景区的"三景融合"思路，串联平型关、桃花山、空中草原等现有景区，打造特色农庄、精品客栈、休闲康养区等旅游产品，建设一批美丽乡村，带动乡村旅游日益丰富。以农产品、乡村文创产品为核心，在"购"上做文章。按照"线下体验、线上销售"思路，推动"线上""线下"融合对接，助推灵丘有机特色农产品和文创产品扬名畅销。以农事体验、实景演出、乡村主题游乐为核心，在"娱"上做文章。增加农业休闲娱乐功能，发展采摘旅游、文艺观赏、农耕体验等多种形式的旅游线路，丰富旅游资源项目，促进村民生产生活方式转变，带动村民就业增收。

江苏省盐城市亭湖区

亭湖区为江苏省盐城市主城区，地处黄海之滨、苏北平原腹地，位于"长三角"城市群，2020 年获评"全国百强城区"第 78 名。该区属于典型的复合型城区，城乡面积、人口各半。放眼今日亭湖，古老历史与现代文明交相辉映，时尚都市与美丽乡村相得益彰，文化繁荣与旅游发展齐头并进。2021 年，亭湖区被江苏省文化和旅游厅列为省级全域旅游示范区创建单位，多个景区（度假区）获评全省星级乡村旅游点、文旅消费人气打卡地、夜间文旅消费集聚区。近三年未发生重大旅游安全事故、重大负面舆情。

站位提级，凝聚乡村发展共识。亭湖区委、区政府站在满足人民美好生活需要的高度，规划引领旅游业提档升级，助力乡村振兴和经济社会高质量发展。先后出台《关于进一步加快全区现代服务业发展的若干政策意见》《盐城市亭湖区促进文化和旅游消费若干措施》《"悦游在亭湖"品牌建设三年行动计划》等政策文件，从组织、资金、人才、政策多层面为旅游业高质量发展提供有效保障。坚持政府投入为引导，区财政每年在预算内安排不少于 5000 万元的旅游发展资金。

供给提质，蓄积乡村文旅资源优势。亭湖坐拥太平洋西岸最大的湿地、全球最大的野生丹顶鹤越冬地及世界自然遗产地——中国黄（渤）海候鸟栖息地，现有国家 4A 级旅游景区 3 家、星级乡村旅游点 3 家、省级工业旅游点 1 家、星级酒店 4 家、四星级以上民宿 4 家。区内旅游设施旅游景区品牌众多，设施配套齐全，区域特色明显，形成了串点成线、以线带面的"两核一带"和"一镇一品、多点开花"的全域全景旅游大格局。

系统提速，主攻全域旅游创建。站在"十四五"的新起点，亭湖文旅业蓄势待发、奋力奔跑。2021 年年初，区召开高规格的旅游业高质量发展大会，成立由区委、区政府主要领导挂帅的创建省级全域旅游示范区指挥部，以"世遗核心地"为依托、以"悦游在亭湖"为主题的品牌建设三年行动正式启动。年内已完成"十四五"旅游业发展规划编制、区域旅游集散中心建设、智慧旅游平台设计等重点项目。

宣介提档，吸引八方游客。亭湖区提炼"世遗核心地、悦游在亭湖"的主题，加大宣传推介力度。立足疫情防控常态化背景，适应"周边游""周末游""主题游"嬗变，面向上海和长三角地区游客，立足乡村旅游资源和品牌优势，设计推广世遗湿地、红色文化、踏青赏花、康养休闲四条精品旅游线路，赴上海和高铁沿线城市举办专题招商推介会。

安徽省六安市金寨县

大湾村地处金寨县中南部，位于国家级自然保护区马鬃岭脚下，总面积 25.6 平方公里，辖 37 个居民组、1032 户、3778 人，是金寨县 71 个重点贫困村之一。几年来，大湾村的干部群众积极用好扶贫政策，依靠发展"山上种茶、家中迎客"特色产业，探索出一条具有大别山革命老区特色的旅游脱贫致富之路。通过积极开发民宿旅游、十里漂流、茶园等旅游项目，2020 年大湾景区获批国家 3A 级旅游景区，过境游客人数达 35.8 万人次，真正让大湾村群众吃上了"旅游饭"，截至 2021 年 10 月底，大湾村接待游客达 40.2 万人次，创综合收入 3800 万元，人均纯收入实现过万元。

"自力更生"展特色。依托"山上种茶、家中迎客"的发展理念，大湾村里成立旅游开发公司把集体产权房屋改造成民宿，聘请外出回乡人员作为"管家"负责日常运营，为村集体年均增收 10 万元。同时也为有条件的群众自主发展民宿做了示范，"细雨农家""新云小院""情宿大湾"等自主开办的民宿各具特色。一些农户根据自己条件结合市场有需求，开发出了以农家乐为主的乡村休闲旅游产品，乡村旅游已成稳步发展趋势。目前已发展农家乐 45 家，带动 70 户贫困户实现增收。当地群众通过线上线下相结合的模式销售茶叶、黑毛猪肉、土鸡蛋等农副产品，实现销售新突破。

"腾笼换鸟"提品质。利用大湾村帽顶山、百丈岩、十二檀、三官庙等独特的自然景观和六安六区十四乡苏维埃政府旧址、安徽省工委旧址（汪家祠堂）等一批红色旅游资源，依托天马自然保护区秀美景观，融入茶文化元素，打造"基地＋休闲"型景点，拟于"十四五"期间争创金寨大湾·两源两地国家 5A 级旅游景区。丰富旅游业态，引进社会资本投资开发大湾十里漂流，辐射带动了沿线餐饮住宿等服务业发展；引进市级龙头企业安徽蝠牌生态茶业股份有限公司，实现茶农增收，带动茶农茶厂就业。2021 年 7 月，携程集团的第一家携程度假农庄大湾店建成运营，提升了当地民宿产品品质，进一步带动了大湾村群众就业致富。

江西省赣州市于都县

于都县梓山镇潭头村位于 323 国道旁，距县城 10 分钟车程。自明初建村已逾七百年，全村国土面积 2.35 平方公里，耕地面积 1600 亩，林地面积 180 亩，辖 18 个村小组 754 户 2899 人，2017 年实现整村贫困村退出。2018 年全村实现村级集体经济收入 5.1 万元，2019 年村级集体经济收入 8.8 万元，2020 年村级集体经济收入达 100 多万元。

2019 年以来，蔬菜、旅游产业的发展成为当地群众增收致富的"新引擎"，村民们因地制宜组建了潭头村旅游公司，建设了游客服务中心、花海田园、观光车道、文化馆、讲演堂、特色景观绿化等，开发了富硒餐饮、乡村民宿、特色农产品、智恒研学、休闲采摘、农事体验等一系列乡村特色旅游项目，先后举办了中国农民丰收节江西主会场活动、乡村春晚、非遗展演等一系列大型活动，吸引了大批游客前来观光、体验。2019 年 5 月 20 日以来，潭头村接待游客人数突破 200 万人次，其中红色研学团队人数 6 万余人次，带动周边 2800 余户农户增收致富。合作社实现收益 190 余万元，实现附加经济效益 1300 余万元，全村户均年收入增加 6000 元，潭头村也成功入选中国扶贫交流示范基地和省级文明示范基地。

坚强组织是坚实保障。潭头村坚持以党建引领旅游发展，把组织建强，把队伍带好，为旅游脱贫攻坚提供了第一保障。潭头村从村情实际出发，以市场为导向，因地制宜，充分挖掘自身的区位优势、资源优势、环境优势，打优势牌，唱拿手戏，不断探索丰富集体经济有效实现形式，并做到了咬定目标、持之以恒干到底。潭头村党组织和党员始终不忘初心，坚持发展成果全民共享的原则，让全体村民看到奔头、尝到甜头、得到实惠，充分享受到发展带来的丰硕成果，成功赢得了村民的信任和支持，凝聚起乡村振兴的强大合力。

特色农业让乡村振兴优势独特，乡村特色旅游将旅游做大做实。潭头村结合自身厚重的历史和优美的环境，发展了特色优质富硒蔬菜产业，开发了乡村特色旅游项目，提升了旅游服务，推动了文旅融合，带动了当地村民脱贫致富。群众获得感显著提升，吃上了旅游"饭"，生活越来越有"硒"望。

内蒙古自治区呼和浩特市新城区

为呼和浩特市城郊接合处乡村如何发展破题

近年来，呼和浩特市委市政府紧紧围绕人民群众对美好生活的需要，坚持"生态优先、绿色发展"的发展理念，提出以文旅驱动乡村振兴，以打造"国家级旅游休闲城市"核心区为抓手，全面推进国家级草原乡村旅游度假区、文旅科技融合创新生态旅游创新区、敕勒川草原文化与艺术产业融合示范区等多个落地业态，推动文旅产业高质量发展和助力乡村振兴事业。新城区委托大地风景在敕勒川草原周边布局三个文旅落地项目，分别为奎素、生盖营村民宿项目、马头琴草原文化产业园项目、圣水梁与九龙湾景区生态旅居项目。

以"艺术＋乡村"为开发模式，创新乡村振兴路径

马头琴草原文化产业园是内蒙古自治区首个文旅导向型的乡村振兴项目，开创了以文旅驱动乡村振兴的先河。以马头琴非遗文化为特色，按照"艺术＋乡村"的发展模式，以马头琴产业、艺术音乐产业、文旅产业为三大支柱型产业，按照三产融合的理念，创新城郊乡村的产业激活与社区更新模式，打造敕勒川草原周边居游共享的文旅振兴样板，最终实现甲兰板村的乡村振兴，文化自信。项目总投资将近 4 亿元，总规划面积 1.3 平方公里，分为三期建成，5 年建设期，20 年运营期。

与文旅集团合作，采取 EPCO 模式，高效实施

合作模式创新：甲兰板村马头琴草原文化产业园是内蒙古自治区首个 EPCO（设计—采购—施工—运准）项目。此项目是大地风景与新城区政府共同摸索出一条全新的路径。为什么选择 EPCO 的模式？一是规划建设与运营严重脱节，而采用 EPCO 的模式可以最大限度地节省时间成本、管理成本、财务成本，迅速落地运营；二是以运营前置的方式，以运营指导规划和施工可以科学合理保证长效运营。

四川省成都市锦江区

　　"三圣花乡"位于成都市东南部环城生态带，面积约 5.8 平方公里，花农世代相传，早在清朝就享有"茉莉乾隆间，飘香三百年"之美誉，素有"中国花木之乡"之称，是全国建设社会主义新农村、城乡统筹发展的典范和国家 4A 级旅游景区，也是全国农家乐起源地、发扬地。2003 年，锦江区在深入调研的情况下，创新思维，充分利用城市通风口、背靠大城市的地缘优势，因地制宜，在 5 个村的基础上创造性地打造了花乡农居、幸福梅林、江家菜地、东篱菊园、荷塘月色这"五朵金花"，形成国家 4A 级旅游景区——"三圣花乡"景区。探索出了一条村民不再把离乡进城作为进入现代化的唯一途径，而是就地享受城市化的文明成果，成为令人羡慕的"新市民"，其创新性建设经验迅速在全国范围内复制推广。

　　2019 年以来，按照成都市委、市政府关于加快建设践行新发展理念的公园城市示范区的工作部署，以"都市田园乡愁"为总体定位，以营造可进入、可感知、可参与、可欣赏、可消费的多元场景为重点，从"优形态、强基建、营场景、提业态、厚文化"5 个方面入手，将"三圣花乡"打造成全龄、全季、全时段的旅游首选地。实施过程中，全力构建"党委领导、政府主导、企业主体、市民参与、社会共建"的工作格局，创新探索红砂片区生态价值转化模式，按照策划、规划、设计、实施流程打造精品，编制了片区规划设计方案，制定了形态、业态导则。同时，财政投入 1.64 亿元，完成"花乡农居"道路施工 6.3 公里，检查井施工 436 座，电力通信和污水管道施工 8.7 公里，种植树木 1250 余株，新增开敞绿地 5 万平方米，新增户外体验空间 5 处；撬动社会投资 10 亿元参与，引进文创、民宿 93 家，培育花创花艺企业 14 家，新增网红打卡地 12 处，打造产业院落 11 处；区域年增加税收 3000 万元以上，集体经济年增收 1000 万元以上，村民家庭年增收 5 万元以上，新增 2000 余个就业岗位；创新"投建管运"一体化模式机制，打破区域壁垒，整合景区资产资源，由 6 个涉农社区组建商业运营管理公司，引入专业团队实施专业运营和智慧管理，景区运营管理实现自我平衡。

新疆维吾尔自治区克拉玛依市乌尔禾区

乌尔禾区是中华人民共和国第一个大油田所在地——克拉玛依市的四个区之一，是大美新疆"五区三线"旅游精品线路北线的必经之处和中间点。辖区拥有国家 5A 级旅游景区世界魔鬼城及 3 家国家 3A 级旅游景区乌尔禾影视城、纪氏部落影视城和恐龙文化苑。世界魔鬼城、莽荒纪、大秦帝国影视城获评全国优秀文旅电影拍摄基地，查干草村和哈克村获评国家乡村旅游重点村，乌尔禾区获评自治区旅游度假区、自治区全域旅游示范区，乌尔禾镇被国家认定为第二批全国特色小镇。

项目建设背景

西部乌镇项目所处的乌尔禾区旅游资源丰富，近年来旅游业呈现井喷式增长。据统计，2019 年乌尔禾区接待游客人数 272.6 万人次，较 2018 年增长近 50%。为更好适应当前旅游产业发展需要，按照供给侧结构性改革需求，顺应广大村民倡议，经两村村民大会研究决定，因地制宜盘活农民闲置宅基地，打造集旅游民宿、民俗文化、休闲农业、特色养殖等为一体的"西部乌镇"项目。

项目基本情况

"西部乌镇"项目是在国家大力实施乡村振兴战略和推进旅游兴疆战略背景下，乌尔禾区按照"农民身份不变、宅基地资格权不变、集体收益分配权不变"的基本原则，采取"村民自发、集体组织、市场运作、政府监管"的运作方式，由村集体经济组织统一委托区城投公司开发运营，打造集满足游客"食、住、行、游、购、娱、情、学、奇、商、养、闲"于一身的疆内现代标志性、示范性星级旅游综合商业项目。

项目取得成效

"西部乌镇"项目不但没有改变宅基地性质，没有减少村民收益，反而对旅游产业发展、壮大村集体及村民增收致富起到了积极促进作用。

2021年度

中国最美星空目的地案例

　　中国最美星空目的地案例星空资源基础良好，具备优良的生态环境、独具特色的民俗风情；星空旅游开发与管理体系规范、星空旅游产品丰富、"星空＋"业态融合创新度高，围绕星空主题的旅游线路产品丰富，吸引力强，游客参与度高；配套基础设施完备，星空旅游产业链完备。

宁夏回族自治区沙湖生态旅游区

塞上江南在沙湖 · 心灵放假游沙湖
全力打造"山水林田湖草沙"全生态体验旅游目的地

宁夏回族自治区沙湖生态旅游区（以下简称"沙湖"）位于宁夏石嘴山市平罗县，是首批国家 5A 级旅游景区、国家级生态旅游示范区、国家级水利风景区。

近年来，沙湖景区紧紧围绕"提质增效、绿色发展"的中心，持续丰富湖东生态观光游、完善湖中深度体验游、谋划湖西休闲度假游，深度挖掘沙湖文化内涵，丰富旅游业态，延长旅游产业链，提升旅游服务质量，推动沙湖旅游转型升级，为下一步高质量转型发展积蓄蓬勃有力的发展后劲。

沙湖景区——七彩鹊桥

基本情况

沙湖景区——水绕沙丘

沙湖景区——白琵鹭

沙湖景区——碧波荡漾

宁夏沙湖是国家5A级旅游景区和中国十大魅力湿地、宁夏新十景之一，镶嵌在贺兰山下、黄河金岸，距宁夏回族自治区首府银川市42公里，景区总面积为80.10平方公里，22.52平方公里的沙漠与45平方公里的水域毗邻而居，融江南水乡之灵秀与塞北大漠之雄浑为一体，被誉为"丝路驿站"上的旅游明珠。

金黄如画的沙漠、婀娜翠绿的芦苇、成群嬉戏的候鸟，清澈蓝湛的湖水以及远处清晰可见的贺兰山，犹如一幅层次鲜明的水墨画。山水林田湖草沙在这里完美呈现，人与自然在这里和谐共生。

一艘艘满载游客的摇橹船带着五湖四海的游客穿梭在曲径通幽的芦苇荡里；沙丘上疾驰而过的越野冲浪车与水面上乘风破浪的动感漂移艇隔岸"较劲儿"；《飞越沙湖》飞行体验馆内，超带感的裸眼5D搭配动感座椅，带领游客以飞行视角领略神奇宁夏；沉浸式体验的飞鸟奇幻馆，吸引着孩子们在寓教于乐中探秘鸟类的奇妙世界；实景马术剧、童趣海狮、大雁放飞等互动表演分时段为游客上演；与拥有千万级玩家基数的顶级IP《梦幻西游》联袂打造国内首个大型游戏主题沙雕群，让诸多游戏爱好者在线下可"探秘三界"；以奇趣蛋屋、星空地球仓为代表的生态旅居体验已成为游客在夜晚打卡沙湖的不二之选。一系列"景"上添花的文旅新项目不断上线，让慕名而来的游客深切感受到"老"景区的"新"变化。

经验做法

近年来，沙湖景区紧紧围绕"提质增效、绿色发展"的中心，持续丰富湖东生态观光

沙湖景区——沙水相依

游、完善湖中深度体验游、谋划湖西休闲度假游，深度挖掘沙湖文化内涵，丰富旅游业态，延长旅游产业链，提升旅游服务质量，推动沙湖旅游转型升级，为下一步高质量转型发展积蓄蓬勃有力的发展后劲。

1. 全力以赴抓生态建设，筑牢高质量发展根基

（1）深入学习贯彻习近平生态文明思想，认真践行"绿水青山就是金山银山"的发展理念，切实扛起生态建设主体责任，举全力开展沙湖水质治理和生态恢复工作，通过一系列强有力的工程措施、生物措施和管理措施，沙湖水质达到了Ⅲ类水的目标要求。（2）全面提升环境质量。全面综合治理景区环境，拆除十余处影响景观风貌的建筑及设施。用环保电瓶船取代燃油船，实施沙湖大道景观绿化工程，对景区内部及周边区域进行绿化美化，区域环境质量显著提升。（3）加强环境卫生管理。公司设立环境管理部和绿化部，按照划片管理、重点清洁的方式进行环境卫生管理工作。每年利用冬春季组织全员开展环境大整治、大清理工作，使景区生态环境保持良性循环修复状态。景区自建污水处理厂两座，均达到一级 A 处理标准，确保景区污水全部归集、统一处理、达标排放。景区内设分类式环保垃圾箱，所有垃圾科学分类，集中拉运，统一处理，做到日产日清，减少对环境的影响。

2. 持续优化产品供给，助推文明旅游品质化

（1）进一步优化顶层设计。全面落实"大沙湖旅游区"战略合作，形成东部生态观光、中部深度体验、西部休闲度假的发展格局。（2）进一步优化游乐项目。制定公司《娱

沙湖景区——湖居民宿

乐项目管理办法》，优化摇橹船运营线路，将闲置摇橹船全部投入游乐线路中，积极整合深挖餐饮、商贸等"二消"营收潜力。（3）进一步完善服务设施。从基础设施建设、健全景区服务功能入手，升级改造旅游厕所和标识引导系统，完成 4D 影院提升改造等，提高景区游览舒适度；完成丝路风情园俄罗斯风情主题沙雕建造，引进极限飞球、冰雪世界项目，结合沙漠露营、蛋屋等项目运营情况，策划实施地球仓、星玥居等项目，做好沙漠餐饮广场和绿岛功能区策划打造，延长游客逗留时间，提高景区二次消费水平，受到一致好评。

3. 担当有为抓疫情防控，确保整体形势持续稳定

全力保障游客和职工群众生命健康安全，做好疫情防控各项工作。（1）强化组织引领。公司疫情防控工作领导小组牢固树立主体责任，贯彻落实属地政府和集团公司党委关于疫情防控的各项安排部署，扎实抓好疫情防控工作。（2）强化防控常态化。坚持限量、预约、错峰总体要求，严格落实测温、验码、消杀、一米线、佩戴口罩等措施，在严格外防输入、内防扩散的防控基础上做好旅游经营服务。（3）强化应急处置能力。在周边局部疫情发生后，第一时间采取全面消杀、封控管理、紧急闭园、人员管控、全员核酸等举措，为阻止疫情蔓延扩散作出积极贡献。（4）在"保经营、保工资"的基础上，未因疫情影响辞退员工，未拖欠员工工资福利待遇，切实履行国企责任，彰显国企担当。

沙湖景区——星轨

4. 挖潜增效抓营销宣传，不断拓展客源市场

（1）着力推进渠道建设。通过深挖旅行社团队潜力，提高旅行社送团频次。（2）着力创新发展模式。按照"大沙

湖休闲度假旅游板块"的战略定位，以沙湖景区为依托，高起点规划、高水准打造体育文化旅游活动，开创性举办环湖骑行越野跑挑战赛、中国大学生沙滩排球精英赛、沙湖国际水上运动旅游文化节等，逐步形成"旅游＋体育"发展模式。（3）着力开发特色产品。依托独特资源推出沙湖小学堂、湖东湿地研学游、摄影写生游等研学定制产品；推出沙湖首航、星光帐篷、梦幻雨屋等新产品，有效激发了年轻消费群体的参与热情。

5. 狠抓服务质量，全民提升游客满意度

作为全国文明单位、国家级服务业标准化试点单位、国家首批文明旅游示范单位，通过向游客"亮身份、亮承诺"的服务承诺，将创建成果运用到实际工作中，着力打造有特色、有温度、有品牌的沙湖旅游"服务品牌"。优化游乐项目服务。整合沙上、水上项目，对所有项目实行升降结合、动态管理，推行挂牌评星评级，规范项目经营管理，强化旅游项目引领，不断开发引进一批游客参与度较强的新项目。大力加强骨干人才和后备人才的培养，有针对性、计划性地进行全员标准化服务培训工作，不断提高旅游从业人员的职业道德、服务水平和文化素养，逐步把景区项目从业者纳入公司培训、考核、管控体系。

创新启示

1. 经济效益显著提高

沙湖自开发建设以来，累计接待海内外游客人数 1900 万人次（是宁夏人口总量的 3 倍），累计实现旅游收入 27 亿元，利税 2 亿元，带动相关产业发展，解决了近万人的就业问题，对促进宁夏服务业发展，加快区域经济繁荣，调整产业结构，改善生态环境，增加职工收入，维护社会和谐发挥了积极作用。

沙湖旅游服务质量显

沙湖景区——蛋蛋屋

沙湖景区——红嘴鸥

著提升，服务手段不断改进，服务的热点、难点问题得到有效解决，游客对沙湖服务满意率稳步提高，工作满意率达到96%以上，被评为"全国顾客满意度行业十大品牌"称号。2020年11月经中央文明建设指导委员会复查，沙湖景区继续保留"全国文明单位"荣誉称号。

2. 生态效益持续释放

沙湖景区——星轨

　　沙湖旅游开发建设30多年以来，始终坚持"保护、利用、开发"的原则，将保护生态环境放在首位，确立了"全面保护景区自然环境，最大限度恢复和发展生态资源，合理利用自然资源，为人类造福"的宗旨，以实现生态效益、经济效益、社会效益兼顾的长远目标，坚持把保持沙湖自然特色的完整性和鲜明性放在首位。经过多年的开发建设，昔日的苇荡渔湖已发展成为集观光、娱乐、购物、美食、住宿、休闲等于一身的目的地景区，是宁夏对外开放的重要窗口和亮丽名片。

　　未来，沙湖景区将力争通过重点项目引领、优化产业布局、坚持绿色发展、强化内部管理、抢抓市场机遇、注重精神文明、强化安全意识等方式，在旅游业态融合发展、旅游线路提效升级、生态环境保护利用、提升工作效能、特色品牌创建和新兴市场拓展等方面取得新突破。

专家点评

　　宁夏虽然不是中国旅游目的地体系中的第一方阵，但是其地处黄河之岸、大漠孤烟、贺兰山下和旱区湿地的独特景观，为西北地区呈上了一张高分的答卷。不管是在观光和体育旅游时代，还是面向休闲度假与地学旅游转型升级阶段，沙湖景区都已经成功形成独特的吸引物品牌和内容植入体验。大漠黄沙包裹之下竟然可以体验芦荡行舟，万里无云苍穹之下正是仰望星空之处。特别是近年以来，沙湖景区陆续推出多种休闲娱乐与度假内容，使其与时俱进在大北京等远程度假市场腹地形成特殊的沙漠体验度假地和山水林田湖草沙全生态旅游品牌形象。

——吴必虎（北京大学城环学院旅游研究与规划中心主任、
文化和旅游部"十四五"规划专家委员会委员）

宁夏回族自治区吴忠市盐池县哈巴湖生态旅游区

纵深打造"大漠绿洲露营地·秘境湿地哈巴湖"品牌

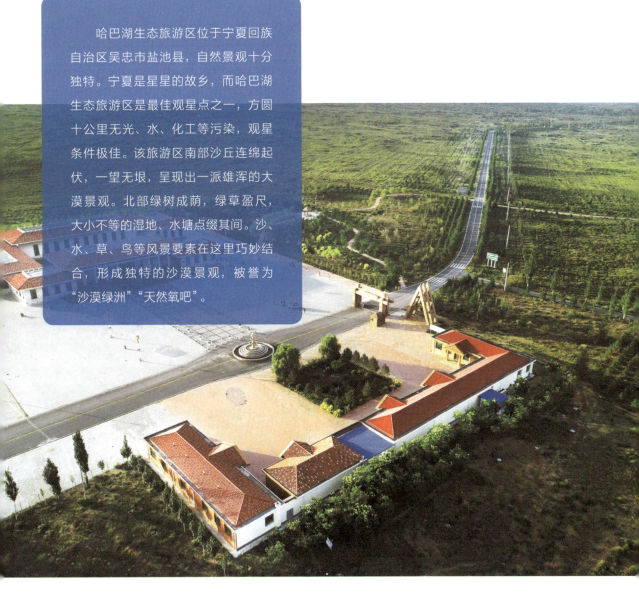

哈巴湖生态旅游区位于宁夏回族自治区吴忠市盐池县，自然景观十分独特。宁夏是星星的故乡，而哈巴湖生态旅游区是最佳观星点之一，方圆十公里无光、水、化工等污染，观星条件极佳。该旅游区南部沙丘连绵起伏，一望无垠，呈现出一派雄浑的大漠景观。北部绿树成荫，绿草盈尺，大小不等的湿地、水塘点缀其间。沙、水、草、鸟等风景要素在这里巧妙结合，形成独特的沙漠景观，被誉为"沙漠绿洲""天然氧吧"。

大家来到哈巴湖，会看到大漠风光，草木葱葱，哈巴湖，这是盐池人民经过数十年和大自然奋斗的结晶。沙中有树，树中有林，林中有鸟；路上观景，湖中划船，沙漠冲浪；总有一种让你久违的风景，值得让你埋藏在心中念念不忘。一句话：既能玩好，又能吃好，让你不虚此行。

基本情况

哈巴湖生态旅游区，位于宁夏东大门盐池县王乐井乡。是国家 4A 级生态旅游景区，草原、森林等植被覆盖率达到 85% 以上，有"天然氧吧"之称，同时蕴含有多种珍稀动植物资源，被誉为"西部荒漠的基因库"。景区立足资源优势，积极开发全域旅游新业态旅游，是全国五星级汽车自驾运动营地、全国中小学生研学实践教育基地、宁夏中小学生研学实践教育营地。是集休闲度假、美食购物、康体养生、自驾露营、摄影写生、研学拓展、观星为主要功能的宁夏东部环线自驾休闲旅游度假胜地。

经验做法

哈巴湖生态旅游区以"打造全国级自驾旅游度假胜地""宁夏观星营地""少儿户外营地"为目标，以"创新、特色、精品"为引领，以"品质、品位、品牌"为追求，以旅游＋度假、文化、体育、康养、研学、为主导、坚持生态优先、文旅融合、创新发展，以"龙头"之势引领旅游业高质量发展。

1. 高度重视景区规划

在科学发展观思想指引下，从实际出发，哈巴湖生态旅游区实施可持续发展战略，因地制宜地确立本项目的发展模式，坚持以"高起点定位、高标准规划、高质量发展"为重要遵循；以人为本、科学策划项目内容，合理利用资源，保护生态环境，增强发展后劲；以保护生态环境为前提，遵循在"开发中保护，在保护中合理开发"的原则，严格保护哈巴湖旅游景区内自然与文化遗产，保护原始的景观特征和地方特色；维护生态环境的良性循环，防止污染和其他地质灾害，确保项目既符合当代发展的要求，又满足未来长期发展的需要。

2. 大力打造独特旅游产品

哈巴湖生态旅游区积极完善基础设施建设，构架合理的旅游产业体系，大力发展特色旅游产品。

景区利用得天独厚的自然资源，以文化和旅游相结合，以研学教育为核心，策划推出"青春健步走、扎治沙草方格、科普自然、天文教学、丛林探险"等多项融教育性、趣味性、参与性于一体的研学主题课程，旨在锻炼学生自理能力，践行万里路，感知文化知识；哈巴湖五星级汽车自驾运动营地，住宿条件齐全，环境优雅，采光充足，水、电、Wi-Fi全覆盖，让在户外也能享受到舒适的住宿环境；拓展训练区根据不同团队的不同需求，设计不同方案，运用多种不同设备，通过沙漠徒步、丛林穿越、野外拓展、生存体验等项目来培养团队合作、竞争、协调等能力；而科研宣教中心（博物馆）是景区一座集自然生态、人文历史的博物馆，主要从事收藏景区内具有科学价值的动物、植物、古生物、古人类、矿物、岩石、地质矿产等自然标本以及生物基因资源、科学研究和科学普及工作。

3. 积极提升文化内涵

哈巴湖生态旅游区的人文旅游资源相对来说处于弱势。但从国内外开发成功的生态旅

大漠孤烟直、长河落日圆，是沙漠独有的景观所在；落日余光犹如金粉洒落在哈巴湖上时，散发出无可比拟的厚重感与独特美的魅力。既有额济纳，也有哈巴湖。当深秋的脚步迈进哈巴湖的时候，小叶杨便褪掉了一身青翠，裹上金黄的盛装，金韵斑斓，美轮美奂，一眼望去，是一幅无法临摹的油画，所以这里的人习惯叫它小胡杨。看着一株株身姿婀娜而潇洒与命运抗争的小胡杨，令人由衷地感叹生命的顽强，从合抱粗的老树，到不及盈握的细枝，横逸竖斜，杂芜而立。然而，无论柔弱，无论苍老，总有一抹生命的绿色点染着枝梢。正是这无言流淌的哈巴湖孕育着这一片片不屈的生命。

这里曾经碧波荡漾，水草丰茂的湖泊湿地，生活着以游牧渔猎为主的牧民，哈巴湖是一条长长的溪流汇聚而成，经年不干涸，从高空看溪流和湖泊形似勺子，"哈巴"在蒙语中是勺子的意思，所以叫作哈巴湖。哈巴湖也已经缩小到三百多亩的水面了，但它在干旱的土地上所承载的生态作用是巨大的。生态水系景观是生态修复的重要组成部分，合理的植被配置能有效地控制水土流失，维护物种多样性，改善气候，净化空气。

祥云山庄

游区案例来看，尤其是类似哈巴湖旅游景区不具垄断性的地区，如果缺少了文化支撑，景区发展之路不会走远。因此，哈巴湖旅游开发注重文化氛围的营造，深度挖掘人文资源，将文化糅合旅游产品之中，赋予旅游产品以鲜活的生命力，凭借生态、水系、沙漠、古迹、文化等旅游资源开发哈巴湖深度体验理念，突破静态式被动观光的现状，强化游憩方式的创新，以自然与人文相结合的方式，提高参与性、体验性和互动性，把表面观光提升到深层次文化体验式游憩。

专家点评

　　同样是来自宁夏，同样是沙漠湿地，同样是星空旅游，在产品选择和品牌定位方面，哈巴湖生态旅游区探索出了一个不同的形象推广道路：他们的答案就在于紧扣营地生活与年轻力量。对于青少年市场，他们着力于研学与运动；对于自驾游市场，这里提供汽车营地为基础的青春空间。从规划设计、基础设施，到线路组织、团建策划，再到产品植入与文化内涵挖掘，哈巴湖生态旅游区都提出了有效的解决方案：一个形象定位清晰、市场认可度较高、增长潜力仍然有余的"全国级自驾旅游度假胜地""宁夏观星营地"等发展图景已经展开在公众面前。

　　　　　　　　　　　　　　——吴必虎（北京大学城环学院旅游研究与规划中心主任、
　　　　　　　　　　　　　　　　　文化和旅游部"十四五"规划专家委员会委员）

青海省海西蒙古族藏族自治州茶卡盐湖

茶卡盐湖位于北纬 36°18′分，坐落于青海省海西州乌兰县茶卡镇，地处柴达木盆地，北依巍峨的祁连山，南靠昆仑山。高原无污染，得天独厚的自然环境，在茶卡盐湖白天可以看到天空倒影在湖面，水天一色的景象，更神奇的是水映天，天接地，人在湖间走，宛如画中游，被称为中国的天空之镜。夜晚可以清晰地欣赏银河的浩瀚雄壮、低悬于天际的繁星，湖面的反射使得星空与湖面融为一色，出现星空仿佛洒落湖面的景象，被称为中国的夜空之镜。

茶卡盐湖被《中国国家地理》、中新社评为"中国的夜空之镜""中国最美星空"，是因其具备两个得天独厚的观星条件：优越的光环境和足够高的海拔。

茶卡盐湖是风景优美的自然风光区，距离最近的大城市西宁有 300 多公里，附近人类活动较少，避光环境十分优越。茶卡盐湖平均海拔 3059 米，海拔越高，对星空拍摄的影响也就越小，湛蓝的天空，通透的空气，大气中含有的烟雾、尘埃和水蒸气也较少。根据瑞利散射定律，由于尘埃等较粗的微粒及小水滴的减少，使天空中波长较短的蓝紫光比例明显增多，星空就显得更为纯粹。

近些年，茶卡盐湖会定期举办星空主题的活动，有"茶卡盐湖最美星空摄影周""走进天镜 仰望星空诗歌晚会""夜游茶卡，乘坐星空小火车探秘夜空之镜"等，茶卡盐湖繁星倒影湖面的美景被广泛传播，国内外多家媒体连续报道了茶卡盐湖美景，深受大家的喜爱与支持。

为更好服务星空旅游，景区从 2016 年起，就有意减少光污染，成立专门服务保障团队，为游客提供"星空游"线路产品，提供天气预警，保障服务，并邀请国内著名星空摄影师进入景区，为游客授课及现场讲解。景区还设有专门的夜间巡逻、安保团队，及完善的应急处置流程，游客在尽享璀璨银河落入湖面的壮丽景色同时，也可享受无微不至的旅游服务。

新疆维吾尔自治区哈密市伊吾胡杨林景区

伊吾胡杨林景区是世界上仅存的三片胡杨林之一，面积达 47.6 万亩，位于哈密市伊吾县淖毛湖镇东 10 公里处，被专家称为地球上树干造型最独特的胡杨，也是地球上树龄最高、离城市最近的胡杨林。景区主要由"一主，六区域"组成，全程约 22 公里。其中游客服务中心、万年根雕区、弯弓山、翼龙家园、日出东山、胡杨老人、驼铃巴扎均是行程中亮点所在。胡杨林景区主打四季胡杨概念，一树一景，一步一景，且春夏秋冬各有特色，春之勃发、夏之壮丽、秋之辉煌、冬之傲骨。近年来分别获得了"新疆摄影家协会创作基地"和"新疆胡杨画院"、新疆首个"最美星空摄影基地""无人机航拍基地"等多项荣誉，是哈密市旅游业发展新的经济增长点。

伊吾胡杨林景区位于新疆维吾尔自治区哈密市伊吾县北部 73 公里处，位于浩瀚的戈壁深处，北面、东面均与蒙古国交界。伊吾胡杨林是世界上集中连片面积最大的胡杨林，也是世界上最古老、树形最独特、道路通达条件最好的原始胡杨林。这里有苍凉的戈壁，也有屹立千年的胡杨，胡杨林分四个区向人们展示了胡杨的魅力："一千年的生活""三千年的历史""六千年的沧桑""九千年的悲壮"。

根据地方文旅主管部门的推荐，依据"中国最美星空摄影基地"评测标准，活动组委会专家委员会组织专家，对伊吾县胡杨林景区的夜空质量、基地环境、组织管理三个方面进行了全面测评，测评结果为合格，因此在 2019 年 10 月 8 日第二届中国（哈密）无人机航拍大会主题沙龙活动上被授予"中国最美星空摄影基地"称号，伊吾胡杨林正式成为新疆维吾尔自治区第一家获此荣誉的景区。

每当夜幕降临，由于伊吾胡杨林地处大漠深处，这里的气候特别干燥，空气十分通透，满天的星星明亮硕大，璀璨无比，如梦如幻。走进伊吾胡杨林的夜色，如同走进了一个美丽的童话世界，胡杨、星星、月亮、大漠、戈壁一望无垠，让人心旷神怡。辽阔的视野加上多姿的胡杨林，在夜晚勾勒出一幅壮美的画卷。

内蒙古自治区呼伦贝尔市莫力达瓦旗

　　莫力达瓦达斡尔族自治旗（简称莫旗）是内蒙古自治区呼伦贝尔市下辖自治旗，莫力达瓦，系达斡尔语，意为"骑马才能翻越的山"。莫旗位于内蒙古自治区呼伦贝尔市最东部、大兴安岭东麓中段、嫩江西岸。莫旗人文景观独具特色，旅游资源丰富。有风情独特的中国达斡尔民族园、达斡尔民族博物馆、神韵独具的雷击石、历史悠久的金界壕、风景秀丽的莫力达瓦山。尼尔基水库蓄满水后会形成 500 多平方公里的水面，可调整库区温差 8℃左右，是极佳的旅游避暑胜地。加之莫旗特有的民俗风情、地理区位优势、特色自然景观，极具环湖旅游、星空旅游、研学旅游开发潜能。

　　莫力达瓦达斡尔族自治旗位于东经 124°30′北纬 48°28′，境内自然环境优良，生态环境优越，全境南北长 203.2 公里，东西长 125 公里，北与鄂伦春自治旗接壤，西、南与阿荣旗、黑龙江省甘南县为邻，东与黑龙江省讷河市、嫩江县隔江相望。面积约 1.1 万平方公里。

　　莫力达瓦旗全境地势由西北向东南倾斜，平均海拔 400 米，旗境最高峰是位于西北部杜拉尔鄂温克民族乡境内的瓦西格奇山，海拔 638.3 米。有山丘、丘陵、平原三大地貌，为浅山区。境内有大小河流 56 条。莫旗总体上地广人稀，人造光源较少。年平均气温 1.3℃，年无霜期达 115 天（平均），年晴天数 268 天（平均），具有较好的星空观测条件。

　　为更好地落实暗夜保护计划，莫力达瓦旗将从减少人造光源对夜晚天空的光污染开始治理，计划加强城市规划管理，合理布置光源，加强对广告灯和霓虹灯的管理，避免使用大功率强光源，控制使用大功率民用激光装置，限制使用反射系数较大的材料等措施。改善照明条件，正确使用电灯，从社区开始深入百姓与企业，普及宣传光污染危害。

　　莫旗将暗夜保护与大气污染管控治理作为己任，使晴天更蓝，让夜空更璀璨。美丽的星空不仅仅是观赏，也是莫旗对环境保护的指引，让莫旗的自然之美被世人所发现。人类同住蓝天下，莫旗政府愿为地球更健康而努力。

福建省南平市政和县澄源乡

福建省南平市政和县澄源乡距县城 62 公里,面积 271 平方公里,辖 24 个村(场),平均海拔 890 米,地处二元地域,属典型的中亚热带季风性湿润气候,又称高山气候,冬寒夏凉,平均气温 14.7℃,年降水量 1900 毫米,空气湿度大,被誉为"福建夏都",有"18℃的澄源"之称,森林覆盖率达 84%,负氧离子含量大于 8000 个立方厘米,被命名为省级生态乡,是福建的避暑胜地。境内环境优美,风光旖旎,万亩生态茶山云雾缭绕、千亩下榅洋库区碧波荡漾、风车观景台(大和仙殿、刀石板、后山林场 3 处)等都十分适宜露营观星并已具备相应条件,在避暑旅游方面具有得天独厚的自然条件。旅游产业初见成效,全乡旅游规划思路逐渐清晰,邀请集美大学帮助设计澄源乡旅游开发规划,着力打造"环下榅洋水库百里生态景观带"等三大休闲旅游文化圈。澄源乡通过不定期组织的星空摄影、天文科普等活动,近期正在举办"四地澄源·如画新篇"全国摄影活动,暗夜保护、星空旅游理念得到广泛宣传及认可,本地涌现了一批天文摄影、天文爱好者。目前正在推进全域乡村旅游,境内拥有中国传统村落 7 个,省级旅游村 4 个,乡村旅游景点 15 个,拟申报 3A 级景区 1 个。

为了发挥资源优势,树立澄源观星文化和旅游新形象,澄源乡党委、政府开展了"四地澄源·如画新篇"摄影活动,推出澄源星空摄影作品参赛,充分展示澄源观星旅游资源,助推澄源星空主题发展。快速兴起的新产业:为了培育星空旅游产业,澄源乡多措并举,加大在政策和资金上的扶持力度,加大宣传营销和推广力度。各主题特色民宿抢抓机遇,走出了一条高质量发展之路。快速兴起的星空旅游产业不仅成为澄源文旅融合、高质量发展的新亮点,对其他消费产业的带动作用也逐步显现。持续打造的新品牌:澄源乡将通过各大社交媒体平台宣传推介澄源观星资源,持续提高品牌影响力。澄源乡将立足闽北高山的自然特征和文化优势,依托"高山文化""白茶历史""康养休闲"等资源优势,发挥"旅游 +"和"+ 旅游"联动优势,围绕市场消费需求,深入挖掘星空旅游与特色产业内涵,发展星空文旅项目,让星空旅游成为澄源全域旅游的新亮点,让星空旅行成为澄源旅游未来可期的新名片。

湖北省宜昌市太平顶森林公园

太平顶森林公园由宜昌行远建设投资有限公司投资建设及运营管理。位于湖北省宜昌市远安县洋坪镇太平顶林场内，海拔 1325 米，是远安县最高峰，素有"太平胜境，养生福地"之称。公园占地面积 200 亩，森林覆盖率达 99%，林木繁茂，全年最高气温 25℃，日均负氧离子浓度达 10000 个 / 立方厘米以上。

公园以轻奢度假产品为主营业态，以独特的星河景观、高山原始森林悬崖景观为依托，高水平打造了生态雅致的度假环境，高品质建造了能肉眼看星河的森林别墅院落、能极眺云海的悬崖野奢木屋以及静谧舒适的度假客房等产品。另配套有古树环抱的露营广场、独具品调的云汐餐厅、功能齐全的会议厅、野趣十足的垂钓湖、清雅惬意的森林清吧以及 KTV、健身房、棋牌室、有氧步道等设施，共有 26 间度假客房、22 间别墅客房、19 栋木屋单体，共 113 张床位；云汐餐厅有主题包房和大厅，可同时容纳 110 人就餐，是一个集避暑度假、休闲康养、亲子娱乐、商务会议于一体的高山森林公园。

公园一直秉承"生态优先，保护为主"的原则，科学规划用地，不断拓展科普区域、文化交流、摄影观探、娱乐休闲等功能，不定期组织星空摄影、露营观星、天文科普等活动，吸引了大批天文爱好者及摄影爱好者前来。目前，正在积极筹备二期建设，届时将会新建崖边观星平台以及营造特色观星环境。

湖北宜昌太平顶森林公园

湖南省邵阳市新邵白水洞景区

湖南省邵阳市新邵白水洞景区

　　白水洞风景名胜区位于湘中新邵县境内，是国家级风景名胜区、国家地质公园，总面积 144.67 平方公里，有白水洞、白云岩、资江小三峡 3 个景区，自然与人文交相辉映。白水洞名为洞，其实是一条蜿蜒曲折的大峡谷。峡谷地势北高南低，棠溪河从北向南穿谷而过，激荡回环、水白如银。峡谷两侧群峰拱卫，宽窄不一，其形似洞，又别有洞天，故名白水洞。

　　地处湖南之心的新邵白水洞景区，拥有独具特色的自然资源，这里的经纬度、海拔高度、空气质量与气候环境，都具备了发展星空旅游的条件。同时，通过多年来的生态治理，发展成为备受关注的观星地，白水洞景区也因此获得"湖南之心　大美白水"的美誉。

　　为了发挥资源优势，树立"湖南之心"文化和旅游新形象，景区提出并实施了"五个一"计划，即一场星空主题研讨会、一场星空之旅高空发布会、一场《神奇白水，星星故乡》微电影发布会、一场《星空朗读》走进白水洞主题晚会、一系列落地白水洞景区的星空主题研学游活动。

　　近三年来，白水洞景区还举办了多场星空旅游主题的晚会、星空露营音乐节等活动，围绕"湖南之心"打造新邵县文化和旅游新 IP。

云南省香格里拉市仁安山谷松吉星空牧场酒店

仁安山谷松吉星空牧场酒店位于香格里拉的仁安山谷，是一度假休闲和体验传统藏文化的理想之所。酒店毗邻国际五星悦榕庄酒店，距离普达措国家公园约 20 分钟车程，距离独克宗古城约 25 分钟车程。

云南省香格里拉市仁安山谷松吉星空牧场酒店

房源由一栋 20 多年的传统藏式民宅改造而成，占地面积近 2000 平方米：由主楼、辅楼、200 平方米庭院、100 平方米停车场和 1000 平方米草场组成。在保留原有藏族榫卯木质结构和传统藏族壁画和家具的基础上，增设玻璃窗户、隔音和防火水泥层，每间客房均配有地暖、电热毯、干湿分离的卫生间和热水淋浴，以保证舒适的采光和取暖。

这里的传统藏式客厅面积约 200 平方米，夜晚可点上藏式火炉取暖。酒店主人酷爱音乐，擅长马头琴、冬不拉、吉他弹唱。房客可一起参与围炉夜话，一起喝酒跳舞玩儿音乐。房源周边是错落有致的藏族村落，成群的牛羊马儿奔跑在广袤的牧场上，各类鲜花肆意开放，虫鸣鸟叫充盈着成片的森林，河流横穿山谷，袅袅炊烟伴着寺院香火萦绕而上，融合在蓝天白云之下，好一幅世外桃源般的高原牧场画卷。

这里有百年藏族古庙——大宝寺、驻守 16 年的悦榕庄、原生态徒步线路阿布吉。房客可造访古寺，漫步森林草原，与鲜花共舞，和牦牛一起奔跑，和房主一起徒步周边，开启一场深度有趣的藏地旅行。

内蒙古自治区呼伦贝尔市扎赉诺尔区

扎赉诺尔区北近俄罗斯、西望蒙古国，是中国北方草原文化的发源地，近年来，扎赉诺尔区委区政府立足本地区万年文化传承、千年草原文明、百年矿山历程得天独厚的旅游资源，不断推动旅游与文体、文博、文物、文广事业、文旅产业、商贸产业联动和市场互动，全面提升扎赉诺尔区文旅品牌影响力、地区文化价值和核心竞争力。

扎赉诺尔区是兼具边境文化、国际文化、民族文化、红色文化，是文化交融的集聚地。目前，有国家 4A 级旅游景区 1 家（猛犸旅游区），国家矿山公园 1 处（扎赉诺尔国家矿山公园），历史文化遗迹 21 处，共产主义国际红色交通线 2 条，拓跋鲜卑古墓葬 300 余座，国家重点文物保护单位 2 个，自治区重点文物保护单位 3 个，市级重点文物保护单位 1 个，自治区级非物质文化遗产项目 1 个。深厚独特的文化底蕴，为扎赉诺尔传承文化根脉，擦亮城市品牌，打造新的经济增长极提供源源不断的内生动力。

近年来，扎赉诺尔区全面推进呼伦湖生态综合整治，利用生态栖息地和草原暗夜优势，打造观鸟观星胜地。深入挖掘"呼伦湖——海一样的湖"生态自然资源禀赋，承接小河口景区旅游服务功能转移，借助呼伦贝尔地区植物繁盛，候鸟众多的生物多样性，利用扎赉诺尔区周边近 150 平方公里的天然草原，面积辽阔、富饶美丽，光污染影响微弱，暗夜优势十突出的绝佳条件，与农林科技先关科研科普机构合作，积极打造小河口、扎赉诺尔湿地、南北氧化塘、露天矿葫芦岛的带状春季草原观鸟节、观鸟大赛，拓展依托月牙湖、露天矿、猛犸公园特色景观建筑建设形成的点状观星特色摄影等文旅项目，打造地方特色人文、生态文化名片。

2021年度

中国绿色旅游创新发展目的地案例

中国绿色旅游创新发展目的地案例具有良好的生态环境，当地党委、政府高度重视生态保护与生态旅游发展，旅游开发与生态环境保护有机结合，实现了生态保护与经济发展的良性循环。

辽宁省大连金石滩国家旅游度假区

生态优先　建设绿色旅游目的地

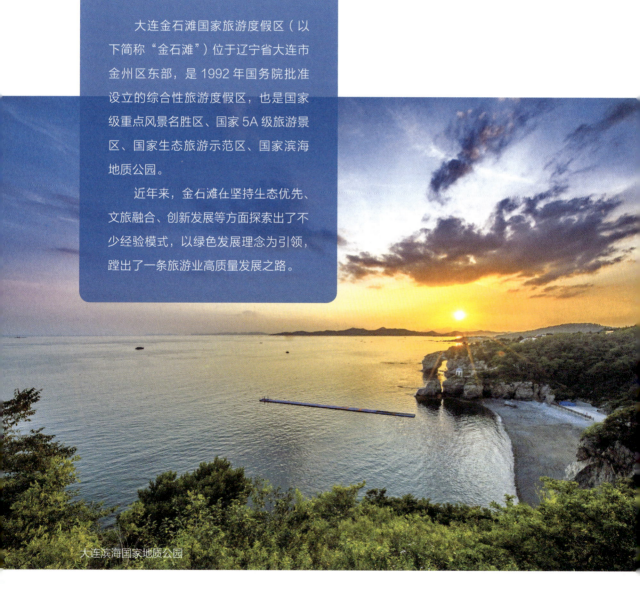

大连金石滩国家旅游度假区（以下简称"金石滩"）位于辽宁省大连市金州区东部，是 1992 年国务院批准设立的综合性旅游度假区，也是国家级重点风景名胜区、国家 5A 级旅游景区、国家生态旅游示范区、国家滨海地质公园。

近年来，金石滩仕坚持生态优先、文旅融合、创新发展等方面探索出了不少经验模式，以绿色发展理念为引领，蹚出了一条旅游业高质量发展之路。

大连滨海国家地质公园

基本情况

金石滩地处北纬39°，欧亚大陆东岸，属暖温带半湿润气候，有"东北小江南"的美誉，辖区总面积70.34平方公里，海岸线长35公里，常住人口7.2万人。先后获评中国十大适游景区、中国最佳滨海旅游度

大连国际沙滩文化节

假胜地、中国国家旅游最佳休闲旅游目的地等多项殊荣。

金石滩生态环境优美，海域生态系统完备，空气质量优质天数超过300天，海水浴场水质优良率达到100%，拥有被称为"凝固的动物世界""天然地质博物馆"的国家滨海地质公园、闻名全国的十里黄金海岸等得天独厚的优势资源和地理位置，是大连旅游资源的核心富集区和风景资源的集中分布区域。在生态环境部主办的2021年美丽海湾优秀案例评选中，金石滩也入选全国首批8个美丽海湾优秀案例，成为东北地区唯一入选案例。金石滩还入选2021年度中国绿色旅游目的地创新发展案例。

经过30年的建设，金石滩已经建成发现王国主题公园、金石滩植物园、文化博览广场、汤景泽日式温泉、鲁能海洋温泉、鲁能希尔顿酒店、硬石酒店等20多个文旅项目，拥有鲁迅美术学院、大连民族大学、大连模特艺术学院、大连国际枫叶学校等10余所院校，每年承办大连国际沙滩文化节、国际冬泳节、国际马拉松大赛等多项节庆活动和体育赛事。良好的环境、服务设施和功能，吸引着世界各地游客慕名而来，2021年接待游客人数650万人次。

经验做法

金石滩以"打造世界级滨海旅游度假胜地和唯美浪漫的爱情圣地"为目标，以"高起点定位、高标准规划、高质量发展"为遵循，以"创新、特色、精品"为引领，以"品质、品位、品牌"为追求，以"旅游＋度假、文化、体育、康养、研学、婚庆、会展"为主导，坚持生态优先、文旅融合、创新发展，以"龙头"之势引领大连旅游业高质量发展。

1. 以顶层设计为牵引 打造生态金石滩

金石滩树立并践行"绿水青山就是金山银山"理念，统筹区街共建，推进环境建设工程，确保配套设施完善、交通顺畅、环境优美、秩序井然，景区环境明显改善提升。2021 年，按照中央、省、市"十四五"规划纲要的总体要求和度假区的目标

大连滨海国家地质公园——恐龙探海

定位，编制《度假区旅游发展战略规划》，其中明确提出进一步树立生态系统观念，建立生态金石滩。

金石滩积极推进旅游绿色开发，落实国家双碳战略，构建生态友好的旅游环境和生态化、集约型的旅游经济体系。以省市两级海洋生态环境保护规划为引领，以改善区域海洋生态环境质量为核心，全面开展生态修复，启动大连滨海国家地质公园二期提质升级建设工程。目前，度假区绿化覆盖率已提升至 46%，人均公共绿地面积约 470 平方米，海水浴场水质为一类水质，生态环境质量显著提升。

2. 以独特资源为依托 提升绿色发展总量

发展的前提是保护，保护的回馈是更好地发展。金石滩积极探索和尝试在保护好生态资源的基础上，深挖一批生态观光游、研学游、康养度假游等文旅业态，培育精品旅游线路，提升绿色发展总量。

2021 年，金石滩将优势滨海资源与露营相结合，打造时光海露营地，让游客享受到精致露营的户外体验；以碧海蓝天为背景，成功举办地质公园首届海胆节；引进鲁能美丽汇鲸屿市集，提升十里黄金海岸沙滩功能服务配套水平，增加沙滩及近岸水上娱乐项目；依托各类生态文旅项目，开展杜鹃花海节、菊花展、生态集市、葡萄酒品鉴等特色生态旅游活动；系统性开发特色研学课程、营地教育，进一步促进旅游与研学的深度融合；依托相关红色资源，积极开发红色党建线路，弘扬红色主旋律；依托相关文化活动，大力发展"旅游 + 体育"产业，将文化的"韵"、旅游的"趣"和体育的"动"结合起来。

3. 以重大项目为驱动　丰富旅游产品供给

围绕产业布局，金石滩加大旗帜性、引领性的文旅项目引入力度，通过精准招商、诚心邀商、环境引商、愿景聚商，投资吸引力与日俱增，众多文旅大项目纷至沓来。

近两年来，招商落地文旅项目 21 个，总投资 318 亿元。其中包括：总投资 80 亿元的航海时代海洋文旅城项目、总投资 60 亿元由悦榕中国参与运营的众益·圆梦海岸项目、投资 30 亿元的葡萄酒小镇项目、三亚蜈支洲岛的快乐海岸项目……这些项目极大地丰富了大连旅游的产品供给，为大连乃至辽宁省文旅产业高质量发展提供新动能。

4. 以"活动 + 营销"为手段　助推品牌影响力显著提升

金石滩秉承"政府搭台、企业唱戏、区域联动、拉动经济"的办节理念，创新举办各类节庆活动和大型赛事，2021 年成功举办了大连国际沙滩文化节、大连首届国际婚庆节、"逐浪金石滩"樱桃快乐跑、金石滩"虾逛市集"、鲸屿市集等 50 余项节事活动。其中，沙滩文化节仅开幕式当日客流量达到 7 万人，媒体传播量突破 3 亿，其间接待游客人数突破 300 万人次。

金石滩还通过与上海国际旅游度假区、三亚旅游推广局等国际旅游目的地开展合作共建，打造"金石滩牵手上海滩""南有海南三亚湾、北有大连金石滩"品牌，实现资源共享、市场共建、客源互送、利益共赢，助推度假区游品牌影响力显著提升。

十里黄金海岸

金石滩一帆风顺广场

5. 以服务品质为保障 营造"五员、五心"发展环境

为规范旅游市场秩序，金石滩建立联合执法机制，保障市民游客的切身利益，不断提高游客满意度，让市民和游客有获得感、幸福感和安全感；同时加大旅游安全生产检查力度，多年未发生旅游安全事故。

2021年，金石滩还建立了社会监督机制，以"监督＋体验"助力旅游服务质量再提升。推进智慧旅游建设，上线"智游金石"智慧旅游小程序，实现一部手机游金石。启动全域旅游标准化建设，全力打造"五员、五心"（人人都是度假区的安全员、宣传员、清洁员、招商员、服务员，营造安心、顺心、舒心、放心、开心）发展环境。

创新启示

1. 创新性出台《项目全流程管理实施意见》

《项目全流程管理实施意见》是大连市首个聚焦园区功能定位和产业定位，对项目招引准入和建设运营进行规范化、标准化管理的区域性实施意见。《实施意见》坚持贯彻新发展理念，以推动高质量发展为主题，贯彻"绿水青山就是金山银山"的开发原则，按照

全程管理、重点管理、统筹管理
原则，对项目招商、建设、运营
等环节进行全流程管理，并在后
续细化政策中进一步明确了重点
鼓励类、一般鼓励类、限制类项
目，对关系社会安全和生态安
全、不符合度假区产业发展方向
等项目实行严格控制。

大连滨海国家地质公园

2. 创新性构建旅游消费新场景

以"旅游＋度假、文化、体育、康养、研学、婚庆、会展"为主导，不断丰富旅游业
态，满足人们对美好生活的向往。依托各类优质资源，构建多种旅游消费新场景，大力发
展度假旅游、康养旅游、体育旅游、文化旅游、婚庆旅游、研学旅游等，还举办沙滩文化
节、音乐会、新春文化节、婚庆节等文化旅游活动，为游客提供"食住行游购娱"为一体
的度假新体验。同时，注重培育旅游产业"新字号"，通过科技创新、数字技术等方式为传
统旅游业态进行科技赋能，实现转型升级。

3. 创新性提出"全域旅游标准化建设"概念

与其他地方全域旅游的创建相比，金石滩全域旅游标准化实施方案借鉴参考国际国内
150 余项旅游服务业相关标准，构建了以服务企业、服务游客、服务旅游配套设施为主要
内容的三大标准体系，共 11 项标准，涵盖了服务礼仪、服务辖区企业、招商引资服务等度
假区旅游服务各个方面。与一般的标准化项目不同，金石滩全域旅游标准化建设创新性地
将标准化与"五员""五心"服务理念相结合，探索精神文明建设新模式。

专家点评

　　大连金石滩国家旅游度假区自然资源优越，在多年的发展中已经在滨海旅游度假领
域形成了一定的品牌效应，而且近些年并没有故步自封，不断创新求变谋壮大。金石滩既
凝视旅游消费端的需求变化，又聚焦旅游供给端的迭代升级，在战略、营销、产品、服务
等方面有诸多创新亮点，尤其是以"生态＋"为经、以"文旅＋"为纬，谱写了一篇篇旅
游业绿色发展、高质量发展的好文章，擎起了大连乃至辽宁省旅游业的一面旗帜。

　　　　　　　　　　——戴学锋（中国社会科学院研究员、财经战略研究院旅游与休闲研究室主任、

　　　　　　　　　　文化和旅游部"十四五"规划专家委员会委员）

江苏省金坛茅山旅游度假区

"依山带水"改善生态"山水造景"赋能发展

江苏省金坛茅山旅游度假区（以下简称"茅山度假区"）位于江苏省常州市金坛区，地处长三角区域一体化中心地带、上海都市圈和南京都市圈的核心交会处，2013 年经江苏省人民政府批准设立为省级旅游度假区。

近年来，茅山度假区充分发挥长三角核心区位优势，围绕长三角知名生态旅游休闲地、长三角首席道养休闲度假目的地、国家级旅游度假区的发展定位，不断丰富旅游产品，因地制宜探索绿色创新发展模式，取得积极成效。

一号农场

基本情况

茅山度假区下辖11 个行政村和茅东林场，规划总面积 128 平方公里，坐拥闻名遐迩的道教名山——茅山，拥有丰富的自然资源和深厚的人文底蕴，区内山水林泉相依、盐茶药果共生、宫观非遗相应，为江

金坛茅山旅游度假区

苏省首家"中国森林氧吧"、享誉中外的绿茶（名茶）之乡，是中国著名的道教圣地。

茅山度假区生态环境优美，负氧离子含量达 4790 个 /cm^3，区内茅东林场面积 1973.33 公顷，森林覆盖率 91% 以上，空气质量达到 GB 3095 一类区标准，茅东水库等四十余座水库环绕山脚，茅山泉等泉潭泉池星罗棋布，茅山森林素有"生态博物馆"之称，盐矿、茶叶、稻米、花果、中草药应有尽有，度假区 2021 年被评为国家森林康养试点建设基地。

茅山度假区自建成以来，先后引入和培育了多个在长三角亮眼且有影响力的景区，分别是国家 4A 级旅游景区——东方盐湖城·道天下，国家 4A 级旅游景区——茅山森林世界，国家 4A 级旅游景区——花谷奇缘，国家 3A 级旅游景区——茅山金牛洞，中国最美乡村、首批全国乡村旅游重点村——仙姑村，江苏省乡村旅游重点村——上阮村，江苏省五星级乡村旅游区——一号农场，全国连锁直营品牌民宿——半边山下，茅山医疗养生之都——茅山颐园医养小镇等；连续多年举办了乡村过大年、仙姑丰收节、金坛茅山森氧跑、金坛茅山山地半程马拉松、金坛茅山汽摩文化节等节庆活动。2021 年，度假区共接待游客人数 568 万人次，实现旅游收入 16.3 亿元。

经验做法

茅山度假区紧紧围绕"高标准、精品化、特色化"的发展要求，以国家级旅游度假区创建为抓手，坚持依托道家文化、拓伸道养理念，逐步明确了"金坛茅山，道养江南"的品牌形象，大力培育茅山"八重道养"产品与业态体系，全力打造融观光休闲、研学旅居、运动拓展、商务会奖、康养度假等功能为一体的旅游度假目的地。

1. 强谋划、顺体制，构建管理运营新体系

茅山度假区不断创新发展模式，以"政府搭台、企业唱戏、市场主导"为原则，形成了以"龙头文旅企业示范引导、中小特色项目深度融入、新型旅游业态持续涌现"的旅游产业新格局。

度假区坚持走生态绿色发展之路，始终把人文资源和自然资源有机结合，以生态之美成就发展优势，不断释放生态保护价值，按照生态优先、绿色发展的总要求，金坛茅山做足"山水文章"，打造常州长三角休闲度假中心"最美窗口"。

度假区建立以旅游总体规划为统领的规划体系，从规划层面强化环境综合整治、景观环境提升、生态空间管控以及农居民建房、林地征占用等工作指导。

2. 理资源、挖内涵，打造文旅消费新场景

茅山度假区以文化和旅游资源普查为契机，摸清家底、深入挖掘、提炼升华，形成金坛茅山特有的文化和旅游资源体系，以优质文旅资源为依托，以发展新形势和市场需求为导向，围绕内核策划产业体系和产品功能，以茅山文化的精髓赋予旅游产品生命力和竞争力。

度假区以"绿野仙踪"全国最有诗意的路，串联沿路的景区景点。已建成的国家4A级旅游景区东方盐湖城道天下、花谷奇缘、茅山森林世界，国家3A级旅游景区茅山金牛洞等旅游景区粗具规模。打造生态有机一号农场·萌动乐园、南湖养生度假庄园、茅山颐园等若干重大项目，培育全国最美乡村——仙姑村、民宿特色乡村——半边山下、南部片区——上阮水果采摘区等多个乡村旅游聚集带。绿色生态的旅游项目，持续带动了经济的高质量发展。

3. 推项目、夯基础，汇聚跨越发展新动能

茅山度假区重点围绕温泉、盐、茶等文旅资源，瞄准一站式度假综合体、夜经济消费综合体、体育旅游综合体、科教研学综合体等新兴业态，全力招引引爆市场、带动性强、后劲十足、错位发展的重大项目，为茅山文旅持续发展注入新动能。

2021年以来，度假区分别与箱根温泉集团、开元森泊酒店集团等文旅集团进行了接洽、考察和会谈，紫云

东方盐湖城

湖度假酒店、明月湖酒店以及美池凯莱温泉度假酒店等项目正在加快建设。度假区内茅山森林世界、花谷奇缘、一号农场·萌动乐园等景区进行了业态更新升级，度假区构建多元化旅游业态，打造全产业化旅游目的地，促进旅游提质升级。

茅山森林世界

4. 抓营销、广宣传，力促品牌推广新成效

茅山度假区着力提供丰富多彩的四季文旅节庆活动，2021 年以来成功组织举办了乡村过大年、春到茅山赏花季、金坛茅山山地半程马拉松赛、"中国旅游日"江苏省分会场活动、献礼建党百年主题摄影展、2021 美丽中国行·旅游高质量发展（金坛茅山）论坛、"一鹿有你森藏世界"金坛茅山秋季产品发布仪式、龙城芳华旗袍大赛、仙姑丰收节、汽摩运动文化节暨房车露营嘉年华等十余场线上线下主题活动和节庆活动，形成了一批全国知名的文化旅游节会品牌。

茅山度假区坚持"引进来"和"走出去"相结合，加强与国内知名媒介合作，开展国际道养高峰论坛、媒体茅山采风行等活动，在南京国际度假休闲及房车展览会、苏州第三届大运河文化旅游博览会、淮安洪泽中国江苏地标美食城市发展峰会等现场进行推介和展示，提升品牌知晓度和传播力。

5. 水为幕、花为笔，绘就生态山水新画卷

茅山度假区坚持"发展和生态"两条底线，因地制宜，以绿色循环低碳为基本路径，提升发展质量和效益，以生态为主线，绿色为基调，建设山水林田湖草生态保护修复示范引领区，不断推进高质量发展。

茅山度假区出台《度假区环境综合整治方案》，投资完成对茅东、双山、营盘山等 7 个废弃宕口的生态修复；对关闭的轧石场、养殖场进行土地复垦和见空补绿、见缝插绿；国家储备林项目、低产林改造等多措并举，完成 1700 多亩裸露土地的复绿任务；修建了 40 多公里的生态绿道和 55 公里的生态廊道；新增多个可供观赏、游览的景点；编制生物多样性保护规划；加大对保护区内疑似破坏点位的核查和整改力度，建立完整的生态"网格化"巡查和上下联动的长效监管机制。2020 年 7 月度假区通过了 ISO14001 环境管理体系认证。

东方盐湖城

6. 提品质、促效率，实现旅游服务新突破

为提升旅游质量，茅山度假区组建"茅山 V 风"志愿者团队，进行交通引导、秩序维护、信息咨询、游客服务、嘉宾接待等工作。积极探索创新，围绕民宿、农家乐行业出台管理办法，指导旅行社运营，推动福地茅山旅游年卡、趣茅山电商平台项目。

度假区突发事件应急处理机制完善，针对各类重大自然灾害、突发事故、突发公共卫生事件等出台了综合应急预案。成立了度假区派出所，制定了旅游巡回法庭工作机制，在打击非法旅游活动、加强景区巡逻防范、快速协调化解矛盾、维护景区交通秩序、处理旅游安全事故、接受游客求助咨询等方面发挥职能，为游客提供安心、放心、舒心的服务。

创新启示

1. 创新性构建绿色发展产业体系

茅山度假区秉持"生态优先、文化挖掘、创新创意、产业融合、全域发展"的理念，成功申报成为国家级森林康养试点建设单位和江苏省首批文化和旅游产业融合发展示范区，并出台了《江苏省金坛茅山旅游度假区森林康养专项规划》及《江苏省金坛茅山文化和旅游产业融合发展示范区建设实施方案》，坚持贯彻"绿水青山就是金山银山"的开发原则，在保护好山水林泉盐茶药果等资源的基础上，大力发展红色旅游、研学旅游、农业旅游、非遗体验、体育赛事、康养度假等，并举办国风大典、森氧跑等一系列节庆活动，不断丰富文化旅游产品和服务供给。

2. 创新性出台行业管理制度规章

针对近年来日益兴起的农家乐、民宿等新业态，为引导其规范经营、合理发展，茅山

茅山森林世界　　　　　　　　　　　　　　　　　　　　　　　　　绿野仙踪

度假区在经过多次调研、广泛征集意见的基础上，根据地区实际，积极探索创新，制定了《江苏省金坛茅山旅游度假区农家乐管理办法》和《金坛区促进民宿（网约房）业高质量发展实施方案》，从开办条件、服务规范、配套设施等环节进行全流程管理，持续加强标准宣传和实施，使得行业监管有章可循，从而提高旅游市场规范化水平，提升游客体验质量和满意度，推动度假区高质量发展。

3. 创新性建立部门联动体制机制

茅山度假区以国创工作为主线，国创推进进程中，推动各相关部门通力合作，健全度假区国创工作协调机制，及时解决跨部门间问题，统筹国创各项事宜，部门间协调顺畅、形成工作凝聚力，定期召开度假区国创工作推进会议。与薛埠镇加快区镇融合，建立党政联席会议制度，出台《关于进一步优化江苏省金坛茅山旅游度假区及薛埠镇管理体制机制的意见》。与各部门形成常态化对接机制，统筹旅游警察、医疗卫生、城市管理、巡回法庭、"茅山 V 风"等部门，提供优质的矛盾调解、交通保障、医疗保障、志愿服务。

专家点评

金坛茅山旅游度假区秉持"绿水青山就是金山银山"的发展理念，通过组建跨部门的统筹管理体制，以绿色旅游度假区建设为发展目标，几年来完成对 7 个废弃宕口的生态修复，1700 多亩裸露土地复绿，同时修建了 55 公里的生态廊道，让游客进入度假区犹如进入森林氧吧。同时创新监管模式，通过组建旅游警察、城市管理、巡回法庭、"茅山 V 风"等部门统筹联动机制，形成生态"网格化"巡查和上下联动的监管机制，随时对保护区内疑似破坏点位进行核查和整改。为此，度假区于 2020 年 7 月度假区通过了 ISO14001 环境管理体系认证。金坛茅山旅游度假区也成为长三角绿色度假区的典型代表。

——戴学锋（中国社会科学院研究员、财经战略研究院旅游与休闲研究室主任、文化和旅游部"十四五"规划专家委员会委员）

新疆维吾尔自治区那拉提国家旅游度假区

做好"生态美旅游旺文化兴"大文章

那拉提国家旅游度假区位于新疆维吾尔自治区伊犁哈萨克自治州新源县境内,地处天山腹地,度假区主要由高山草原观光区、哈萨克民俗风情区、旅游生活区等组成。近年来,该度假区围绕生态保护、旅游发展、文化传承、乡村振兴等方面作出了一系列好文章。

陈新成／摄影

基本情况

那拉提位于伊犁河谷东端，是世界四大高山河谷草原之一，新疆连接南北、沟通东西的交通枢纽，新疆旅游大环线的重要节点；这里有典型的高山河谷草原地貌、极为壮观的垂直自然景观，丝路文化、乌孙文化、游牧文化、民俗文化交相辉映，得天独厚的地理位置和气候条件，形成了那拉提世界级的旅游文化资源禀赋。

苍茫草原　吴斌 / 摄影

那拉提旅游开发初始于 20 世纪 80 年代，已开发景观 260 平方公里，打造精品旅游线路 9 条，主要景观景点 27 处，景区内共有旅游企业 20 家，各类娱乐项目 36 个，是融摄影游、民俗家访游、自驾游、亲子游、研学游、星空露营、徒步探险等多种旅游方式为一体的旅游休闲度假胜地。

通过多年的发展，那拉提景区相继荣获国际休闲度假旅游目的地、国家 5A 级旅游景区、国家生态旅游示范区、国家级服务业标准化试点景区、全国民族团结进步创建示范景区、国家旅游度假区等国家、自治区级荣誉称号 40 余项，是全疆唯一的国家级旅游度假区。

经验做法

1. 遵循"最宝贵的是生态"理念，促进生态保护和旅游发展和谐共生

一是实行以外保内策略。坚持"产、城、景"融合一体规划发展，邀请顶尖设计团队编制那拉提城市设计和控制性详规，打造世界级旅游度假目的地、伊犁州和北疆旅游服务核心区，规划面积 11.64 平方公里、10 万人口。高标准加强景区生态保护，对草原禁牧轮牧、游客载荷、临时建筑、车辆进入等作出严格规定。落实生态保护红线、环境质量底线、资源利用上线硬约束，划分 137 处景观单元，构建以"三线一单"为核心的生态环境分区管控体系。二是严格生态保护规划。严守自然保护区、森林公园、风景名胜区、水源涵养地、国家公益林地等生态保护红线，严格按照那拉提风景名胜区总体规划（2015—2030年）审批建设项目，坚决制止破坏、污染景区生态环境的项目进入景区和开工建设。三是维护林草生态平衡。加强草场使用、牲畜放牧的调控及管理，划定禁牧区 11.4 万亩、限牧

区 17.6 万亩，设定草原载畜量 37.09 万头。制定牲畜管理办法、农牧民转场方案，治理草场过度放牧和退化，近三年禁牧轮牧区牧草产量年均增长 20%。广泛开展植树造林和生态恢复，年治理毒害草 1 万亩，防治鼠害 14 万亩、虫害 5000 亩左右。四是推行绿色低碳建设。严格办理项目环保审批手续，做好施工期间环境管理。建成星级旅游厕所 10 座、智能环保厕所 9 座、车载式流动厕所 6 座，增设自动除臭功能并实时监测。推进生活污水集中收集和无害化处理，新建日处理 3800 立方米的污水处理厂，铺设污水管网 14.6 公里，引进专业公司运营管理。五是强化生态修复提升。投资 4800 万元，对地质灾害隐患和空中草原11.9 公里盘山道路沿线环境进行治理及生态修复。计划投资 6200 万元，对河谷景区道路、沃尔塔交塔道路、盘龙谷道路沿线的地质灾害点进行生态修复，打造最美生态旅游风景。

2. 破解"最难的是产品"瓶颈，构建高品质、多层次的全季全域旅游产品体系

一是开发度假旅居产品。联合无锡灵山文化旅游集团高起点、高层次规划建设哈茵赛·拈花湾、哈茵赛冰雪乐园等大型度假旅居产品，引进国内一流酒店管理集团——金陵饭店、扬州扬子江集团提升度假区内住宿设施、餐饮档次，引入"可爱的新疆"餐饮品牌，实施"可爱的那拉提"丝路宴项目，围绕"食住行游购娱"，为游客提供全链条、多层次、多样化的服务体验。二是提升休闲观光产品。建设天界台索道，结合夏冬两季不同功能，保障冬季旅游交通可进入性。实施乌孙古街演艺项目，打造集旅游演艺、特色餐饮、农牧产品销售、民俗体验于一身的大型文化旅游综合体，并创作编排了现代马舞剧《守望那拉提》，为游客提供民俗旅游文化盛宴。三是丰富节庆旅游产品。以春季"那人、那车、那山"花式骑行登高大赛、夏季"草原文化节"、秋季"秋草艺术节"和冬季"江南舞冬韵、雪恋那拉提"冰雪节为主打的四季文化旅游精品节庆活动精彩纷呈，结合骑马射箭、高空观景、山地越野、划艇漂流、风筝滑雪、秘境穿越等多种娱乐项目，打造出河谷四季游憩区、峡谷森林休闲活动区、草原牧民生活体验区、雪山特种旅游区、旅游度假接待区、原生态环境保护区和自驾车行游区七个特色区域，构建出多业态融合、多场景覆盖、多资源融合的协同发展模式，成为集草原生态观光、文化体验、休闲度假、户外探险于一身的世界级旅游目的地。四是拓展农旅融合产品。积极推进农特产品进景区，引进新疆风味自选餐厅、西部品呈农特产品超市、O2O 农特产品体验馆等农特产品销售 20 家，加工销售特色农产品，带动农牧民增收致富。发展休闲观光农业，发挥哈萨克第一村、花海那拉提、那拉提空中乐园等景点优势，增加休闲娱乐项目，推进一二三产融合发展。

3. 突出"最核心的是文化"主题，深入推进文旅融合，不断提高景区首位度美誉度

一是提升品牌定位形象。围绕展现绝美高山草原风光、独特河谷生态体系、舒适宜居气候环境，让游客充分领略"诗与远方"，全新打造"人间仙境——一个拨动人心弦的地

方"品牌。借助央视春晚《可可托海的牧羊人》热点效应，联合专业团队制作了 30 余首原创歌曲，发挥网红局长贺娇龙"贺局长说伊犁"抖音账号影响，不断提升品牌影响。开展四季节庆活动，创新活动组织，放大品牌效应。二是推进文旅深度融合。坚持"以文塑旅、以旅彰文"推动文旅融合发展，以高质量供给满足文化和旅游市场需求，高标准打造哈茵赛·拈花湾特色民宿村落，那·书院文艺采风创作基地，"乌孙大营"微影视城、乌孙古街，那拉提乐队，特色文旅 IP 动漫片《奇遇那拉提》，创编《守望那拉提》大型歌舞剧、空中草原民族传统婚礼演艺等文旅融合项目，在旅游体验中植入深层次的文化内涵，全力推动各民族文化的传承保护和创新交融。三是借乘营销新风向。搭建自有新媒体矩阵，逐步形成景区私域流量池；借助专业音乐平台优势，将那拉提的发展历程、文化气息、本地民族小调等多方面融合到作品中，使得那拉提独特的旅游文化资源在短期内通过音乐作品得到集中推广，为那拉提整体形象宣传和产品推广奠定良好基础，也更加贴近游客。

4. 秉承"最关键的是交通"思路，拓展交通旅游融合发展新路径

一是推进"便捷"区域交通体系。积极争取提升那拉提机场服务能级，加快推进铁路、公路建设，提前谋划交通衔接，完善大交通服务体系。加大航线扶持力度，促成机场与航空公司开展合作，推动开通长三角、珠三角重要客源地直飞航线。发挥铁路集约化运输优势，推动新建伊阿（伊宁—阿克苏）铁路，全长 686.54 公里，在那拉提镇区设站，构建区域铁路旅游通道。推动那巴（那拉提—巴伦台）高速公路项目，疏解区域货运交通和过境交通，增强交通网络承载能力。二是加强"畅行"镇区交通衔接。拉开城镇框架，投入 1.1 亿元，建成长 5.9 公里的北环路。推进 G218 那拉提镇区段改造提升，按照城市道路标准进行规划设计和改造，全长 20.83 公里、投资 6.19 亿元。延伸打通北环路，剥离 G218 过

杨晓千 / 摄影

江山如画 张江品 / 摄影

境、货运交通功能，缓解那拉提大道交通压力。构建"四横十三纵"的干路网络体系，串联镇区各个组团，均衡城镇交通压力。

创新启示

那拉提立足景城融合、产城融合，紧贴民生推动高质量发展，致力提升国家级旅游度假区建设水平，打造世界级旅游目的地，依托一流的资源、制定一流的规划、引进一流的资本、引入一流的企业、打造一流的产品、创建一流的品牌，争当旅游行业的标兵，争做乡村振兴的表率，做好"两山"理论的实践，筑牢社会稳定和民族团结的基石，努力建设全疆顶流、全国一流、世界知名的旅游目的地。

1. 创新旅游新模式，争当旅游行业的标兵

努力在深化景区管理体制机制改革上走在前列，建立那拉提景区和那拉提镇融合发展的新机制新模式，在健全体制、资源开发、资产运营、管理机制上探索创新，更大力度、更大范围整合发展资源、集聚发展合力。努力在深化旅游供给侧结构性改革上走在前列，立足新疆，面向全国，走向世界，持续提升旅游产品供给质量，推动由"门票经济"向"产业经济"转型、由夏季游向四季游转型、由观光游向休闲度假游转型。努力在高品质服务上走在前列，抢抓国内大循环机遇，顺应旅游消费升级，推进旅游服务标准化、智慧化、特色化、品牌化，满足全国游客个性化、多样化的旅游消费需求，打造旅游高品质服务的标杆示范。

2. 创新旅游产业体系，争做乡村振兴的表率

发挥那拉提景区产业带动能力强的优势，建立健全供应链、产业链、利益连接链，带动镇村产业格局重构、农业高质高效、三产繁荣发展，构建以旅游产业为核心、三产服务配套、农旅融合发展的现代乡村产业体系。发挥旅游"一业兴百业旺"的带动作用，通过提供公益岗位、成立合作社、加强技能培训、推进农产品加工、发展民宿餐饮、开展民俗演艺等方式，组织吸纳更多农牧民有序参与、就业创业，探索拓展旅游富民、共同富裕新路径。统筹谋划景镇村旅游产业布局、旅游业态分布，协同推动乡村道路、供

春季那拉提　邹学炯／摄影

水、电力、通信等基础设施配套，推进农村改厕、污水处理、垃圾处置、农村人居环境整治，建设环境整洁、特色鲜明、宜居宜业宜游的美丽乡村样板。

3. 创新构建自然和谐共生，做好"两山"理论的实践

促进人与自然和谐共生。牢固树立"绿水青山就是金山银山"的发展理念，统筹山水林田湖草沙冰系统治理，强化景镇村国土空间规划和用途管控，推进草原森林河流休养生息，实施生态修复工程，推行生态厕所、绿色交通、垃圾集中收运，严格项目环境评估，建设天蓝、山绿、水清的生态文明新样板。推动生态优势更好转化为发展优势。坚持生态是资源和财富，保护和发展好那拉提生态优势，以产、城、景融合为抓手实现共建共享，实行"以外保内"策略，使生态竞争力更好转化为发展竞争力。

4. 创新旅游消费新场景，筑牢社会稳定和民族团结的基石

以旅游经济为主导壮大农村集体经济，增强基层组织凝聚力战斗力。依托那拉提旅游经济的快速发展，因村制宜、因村施策，盘活存量、做大增量，壮大村级集体经济，带动乡村发展、民生改善、环境提升，引领各族群众感党恩、听党话、跟党走。以旅游产业为纽带发展专业合作经济组织，提高农牧民组织化程度。围绕旅游产业，发展马队、农牧家乐、传统手工艺品、民俗演艺、采摘、毡房、民宿等专业合作社或协会，将分散经营的农牧民有效组织起来，引导他们在增收致富中更加珍惜稳定、共同维护稳定。以旅游活动为载体搭建交往交流交融平台，促进各民族团结和睦、守望相助。以凝聚人心为根本，以铸牢中华民族共同体意识为主线，开展丰富多彩、参与度高的民族团结、民俗旅游、节庆活动，让各族群众在与全国各地游客的交往交流中深化了解、增进团结，筑牢民族团结一家亲的思想根基。

专家点评

近年，那拉提走出了一条在发展旅游的同时保护环境，在发展旅游的同时传承民族风貌的绿色生态发展之路。由于度假区面积260平方公里，地域异常广阔，因此度假区并没有采取限制自驾车进入的简单粗暴的措施，而是通过精细化管理与疏导让自驾车不破坏草场。由于区内有大量当地牧民，度假区也没有赶走当地牧民，而是通过治理毒害草、限牧、轮牧等方式保护草场；通过组织牧民马队、划定毡房和购物区等方式，让当地牧民从旅游开发中受益。同时引进投资商开发与民族传统相关的历史文化演出，让历史民族文化得到更好传承。那拉提在开发旅游的同时，兼顾各方利益，探索了在广阔区域，生态文化、当地牧民、旅游者和谐发展的生态绿色发展之路。

——戴学锋（中国社会科学院研究员、财经战略研究院旅游与休闲研究室主任、文化和旅游部"十四五"规划专家委员会委员）

山西省静乐县

　　静乐县坚持以文促旅、以旅彰文，依托现代农业产业示范区，全力打响"静乐生活"区域公共品牌，做好文旅联动文章，发挥良好的生态优势，逐步将生态优势转化为旅游发展优势，着力打造生态旅游特色县。静乐县以"太原后花园、忻州特色县、乡村桥头堡"为目标，以打造特色鲜明的旅游目的地为导向，按照全省打造文化旅游战略性支柱产业、全市创建全域旅游示范区标杆的要求，积极融入黄河、长城、太行三大旅游板块，加强景区景点建设，完善旅游要素，提升旅游服务水平，大力发展乡村旅游，逐步构建以"三山两河"为主、以"静乐八景"为基、以"乡村旅游"为魂的旅游发展格局。静乐县拥有"一带一路品牌影响力城市"和"中国天然氧吧"等亮丽的名片，还有"中国民间剪纸文化艺术之乡"和"中国藜麦之乡"的美誉。此外，该县还荣获了国家卫生县城、国家园林县城、全国文明城市提名城市的荣誉称号。

山西省静乐县自然风光

吉林省前郭县

近年来，前郭县认真践行"绿水青山、冰天雪地都是金山银山"发展理念。以科学的方法做好生态保护重点工作，以发展的眼光谋划生态旅游特色亮点，小镇建设、5A 创建、节庆筹办、景区管理等各项重点工作齐头并进，多点开花，游客络绎不绝，热度持续不减。

各级领导高度重视，精心谋划统筹安排

前郭县高度重视生态旅游产业链链长制建设工作，成立了由县政府分管副县长为组长、县直相关单位为成员单位的生态旅游产业链链长制工作领导小组，科学制订工作方案，利用"五化工作法"，高位组织推动专项落实督察督办、协调沟通等工作，确保工作高质高效、落实落细。

坚持规划先行，明确创建目标

加强顶层设计，聘请北京巅峰智业有限公司、上海同济大学，高标准编制了《查干湖景区创建国家 5A 级景区提升规划》《查干湖旅游经济开发区生态旅游发展专项规划》，科学系统整体推动查干湖景区生态修复、水质提升等开发建设工作。

打造品牌节庆活动，助推生态旅游发展

积极打造品牌旅游节庆活动，精心打造"查干湖冰雪渔猎文化旅游节""查干湖蒙古族民俗文化旅游节""查干湖春捺钵开湖鱼美食节""查干湖生态旅游季"等主要节庆品牌，进一步打造具有"春捺钵、夏赏荷、秋观鸟、冬渔猎"四季查干湖旅游品牌。

加大投入力度，筑牢生态基础

自 2020 年以来，累计投入资金达 20.02 亿元，谋划实施项目 20 个。景区大门、游客服务中心、安代路慢行系统等一大批景区基础设施已全面投入使用，为游客创造了"方便、安全、快捷、舒适"的旅游环境。同时，建成了景区智慧化管理系统，更换各类标识标牌 2450 个，投资 4.5 亿元对南、北景区进行风貌提升。

江西省全南县

近年来，全南县大力实施省委"绿色崛起"工作方针，依托优越的生态环境、醉美自然风光，大力发展现代旅游首位产业，唱响"绝美全南、醉氧全南"品牌，打造服务大湾区的康养旅游目的地。全南现代旅游井喷发展，面对疫情冲击仍然逆势上扬，2021 年前三季度游客接待人数突破 400 万人次，旅游收入突破 30 亿元，比 2016 年分别增长 5 倍和 6 倍。

高度重视生态保护与生态旅游产业发展

成立县生态环境保护领导小组，由县委主要领导任组长，全面贯彻落实新发展理念，推进"林长制""河长制""湖长制"，对全县生态保护、资源开发进行全面统筹、全面协调、全面管理，既要求全面保护生态资源，又着力推进发展以生态康养、休闲养生、体育运动为主题的现代旅游首位产业。

着力推进生态保护与经济发展良性循环

全南是省级生态县，森林覆盖率 83.3%、林地 199 万亩，空气中负氧离子的浓度超过 10 万个 / 立方厘米。全南将生态优势转化为发展优势，打通双向转化通道。依托良好生态，发展康养旅游，大力推动鼎龙·十里桃江、天龙山景区、中国攀岩小镇和雅溪古村 4 个核心景区和沙坝仔、高车、古家营、曾屋等 10 个乡村旅游点串珠成链，成功创建 2 家国家 4A 级旅游景区、2 个省 4A 和 3 个省 3A 乡村旅游点。

完善旅游基础设施与提升旅游要素配套

全南不断完善旅游要素，提升生态旅游体验。规划建设港澳台特色街区，新增聚贤庄、荣胜园等 300 家餐厅，开发挖掘全南特色美食，打造"醉美全南宴"；建成温德姆、AC 万豪星级酒店和兰桂坊、曼陀山庄等一批精品民宿；建成旅游示范公路 55 公里，组建旅游交通公司、旅游交通服务中心，开通旅游定制快车和景区直通车；深度开发"全宝""南仔"系列文创产品，建成 7 家"全南好礼"旅游商品旗舰店。

创新品牌创建机制与旅游安全防范措施

全南县综合运用线上推广、媒体推广、事件营销、活动引爆等多种方式全方位营销，唱响"绝美全南更胜画"生态旅游品牌。

湖南省大湘西地区

湖南大湘西地区集秀丽自然风光、多彩民族风情、厚重人文底蕴于一身，文化生态旅游产业是战略性支柱产业。由 12 条文化生态旅游精品线路串联形成的世界级旅游目的地，整合了大湘西地区优势文旅资源，带动作用突出，富民效果显著，是实现巩固拓展脱贫攻坚成果同乡村振兴有效衔接的重要途径，是新时代推进湘西地区开发形成新格局的重要支撑。

大湘西地区文化生态旅游精品线路创新发展旅游目的地建设，是湖南省委、省政府落实精准扶贫、打造全域旅游基地、全面建成小康社会、推动乡村振兴的重要举措。深入贯彻习近平总书记考察湖南重要讲话精神，湖南按照"品牌化、国际化、市场化、标准化、信息化"思路，以大湘西地区现有 12 条文化生态旅游精品线路为基础，以点带面，串点成线，连线成廊，延廊成环，进一步强化规划引领，完善基础设施，优化旅游环境，丰富产品供给体系，延伸产业链条，加强宣传推介，提振文旅消费，推动特色村镇景区化、旅游景区精品化、新兴业态特色化、公共服务规范化、品牌营销网络化。"十四五"期间，将继续全面提升精品线路的发展水平和质量效益，建设巩固脱贫攻坚成果同乡村振兴有效衔接示范区，擦亮具有湖湘特色、世界影响力的旅游品牌，打造国内一流、世界知名的旅游目的地。

通过打造大湘西地区文化生态旅游精品线路世界级目的地，累计安排专项资金 20 余亿元，拉动社会投资 200 多亿元，支持完善了旅游基础设施和公共服务设施，使产业结构更加优化，产品竞争力持续增强，旅游服务质量和水平全面提升，惠民富民作用进一步凸显。"一环两纵四横"景观长廊全面建成，大湘西全景环线基本成型，跨省旅游精品线路全面畅通，武陵山国家旅游风景道建设初见成效。12 条文化生态旅游精品线路加快向产业经济带转化，知名度、美誉度和影响力大幅提升，成为全国文化和旅游产业融合发展的标杆，形成具有世界影响力的旅游品牌。

重庆市璧山区

璧山区始终坚持"生态优先、绿色发展"理念，立足实际谋发展，创新引领谋全域，按照"建设高质量发展样板区、打造高品质生活示范区"定位，以"旅游+"为导向，全区文旅深度融合、互促共进的态势日益彰显，努力建设生态之城、儒雅之城、一生之城、活力之城，助力旅游优秀目的地创建。2021 年以来，实现旅游接待人数超过 1000 万人次，旅游收入突破 40 亿元。

生态旅游领舞。按照"20 分钟步行半径"布局生活服务设施，做到"把风景建在家门口"。规划每平方公里预留 100 亩建生态停车场，给城市"留白"。沿道路退让 10~40 米打造城市"绿廊"，人均公园绿地达到 28 平方米，建成 40 座旅游"星级"厕所、30 余个城市公园，植物品种丰富到 2700 种。推进"海绵城市"建设，形成"一河六湖十八湿地"构架，人均水面面积达到 10 平方米。成功创建 A 级景区 5 家，国家五星级汽车运动营地 1 个，国家森林公园、省级风景名胜区 1 个，省级森林公园 1 个，先后荣获国家城市湿地公园、国家园林城市、中国人居环境范例奖、国家生态文明建设示范区、国家卫生区等 19 张"国字号"名片。

文旅融合铸魂。完成《"重庆璧山小城故事旅游区"创建国家 5A 级旅游景区规划设计方案》《十四五文化体育旅游产业发展规划》《重庆市璧山区促进文化旅游产业发展扶持办法》《璧山区民宿产业发展实施方案》等。挖掘、包装具有璧山特色的"大傩舞、璧山鼓、薅秧歌"等非遗资源，凸显出"吸引点""卖点"，推进公园景区化改造提升，非遗小镇、时光故事影视主题小镇开街，重庆非遗博览园、璧山博物馆、璧山美术馆、虎峰·云端康养运动基地等 10 余个项目有序推进，形成草本传说、润天河、瓦窑湾民宿等 11 个业态集聚态势。入选市级乡村旅游重点村名录 2 个，全区 189 个村，休闲农业和乡村旅游扶贫基地 449 个大力开展乡村旅游活动，乡村旅游收入达 490 万元，直接带动贫困人口 164人。先后荣获中国旅游影响力自驾游目的地 TOP10、重庆市十佳康养胜地、重庆文化旅游新地标、重庆市最美旅游民宿、成渝经济圈。文旅融合发展榜样区县等荣誉称号。

品牌活动造势。打造璧山好礼品牌，参加 2021"重庆好礼"旅游商品（文创产品）斩获 1 金 1 银 2 铜 2 外事好礼 1 优秀组织奖，中国特色旅游商品大赛获银奖 1 个，2021中国旅游商品大赛（健康主题）获铜奖 2 个，荣获第七届中国西部旅游产业博览会最佳人气奖。

四川省眉山市

眉山，古称眉州，是大文豪苏东坡的故乡，是离四川省会成都最近的地级市，紧邻双流、天府两大国际机场。地处中国四川西南部，面积 7140 平方公里、人口 350 万，辖东坡、彭山、仁寿、洪雅、丹棱、青神两区四县。眉山历史文化悠久，有近 1500 年的州郡建制史。两宋期间，有 886 人考取进士，成为中国历史上著名的"进士之乡"。厚重的文化底蕴，孕育出唐宋八大家之苏洵、苏轼、苏辙"三苏父子"等一大批历史文化名人，东坡文化、长寿文化、竹编文化、大雅文化交相辉映。全市拥有国家 A 级旅游景区 31 家，其中国家 4A 级旅游景区 8 家、3A 级景区 15 家。夏无酷暑，冬无严寒，四季宜人。眉山是国家级天府新区、环成都文旅经济带、成渝地区双城经济圈、巴蜀文化旅游走廊、大峨眉国际旅游区的重要组成部分，拥有国家级天府新区、海峡两岸产业合作区等高端开放平台，强力推进成都、眉山同城化发展。近年来，眉山市全面贯彻落实习近平生态文明思想，坚持生态优先、绿色发展，坚定不移走绿色发展、特色发展、高质量发展之路，紧扣"东坡故里、品质眉山"定位，充分发挥山水形胜的生态优势，打造绿意盎然、诗意栖居、惬意生活的品质之城，建设宜居公园城市。擦亮"安逸走四川　好耍在眉山"名片，加快建设区域消费中心。纵深推进"绿海明珠、千湖之城、百园之市"三大工程，建成国家森林乡村 27 个、绿色村庄 34 个，各类主题公园 174 个。成功创建国家园林城市、国家森林城市、全国文明城市、国家卫生城市，建设美丽宜居乡村 219 个，先后被评为亚太地区（二、三线城市）首选旅游目的地、中国最美生态文化旅游城市，落户世界 500 强企业数量居全省第二。

眉山境内地形地貌多样、生态资源富集，巴蜀风光尽在其中、岷峨秀色尽出其里，全市森林覆盖率 50.13%。全市拥有各类著名景区景点 120 余处，除了"三苏故居"三苏祠外，还有"人间天台、最美桌山"瓦屋山，是大熊猫国家公园的重要组成部分，正在建设打造大熊猫特色博物馆；烟雨柳江、幸福古村是联合国教科文组织"历史村镇的未来"国际会议参观地；"天然的生态氧吧"七里坪度假区是省级旅游度假区、成渝潮流新地标、四川最佳森林康养目的地、四川十大避暑旅游目的地、全国第三批森林康养基地试点建设单位、中医药健康旅游示范基地。

陕西省武功县

　　武功县地处关中平原腹地，这里南邻渭水，北依凤山，历史悠久，文化璀璨，是先民最早栖息之地。武功古城三水环绕，两塬相夹，古韵镶嵌，素有"八域之地"美称，是中华农耕文明的发源地。武功古城自秦孝公十二年置县，距今已有 2370 余年历史，境内文物古迹众多，文化底蕴深厚，历经千年磨砺，形成了以"姜嫄母仪、后稷农耕"文化为代表的"七大文化"和独具魅力的"武功八景"。

　　近年来，武功县立足自然生态和文化资源优势，把振兴旅游作为新兴产业的重中之重来抓，以"强山、绿水、溯源"为突破口，走"生态发展与优化文脉"协同发展的文旅新兴之路，实现在保护中发展，在传承中进步，在互融中前行的良性旅游发展新格局。武功古城先后荣获"全国重点镇、全国特色旅游景观名镇、陕西省文化旅游名镇、咸阳市森林小镇"等殊荣。2020 年武功古城又荣获"全国百佳旅游目的地"称号。武功古城已成为镶嵌在关中大地上最亮丽的一颗明珠，集人文与自然完美结合的旅游胜地。

　　武功自古为农业大县，素有关中粮仓之美誉，工业经济相对滞后。武功古城坐落在漆水河、漠浴河、渭河三水汇合之处，孕育了中华民族先祖炎黄二帝，城内漆水逶迤，绕城而过，小桥流水，尽收眼底，中亭川横贯南北，一马平川，村野棋布，禾黍满园，古丝路连接东西，高岸为陵，断崖如山，莽原起伏，草树烟岚，可谓"三峰远峡岚光合，二水分流南北塬"，其自然风光堪称人间仙境。为寻找武功经济发展的突破口，县委、县政府审时度势，因势利导，确立以武功古城为核心发展全域旅游大方针，2015 年成立了以县政府主要领导为主任的武功古城旅游开发管理委员会，依托武功厚重的历史文化、丰富的水土资源、天然的地缘地貌，提出"生态优先、旅游强县"方针，通过建设逐步形成了"以农耕文化为魂，以人文历史为韵，以生态环境为本"的旅游融合发展新模式，并以前所未有的气魄和手笔对武功古城进行长久可持续的综合性保护开发。

策划统筹：胥 波
责任编辑：张 旭
责任印制：冯冬青
封面设计：路 平
特约编辑：周易水

图书在版编目（CIP）数据

2021 年度中国旅游产业影响力典型案例集／中国旅
游报社编 . —— 北京：中国旅游出版社，2022.12
ISBN 978-7-5032-7054-3

Ⅰ.①2… Ⅱ.①中… Ⅲ.①旅游业发展 – 案例 – 中
国 Ⅳ.① F592.3

中国版本图书馆 CIP 数据核字（2022）第 206243 号

书 名：2021 年度中国旅游产业影响力典型案例集

作 者：中国旅游报社 编
出版发行：中国旅游出版社
（北京静安东里 6 号 邮编：100028）
http://www.cttp.net.cn E-mail：cttp@mct.gov.cn
营销中心电话：010-57377108，010-57377109
读者服务部电话：010-57377151
排 版：北京中文天地文化艺术有限公司
印 刷：北京金吉士印刷有限责任公司
版 次：2022 年 12 月第 1 版 2022 年 12 月第 1 次印刷
开 本：787 毫米 × 1092 毫米 1/16
印 张：16.5
字 数：256 千
定 价：68.00 元
I S B N 978-7-5032-7054-3

大足

精美的石刻 会说话

大足始建于唐乾元元年,即公元758年,因境内有大足川而得名,取大丰大足之意。大江大河成就了重庆山水的奇峻秀美,而平缓温婉的大足川则将这片土地滋养得富庶而祥和。从公元885年至1279年,在这长达近400年的时间里,大足一直是古昌州府治所在地。

大足自然景色优美,人文底蕴厚重。有国家5A级旅游景区1个、国家4A级旅游景区1个、国家3A级旅游景区4个、市级旅游度假区1个、国家级森林公园1个、五星级温泉1个。近年来,依托大足石刻、龙水湖、香国公园、雍溪里等精品景区景点,形成了"日月辉映、繁星闪烁"的文旅新格局。可以说,大足是一座城在景中、景在园中、步步是景、移步换景的城市。

世界石窟艺术史上最后的丰碑 —— 大足石刻

大足石刻是重庆市大足区境内所有石窟造像的总称,迄今公布为文物保护单位的石窟多达75处,造像5万余尊,其中尤以北山、宝顶山、南山、石门山、石篆山石窟极具特色。造像始建于初唐,历经唐末、五代,盛极于两宋,是世界石窟艺术史上的一座丰碑,代表了公元9—13世纪世界石窟艺术的至高水平。大足石刻植根于巴蜀文化沃土,在吸收、融合前期石窟艺术精华的基础上,推陈出新、极工穷变,开拓了石窟艺术的新天地,以鲜明的民族化、世俗化特色,成为具有中国风格的石窟艺术典范。1999年12月4日,大足石刻被联合国教科文组织列入《世界遗产名录》。

重庆的"西湖" —— 龙水湖

龙水湖旅游度假区位于大足区南部,坐落于巴岳山脉分水岭西侧,水域面积5300余亩,常年蓄水1200多万立方米。湖中108个岛屿形态各异,如困牛、如爬龟、如游龙。山绕绿水,水环青山,夹岸修竹,风光秀丽。正在倾力打造的龙水湖西子湾国际营地"耍事"更多,包括生态骑行道、运动健身步道、自驾车旅居车营地、滨水沙滩等项目。春天来踏青游湖、环湖骑行观赏浪漫樱花以及漫山遍野的油菜花;夏天在龙水湖水上乐园消暑玩水、在湖上体验皮划艇竞赛;秋冬温泉泡汤康养,吃特色烤全羊。不论在哪一个季节、时间抵达,都可以在龙水湖领略到不同的美景与风情。

"天下海棠无香,惟大足治中海棠独香" —— 海棠香国

大足是一座历史厚重的人文之城,因其境内海棠独香,故得名"海棠香国"。"青袍白马翻然去,念取昌州旧海棠",道不尽千百年来文人雅士对大足这方土地的向往与追慕。从古昌州到新大足,时光流转1200余年,可谓人才荟萃、英雄辈出。有北山石刻的开凿者韦君靖,宝顶山石刻的开凿者赵智凤,研究文心雕龙的泰斗级人物杨明照,嘉庆皇帝的老师刘天成,红岩妈妈饶国模,革命先烈饶国梁、唐赤英等。这是一座有着文化温度和人文情怀的千年之城。

一眼千年,一生大足!我们诚挚地向国内外游客发出邀请:真诚欢迎八方来客开启石刻之旅,对话精彩世遗!精美的石刻会说话——世界文化遗产地,重庆大足欢迎您!